Ln 27 1585

ÉTUDES SUR BLAISE PASCAL.

IMPRIMERIE DE MARC DUCLOUX ET Cᵉ,
RUE DES BOUCHERIES SAINT-GERMAIN, 38.

ÉTUDES

SUR

BLAISE PASCAL,

PAR

A. VINET.

PARIS,
CHEZ LES ÉDITEURS, RUE RUMFORD, 8.
—
1848.

TABLE DES MATIÈRES.

AVERTISSEMENT DES ÉDITEURS. VII

   I. Du livre des *Pensées* et du plan attribué à Pascal. — Fragment d'un cours donné à Bâle en 1833. . . . 1

  II. Restauration des *Pensées* de Pascal. 63

 III. Pascal, non l'écrivain, mais l'homme. 104

 IV. Sur les *Pensées* de Pascal. 134

  V. De la théologie du livre des *Pensées*. 183

 VI. Sur le pyrrhonisme de Pascal et sur sa religion personnelle. 212

VII. Les *Provinciales* de Pascal. 237

VIII. Jacqueline Pascal. 273

 IX. Abrégé de la Vie de Jésus-Christ. 294

APPENDICE. Du livre de M. Cousin sur les *Pensées* de Pascal. 298

AVERTISSEMENT DES ÉDITEURS.

M. Vinet s'est occupé longtemps et fortement de Pascal. La direction générale de ses travaux, la nature de son esprit et de son tempérament lui facilitaient l'accès de ce noble et prodigieux génie. Analyse pénétrante de l'âme humaine, ferme attachement du cœur à la foi et besoin impérieux d'évidence, mélancolie naturelle, penchant à l'ironie sérieuse, dialectique pressante, parfois emportée, passion dans la raison, imagination contenue et puissante, ces traits sont communs à l'auteur des *Discours sur quelques sujets religieux* et à l'auteur des *Pensées*. On peut dire, toutes réserves faites et toutes proportions gardées, que Pascal et Vinet se ressemblaient. Pascal, d'ailleurs, inspira l'apologiste protestant du dix-neuvième siècle et lui servit de modèle. Si l'affinité naturelle, la sympathie et l'attention sont de quelque secours à l'intelligence, assurément M. Vinet devait comprendre Pascal. C'est là peut-être ce qui faisait dire à un critique éminent, M. Sainte-Beuve : « Si l'on réunissait dans un petit volume « les articles de M. Vinet sur Pascal, on aurait, selon moi, « les conclusions les plus exactes auxquelles on puisse at- « teindre sur cette grande nature si controversée (1). »

Les manuscrits de l'auteur nous ont permis d'aller au-delà de ce vœu, qui s'accorde, d'ailleurs, avec un projet formé par M. Vinet lui-même, et dont on trouve les traces dans sa correspondance. Il en parle déjà dans une lettre du 24 décembre 1844. Plus tard, le 3 juin 1846, en envoyant au directeur du *Semeur* le travail que nous avons intitulé, d'après une rectification de la main de M. Vinet, *De la théologie du livre des Pensées*, il lui disait : « Je livre ainsi, les uns après les « autres, les lambeaux d'un livre que j'avais espéré faire, que

---

(1) *Journal des Débats*, du 17 mai 1847.

« je ne ferai jamais. » L'unité d'intention ressort évidemment de ce projet de publication distincte.

En 1832 et 1833, M. Vinet donna au public de Bâle un cours sur les moralistes français. Il écrivit alors quelques-unes de ses leçons et les envoya au *Semeur*. D'autres sont restées en portefeuille soit à l'état de notes, soit complétement rédigées. De ce nombre sont des leçons sur Voltaire, sur Montesquieu, sur Rousseau, et en première ligne les leçons sur les *Pensées* de Pascal qui ouvrent ce volume ; elles sont sans exception de la main de l'auteur.

En 1844 et 1845, M. Vinet fit à l'académie de Lausanne un cours sur la littérature du dix-septième siècle. Les leçons de ce cours qui ont Pascal pour objet ont aussi été rédigées par M. Vinet. Les unes ont déjà paru dans le *Semeur* et dans la *Revue Suisse*. Les autres sont inédites, en particulier celle qui contient l'analyse des *Pensées* d'après l'édition de M. Faugère. M. Vinet parle ainsi de cette dernière dans une lettre : « J'ai encore en portefeuille l'analyse du livre des *Pensées*, qui « pourrait, (avec le morceau sur la théologie de Pascal) servir « de préface à une nouvelle édition des *Pensées*. » Cette analyse est loin de faire double emploi avec celle du cours de 1833. Le premier travail nous donne l'impression reçue de la lecture de l'ancien Pascal ; le second, l'impression produite par le Pascal restauré. S'il est intéressant de comparer les deux livres entre eux, il l'est aussi de comparer les deux analyses entre elles.

Autant que possible, on a disposé les leçons selon l'ordre du cours, auquel il ne manque qu'un petit nombre de transitions qui n'ont pas été écrites.

M. Vinet, qui s'est tant occupé de Pascal pendant sa vie, s'en est occupé encore sur son lit de mort. L'*Abrégé de la vie de Jésus*, par Pascal, retrouvé par M. Faugère, venait de paraître. Un ami prêta cet écrit à M. Vinet, qui désira que le *Semeur* en dît un mot et trouva la force de dicter l'article que nous réimprimons. C'était le 10 avril 1847, au fort de sa dernière maladie : M. Vinet a ainsi achevé son œuvre avec sa vie.

ÉTUDES
SUR
BLAISE PASCAL.

I.

DU LIVRE DES PENSÉES ET DU PLAN ATTRIBUÉ A PASCAL.

Fragment d'un Cours donné à Bâle en 1833.

Les *Pensées* de Pascal ne sont point un livre; cette observation est nécessaire pour les faire bien juger. Elles ne sont point un livre, et peut-être elles en sont deux, ou davantage encore. Elles sont, s'il faut leur donner un nom et les qualifier, elles sont Pascal lui-même, tout Pascal, après que vous aurez retranché le géomètre proprement dit et le physicien. Les *Pensées* ne sont que les papiers sur lesquels ce grand homme jetait, à mesure, tout ce qui occupait sa tête puissante, jusqu'au moment où l'excès du mal physique le réduisit à une inaction complète, et mit, pour ainsi dire, les scellés sur son génie. On a pris grand'peine, et l'on a réussi, à force d'art, à rassembler en une espèce de tout ces matériaux épars; on a quelquefois peut-être deviné le secret de l'écrivain; il serait possible que dans certains cas on eût pris son intention à contre-sens. On peut quelquefois se demander, en parcourant ces débris, si tel passage avait bien le but qu'on lui suppose, ou s'il n'en avait pas un tout contraire; la mort est muette, elle ne répond point; elle ne répondra jamais. Qui sait si quelquefois ce que nous prenons pour la pensée de Pascal n'est point la pensée de son adversaire, une objection, un défi auquel le grand penseur se proposait de faire honneur quand il en aurait le loisir? Qui sait si nous ne lui prêtons point quelques-unes des opinions de ceux qu'il se préparait à réfuter? Et même lorsque nous sommes certains d'avoir sa pensée, sommes-nous également certains de l'avoir dans son vrai point de vue, dans sa vraie direction? savons-nous d'où elle venait, où elle devait aller? Telles sont les questions que doit se faire, en parcourant les *Pensées* de Pascal, un lecteur non prévenu. Il doit convenir aussi que, dans bien des endroits, la négligence d'une rédaction qui n'était point définitive, et qui n'offre même que la grossière ébauche, le vague contour de la pensée de l'auteur, jette sur le fond des choses une assez grande obscurité. Mais il y aurait, malgré tout cela, de l'exagération à ne pas avouer que les *Pensées*, disposées par des mains industrieuses, offrent, sinon un ensemble régulier, du moins, chacune en soi, un sens généralement clair, et laissent entrevoir les grandes lignes d'un plan majestueux dont la mort seule pouvait empêcher l'accomplissement.

Parmi les *Pensées* de Pascal, un certain nombre, surtout dans le premier volume, n'entraient point dans le plan dont nous parlons ; elles appartiennent même à des sujets si éloignés de son principal dessein, qu'il faut probablement les rapporter à une date beaucoup plus reculée dans sa vie. Telles sont ses réflexions sur l'*autorité en matière de philosophie*, sur l'*art de persuader*, sur la *géométrie*, et quelques pensées encore sur la *philosophie et la littérature*. Mais, ces différents morceaux exceptés, il est dans ce recueil bien peu de pages qu'on ne doive considérer comme des matériaux tenus en réserve pour le monument que préparait Pascal. Ce monument, à la construction duquel il avait, plusieurs années avant sa mort, dévoué tout ce qui lui restait de forces et de vie, devait être une apologie générale et aussi complète que possible de la religion chrétienne. Les fragments qu'il nous a laissés manifestent ce dessein assez clairement, sans révéler aussi bien la méthode que l'auteur s'était prescrite, ni l'étendue du terrain que son œuvre devait couvrir. Mais nous avons, sur ce sujet, un document précieux dans la préface qu'un ami intime de Pascal a mise à la tête de la première édition de ses *Pensées*. Nous y apprenons que, douze ans environ avant sa mort, ce grand penseur développa de vive voix, à ses amis rassemblés, tout le dessein qu'il avait formé et la marche qu'il se proposait de suivre. Cette exposition est, pour le fond des choses, trop remarquable pour qu'on puisse, un seul instant, croire à la supposition ; elle est trop digne de Pascal, elle coïncide trop visiblement avec les fragments qui nous sont restés, elle les lie, les coordonne, les éclaire d'une manière trop frappante, pour qu'on ne juge pas que les fragments et l'exposition sont sortis d'une même tête ; il est, de tout point, plus facile de croire à son authenticité, que d'admettre qu'une autre tête ait conçu, en même temps que Pascal, un plan parfaitement semblable, et un plan tellement original, tellement nouveau, je dirai plus encore, tellement supérieur à l'esprit qui régnait alors dans la science de la religion.

C'est ce plan que je vais essayer de reproduire, sans apporter d'autre différence à l'exposition des éditeurs de Pascal que celle du langage. Les idées sont de notre siècle, le point de vue est de notre siècle, bien plus que du dix-septième ; il ne s'agit que d'assortir des expressions modernes à une conception véritablement moderne. Je dois un seul mot d'avertissement à mes auditeurs avant de commencer. Qu'a donc à faire, pourrait-on me dire, une apologie du christianisme au milieu d'une revue des moralistes français? On le verra tout à l'heure ; on se convaincra que l'ouvrage de Pascal est, pour sa partie la plus essentielle, un véritable traité de philosophie morale. Développer à présent cette assertion serait anticiper sur l'analyse que je vais entreprendre : je ne le ferai donc point ; il suffira d'avoir, par un mot, averti mes auditeurs que je ne sors point de l'enceinte bien déterminée de mon sujet.

Les apologies du christianisme ont été ordinairement, du plus au moins, des ouvrages de circonstance; et cela de deux manières. Souvent elles ont été destinées à repousser une attaque récente, dirigée sur un point particulier. Plus souvent, sans être aussi visiblement provoquées par la nécessité du moment, elles ont été, sous une grande apparence de généralité, un antidote spécial à la forme d'incrédulité qui dominait à l'époque où elles ont paru. Quelquefois même, renonçant à quelques-uns de leurs moyens, et prenant, si l'on peut s'exprimer ainsi, leurs adversaires en flanc, elles n'ont fait prévaloir qu'un côté de la vérité chrétienne, un reflet de sa lumière, un rayon de sa beauté, un caractère de sa grandeur. C'est dans cet esprit de condescendance et de précaution que M. de Chateaubriand a conçu le *Génie du Christianisme*. Dans tous ces cas différents, l'apologie, quelle qu'ait été d'ailleurs son étendue, s'est montrée essentiellement défensive, gardant son terrain, le protégeant de son mieux, mais ne s'avançant pas d'elle-même sur le terrain de l'ennemi. On peut concevoir néanmoins un autre genre d'apologie. Celle-ci n'attendrait pas la provocation : elle provoquerait; elle n'aurait pas égard au besoin d'un siècle, mais au besoin de tous les temps; elle n'attaquerait pas une espèce d'incrédulité; mais ayant exhumé du fond de l'âme humaine le principe de toutes les incrédulités, elle les envelopperait toutes, elle devancerait celles qui sont à naître, elle préparerait une réponse à des objections qui n'ont point encore été prononcées; pour cela, on la verrait peut-être pénétrer plus avant dans le doute que les plus hardis douteurs, creuser sous l'abîme qu'ils ont creusé, se faire incrédule à son tour d'une incrédulité plus déterminée et plus profonde; en un mot, ouvrir, élargir la plaie, dans l'espérance d'atteindre le germe du mal et de l'extirper. Ce genre d'apologie est tellement à part qu'elle demande un autre nom; la religion ne se présente pas en avocat, mais en juge; la robe de deuil du suppliant fait place à la toge du préteur; l'apologie n'est plus justification seulement, mais éloge, hommage, adoration; et le monument qu'elle élève n'est pas une citadelle, mais un temple. Telle est l'apologétique de Pascal.

Je l'ai relue pour vous l'exposer : avec quels sentiments? je ne puis l'exprimer. Chaque partie de notre être est susceptible de jouissance; mais il y a, à côté, au-dessus peut-être des plaisirs du goût, de l'imagination, de la sensibilité, une joie de l'intelligence, qu'aucun écrivain ne donne aussi souvent et aussi pleinement à son lecteur que l'incomparable auteur du livre que nous étudions. Je n'ai pu assez admirer cette franchise de pensée qui attaque toujours directement le fond des choses; cette virilité de génie qui brave toutes les conséquences de sa propre audace ; cette vigueur de conception toujours maîtresse de son objet, toujours le retenant d'une étreinte puissante, et se laissant conduire par lui, sans le lâcher jamais, jusque dans ces profondeurs de l'abstraction où, semblable à Protée, il cherche à s'évanouir en vapeur; cette extrême clarté qui, dans des sujets d'une telle nature, ne peut appartenir qu'au génie; cette fécondité d'invention philosophique, qui vous fait arriver par le chemin d'un raisonnement patient et, à ce qu'il semble, ordinaire, à des conclusions qui sont des découvertes, et qui vous arrachent un cri de surprise et d'admiration; enfin, ce style, Messieurs, ce style peut-être sans pareil, car jamais style ne fut aussi complétement vrai, jamais style n'a serré de si près la pensée : il ne s'interpose pas entre vous et la pensée, car il est la pensée même; nu, ramassé, nerveux comme un athlète, il est tout force, il est beau de sa nudité, et les images mêmes dont il se sert, lui sont comme le ceste à la main du pugile, une arme, non un vêtement. En lui, comme en Montaigne, l'auteur, l'écrivain, ne paraît jamais; mais, à la différence de Montaigne, s'il cache l'écrivain, ce n'est pas pour mieux étaler l'individu ou le *moi*. Il n'y a point de *moi* chez Pascal; le héros, dirai-je, ou le patient de son livre, c'est l'homme; et quand Pascal parle à la première personne, c'est qu'il se substitue, par procuration, au genre humain tout entier. Cette hardie personnification donne à son livre un caractère dramatique, bien rare dans un ouvrage de cette nature; ce livre, didactique en apparence, est tour à tour, suivant que le sujet le comporte, un drame, une véhémente satire, une philippique, une élégie, un hymne. Pascal méprisait la poésie : a-t-il su qu'il était grand poëte? Dans un même moule semblent avoir été fondus plusieurs de ses paragraphes et plusieurs des strophes de lord Byron. Que cherchent dans les *Pensées* beaucoup des lecteurs de Pascal? Pascal lui-même; une individualité rare, une nature extraordinaire, une âme. On peut lire Pascal comme on lit *Childe Harold* (1).

On peut considérer le livre de Pascal, du moins

---

(1). « L'homme n'est qu'un roseau le plus faible de la nature ; mais c'est « un roseau pensant. Il ne faut pas que l'univers entier s'arme pour l'écra- « ser. Une vapeur, une goutte d'eau suffit pour le tuer. Mais quand l'uni- « vers l'écraserait, l'homme serait encore plus noble que ce qui le tue, « parce qu'il sait qu'il meurt ; et l'avantage que l'univers a sur lui, l'univers « n'en sait rien. » (Ire Partie, Art. IV, § 6.)

« Quelle chimère est-ce donc que l'homme ! Quelle nouveauté, quel chaos, « quel sujet de contradiction ! Juge de toutes choses, imbécile ver de terre, « dépositaire du vrai, amas d'incertitude, gloire et rebut de l'univer : s'il « se vante, je l'abaisse ; s'il s'abaisse, je le vante ; et le contredis toujours, « jusqu'à ce qu'il comprenne qu'il est un monstre incompréhensible. » (II, i, 5.)

« Il est indubitable que l'âme est mortelle ou immortelle. Cela doit « mettre une différence entière dans la morale ; et cependant les philo- « sophes ont conduit la morale indépendamment de cela. Quel étrange « aveuglement ! (II, xvii, 69.)

« Le dernier acte est toujours sanglant, quelque belle que soit la comédie « en tout le reste. On jette enfin de la terre sur la tête, et en voilà pour « jamais. » (*Ibid.*)

L'édition des *Pensées* de Pascal qui a servi pour ce travail et à laquelle sont empruntées les citations de M. Vinet, est celle de P. Didot l'aîné, Paris, 1817, en deux volumes in-8°. Pour rendre les recherches plus faciles, on a pris soin d'indiquer les passages cités d'après les divisions communes à toutes les éditions des *Pensées* antérieures à celle de M. Faugère. Les grands chiffres romains désignent la Partie à laquelle le renvoi se rapporte, les petits chiffres romains l'Article, les chiffres arabes le Paragraphe.

pour la partie qui rentre dans le domaine de
l'apologétique, comme l'itinéraire de l'âme vers la
foi, ou comme l'histoire des raisonnements par lesquels elle y est successivement parvenue, ou comme
l'explication du procédé intérieur et lent dont Dieu
a fait usage pour subjuguer ses résistances et l'amener vaincue au pied de la croix. Est-ce l'histoire de
Pascal lui-même? La forme de son discours, le caractère passionné et intime de sa dialectique, autoriserait peut-être à le croire ; mais cette supposition
est peu appuyée par les renseignements que nous
avons sur la vie de ce grand homme. Il est plus
probable qu'il a fait par la seule pensée un chemin
que la Providence ne lui avait pas fait parcourir en
réalité, et que son imagination philosophique lui a
fait connaître toutes les situations par où un cœur
profond peut passer avant d'arriver à la conviction
et au repos. Quoi qu'il en soit, il y a, dans le livre
de Pascal, dans son drame, comme nous avons osé
l'appeler, un personnage réel ou fictif, un protagoniste; et analyser l'œuvre de Pascal, c'est, en
d'autres termes, dérouler les pensées successives
de cet acteur mystérieux. C'est ce que nous essaierons de faire.

Affamé de vérité, et cherchant la certitude
comme chaque être dans la nature cherche un point
d'appui, cet homme s'est livré avec ardeur à l'étude
de la géométrie, et sous un rapport il n'a pas été
trompé dans son attente. Néanmoins il n'a pas tardé
à s'apercevoir qu'il n'atteignait par ce chemin que

des vérités artificielles, le point de départ n'étant qu'une supposition, et chaque proposition consécutive n'étant que la transformation d'une vérité précédente. Il a vu que cette science ne le conduisait point aux véritables qualités des choses, que la vérité concrète restait toujours en dehors de ces démonstrations si certaines et si rigoureuses, et que ce qu'il en restait de plus précieux, indépendamment de leurs applications à la vie, c'est une méthode, mais, à dire vrai, la seule véritable méthode dans la poursuite de la vérité. C'est à cette méthode qu'il s'attachera, et il l'appliquera rigoureuse à tout ce qui est du ressort de l'intelligence.

Parmi les sujets qui se présentent à la méditation, la religion tient le premier rang.

Il veut conduire un homme aux convictions chrétiennes. Il pourrait débuter d'emblée par les objets mêmes de ces convictions : Dieu, la révélation, les mystères. Mais il a remarqué qu'en beaucoup de choses la volonté influe sur la croyance ; que tantôt elle aide à croire, que tantôt elle en détourne ; que s'il ne faut pas appliquer directement la volonté à la croyance, il est légitime de tourner la volonté du côté de l'examen ; que l'examen est d'autant plus intéressant que son objet est plus près de nous ; que, dans la question de la religion, l'intérêt réside de prime abord dans les rapports qu'elle a à nous ; que c'est de nous donc qu'il faut d'abord nous parler ; et qu'ainsi il ne faut pas aller de la religion à l'homme, mais de l'homme à la religion, non pas de l'objet au sujet, mais au contraire du sujet à l'objet.

Cette marche est d'autant plus naturelle, d'autant plus impérieusement prescrite, que la prévention ou l'indifférence de l'homme à l'égard de la religion vient de ce qu'il ne se connaît pas soi-même, tout porté qu'il est à s'occuper de soi-même. Profitez de cet intérêt si naturel pour l'entretenir de son propre être, et lui révéler sur sa propre nature, sur sa condition, des choses qu'il ignore, ou qu'il oublie, ou qu'il ne voit pas dans l'ensemble qui fait leur importance et leur valeur.

L'écrivain s'arrête d'abord à la considération la plus générale de l'homme; il le contemple comparé à l'univers, et nous le montre balancé entre deux infinis, soit pour le corps, soit pour l'esprit. (I, IV, 1.)

Mais ce qui nous caractérise, ce n'est pas d'avoir une place déterminée dans l'univers: chaque être a la sienne; mais de sentir que nous ne sommes pas à notre place, et d'aspirer, par des élans continuels et infatigables, à un bonheur, à une lumière, dont nous ne nous faisons pas même une idée; de vivre toujours attendant ou regrettant; de vivre dans le passé ou dans l'avenir, jamais dans le présent, alors même que le présent est matériellement heureux. « Nos misères sont misères de grand seigneur, « misères d'un roi dépossédé. » — « L'homme est « grand parce qu'il se connaît misérable. » — « Malgré la vue de toutes nos misères qui nous tou- « chent et qui nous tiennent à la gorge, nous avons

« un instinct que nous ne pouvons réprimer, qui
« nous élève. » (I, iv, 3 ; v, 4.)

Ce qu'il y a d'étonnant dans l'homme, c'est la place vide d'une foule de grandes choses; ce sont ces élans sublimes qui aboutissent à des chutes, ce sont ces infinis désirs qui s'assouvissent sur un néant; c'est la recherche des vrais biens où ils ne sont pas; c'est le caractère d'un être déplacé, égaré, perdu : la disproportion entre les moyens et la fin.

1. L'homme respecte l'âme humaine, la partie supérieure et divine de son être. Et qu'est-ce qui le prouve mieux que le désir immodéré de l'estime de ses semblables? C'est dans leur âme qu'il veut avoir une place honorable. Mais respectant l'âme humaine dans l'âme de ses semblables, il ne la respecte pas dans la sienne; car, satisfait des qualités dont il a paré sa fausse image, il se soucie beaucoup moins de revêtir de ces mêmes qualités son propre être.

« Nous ne nous contentons pas de la vie que nous
« avons en nous et en notre propre être : nous
« voulons vivre dans l'idée des autres d'une vie
« imaginaire, et nous nous efforçons pour cela de
« paraître. Nous travaillons incessamment à em-
« bellir et à conserver cet être imaginaire, et nous
« négligeons le véritable; et si nous avons ou la
« tranquillité, ou la générosité, ou la fidélité, nous
« nous empressons de le faire savoir, afin d'attacher
« ces vertus à cet être d'imagination : nous les dé-
« tacherions plutôt de nous pour les y joindre, et
« nous serions volontiers poltrons pour acquérir la

« réputation d'être vaillants. Grande marque du
« néant de notre propre être, de n'être pas satisfait
« de l'un sans l'autre, et de renoncer souvent à l'un
« pour l'autre ! » (I, v, 1.)

« La vanité est si ancrée dans le cœur de l'homme,
« qu'un goujat, un marmiton, un crocheteur se
« vante et veut avoir ses admirateurs : et les philo-
« sophes mêmes en veulent. Ceux qui écrivent
« contre la gloire veulent avoir la gloire d'avoir bien
« écrit; et ceux qui le lisent veulent avoir la gloire
« de l'avoir lu : et moi qui écris ceci, j'ai peut-être
« cette envie; et peut-être que ceux qui le liront
« l'auront aussi. » (I, v, 3.)

« Si d'un côté cette fausse gloire que les hommes
« cherchent est une grande marque de leur misère
« et de leur bassesse, c'en est une aussi de leur
« excellence; car quelques possessions qu'il ait sur
« la terre, de quelque santé et commodité essen-
« tielle qu'il jouisse, il n'est pas satisfait, s'il n'est
« dans l'estime des hommes. Il estime si grande la
« raison de l'homme, que, quelque avantage qu'il
« ait dans le monde, il se croit malheureux, s'il
« n'est placé aussi avantageusement dans la raison
« de l'homme. C'est la plus belle place du monde :
« rien ne peut le détourner de ce désir, et c'est la
« qualité la plus ineffaçable du cœur de l'homme.
« Jusque-là que ceux qui méprisent le plus les
« hommes, et qui les égalent aux bêtes, veulent
« encore en être admirés et se contredisent à eux-
« mêmes par leur propre sentiment; la nature, qui

« est plus puissante que toute leur raison, les
« convainquant plus fortement de la grandeur de
« l'homme, que la raison ne les convainc de sa
« bassesse (1). » (I, iv, 5).

2. L'homme a un besoin inextinguible de vérité.
Mais dans son état actuel, que d'obstacles s'opposent
à ce qu'il la possède ! L'organe principal de cette
recherche est la raison ; mais cette puissance qui se
devrait appartenir à elle-même est supplantée par
l'opinion, distraite par les sens, altérée par la maladie, influencée par la volonté. Les principes d'où
elle part sont eux-mêmes bien souvent sujets à
contestation. L'idée de cause sur laquelle reposent
tous les raisonnements, est peut-être gratuite, ne
saurait du moins être rigoureusement prouvée;
les principes naturels paraissent bien douteux dès
qu'on remarque que la coutume devient en bien
des cas une seconde nature : pourquoi ne croirait-
on pas que la nature est une seconde coutume ? La
réalité même de nos impressions s'obscurcit par la
vivacité des impressions que nous avons dans nos
songes. Dans les songes, nous croyons à la réalité
des images : la veille ne serait-elle pas un songe
plus suivi ? et quelle preuve avons-nous que ce soit
veille ? Plus la raison s'exerce sur ces questions,
plus elle les obscurcit. La méditation mène de l'ignorance à l'ignorance; de l'ignorance qui ne se
connaît pas à l'ignorance qui se connaît; c'est où

---

(1) Voyez aussi, sur la dégénération de ce sentiment, I, v, 8.

reviennent les savants. Aussi, philosopher véritablement c'est se moquer de la philosophie; et si Aristote et Platon méritent le nom de philosophes, c'est plutôt par la sagesse pratique de leur vie que par leurs spéculations métaphysiques. La raison seule est donc un instrument imparfait ou faussé; et si la vérité doit entrer en nous, c'est par une autre porte que celle du raisonnement.

3. Une troisième antithèse ou contrariété est celle qui a lieu sur le sujet du bonheur. Le besoin du bonheur nous est essentiel. Mais ce bonheur, nous sommes si loin de l'atteindre (plainte générale), que nous ne savons pas même où nous devons le chercher. La raison nous donne quelque lumière là-dessus, mais une lumière inutile, comme on va le voir. Elle nous dit que le bonheur n'est pas une chose distincte du contentement; que le siége du bonheur est en nous; que les objets extérieurs n'ont point d'influence absolue sur le bonheur; que notre intérieur, au contraire, peut changer tout à fait les objets extérieurs; que, n'étant pas maîtres du monde extérieur, il faut nous rendre maîtres du monde intérieur sur lequel nous avons prise; qu'alors seulement ce qui est hors de nous nous deviendra soumis, incapable de nous nuire, propre à nous servir. C'est donc à rentrer chez nous, et, pour ainsi dire, à nous y retrancher, que la raison nous invite; et le bonheur a été défini admirablement l'*intérêt dans le calme*. Mais toute notre pratique proteste contre cette définition. C'est hors de nous

que nous allons chercher le bonheur. Nos désirs mendient auprès des objets extérieurs. Nous demandons la félicité à tous les hommes et à toutes les choses. Nous sommes tellement imbus, dans la pratique, de cette fausse idée, que, dans la plupart des langues, le mot qui désigne le bonheur signifie proprement *succès, bonne chance, bonne fortune.* Nous appelons heureux l'homme qui obtient les objets particuliers de ses désirs. En nous conduisant de la sorte, qu'arrive-t-il? Si nous ne réussissons pas dans notre poursuite, nous sommes positivement malheureux. Si nous réussissons, le bonheur s'aigrit dans notre âme comme dans un vase impur. Encore plus malheureux si la coupe de notre félicité extérieure déborde, et si la prodigalité de la fortune ne nous laisse plus rien à désirer. La satiété, si prompte à venir (car on a bientôt épuisé tout, et notre capacité de jouissance rencontre des limites fatales dans notre organisation), cette satiété nous renvoie à nous-mêmes; il faut que l'âme suffise à son propre bonheur, que les objets du dehors ne lui peuvent plus donner; et ne s'y trouvant point suffisante, elle éprouve que les extrêmes se touchent, et que l'excès du bonheur amène le même résultat que l'excès de l'infortune. C'est une horrible situation que celle d'un homme qui a dévoré tout le bonheur que les choses peuvent donner, et qui n'a pas préparé son âme à lui en donner un autre. De tout cela, il faut conclure que la seule recherche des choses extérieures qui paie la peine qu'elle donne, est la recherche du strict nécessaire, lequel, obtenu, nous donne un bonheur positif, mais un bonheur matériel, animal, non le bonheur de l'âme. C'est ainsi que la réflexion semble contredire les notions vulgaires; mais celles-ci l'emportent sur la réflexion. Et en vérité, il n'est pas facile de choisir, sur ce sujet, entre la réflexion et les notions vulgaires; car, en suivant les données de la réflexion, on n'arrive pas plus sûrement au bonheur : tant s'en faut. Si nous rentrons en nous, que trouvons-nous? Rien qui puisse nous satisfaire. Ainsi, l'on ne saurait blâmer ceux qui s'enfuient hors d'eux-mêmes. Ils ne trouvent pas le bonheur, cela est vrai; mais ils s'évitent, ce qui est peut-être tout ce que l'homme livré à lui-même peut faire de plus prudent (1). C'est là, selon Pascal, le vrai secret de l'agitation tumultueuse des hommes.

« Rien n'est plus capable de nous faire entrer dans
« la connaissance de la misère des hommes que de
« considérer la cause véritable de l'agitation perpé-
« tuelle dans laquelle ils passent leur vie.

« L'âme est jetée dans le corps pour y faire un sé-
« jour de peu de durée. Elle sait que ce n'est qu'un
« passage à un voyage éternel, et qu'elle n'a que le
« peu de temps que dure la vie pour s'y préparer.
« Les nécessités de la nature lui en ravissent une

---

(1) « Les philosophes ont beau le lui dire (de rentrer en lui-même); et ceux qui les croient sont les plus vides et les plus sots. » — Cette note de M. Vinet ne paraît pas tant être une citation textuelle que le résumé de deux pensées de Pascal. (I, IV, 9, 1, et VII, vers la fin.)

« très grande partie. Il ne lui en reste que très peu
« dont elle puisse disposer. Mais ce peu qui lui
« reste l'incommode si fort et l'embarrasse si étran-
« gement, qu'elle ne songe qu'à le perdre. Ce lui
« est une peine insupportable d'être obligée de
« vivre avec soi, et de penser à soi. Ainsi tout
« son soin est de s'oublier soi-même, et de laisser
« couler ce temps si court et si précieux sans ré-
« flexion, en s'occupant des choses qui l'empêchent
« d'y penser.

« C'est l'origine de toutes les occupations tumul-
« tuaires des hommes, et de tout ce qu'on appelle
« divertissement ou passe-temps, dans lesquels on
« n'a, en effet, pour but que d'y laisser passer le
« temps sans le sentir, ou plutôt sans se sentir soi-
« même; et d'éviter, en perdant cette partie de la
« vie, l'amertume et le dégoût intérieur qui accom-
« pagnerait nécessairement l'attention que l'on fe-
« rait sur soi-même durant ce temps-là. L'âme ne
« trouve rien en elle qui la contente; elle n'y voit
« rien qui ne l'afflige, quand elle y pense. C'est ce
« qui la contraint de se répandre au dehors, et de
« chercher dans l'application aux choses extérieures
« à perdre le souvenir de son état véritable. Sa joie
« consiste dans cet oubli; et il suffit, pour la rendre
« misérable, de l'obliger de se voir et d'être avec soi.

« On charge les hommes, dès l'enfance, du soin
« de leur honneur, de leurs biens, et même du bien
« et de l'honneur de leurs parents et de leurs amis.
« On les accable de l'étude des langues, des scien-

« ces, des exercices et des arts. On les charge d'af-
« faires : on leur fait entendre qu'ils ne sauraient
« être heureux s'ils ne font en sorte, par leur indus-
« trie et par leur soin, que leur fortune et leur
« honneur, et même la fortune et l'honneur de leurs
« amis, soient en bon état, et qu'une seule de ces
« choses qui manque les rend malheureux. Ainsi
« on leur donne des charges et des affaires qui les
« font tracasser dès la pointe du jour. Voilà, direz-
« vous, une étrange manière de les rendre heureux.
« Que pourrait-on faire de mieux pour les rendre
« malheureux? Demandez-vous ce qu'on pourrait
« faire? Il ne faudrait que leur ôter tous ces soins :
« car alors ils se verraient et ils penseraient à eux-
« mêmes; et c'est ce qui leur est insupportable.
« Aussi, après s'être chargés de tant d'affaires, s'ils
« ont quelque temps de relâche, ils tâchent encore
« de le perdre à quelque divertissement qui les
« occupe tout entiers et les dérobe à eux-mêmes.

« C'est pourquoi, quand je me suis mis à consi-
« dérer les diverses agitations des hommes, les
« périls et les peines où ils s'exposent, à la cour, à
« la guerre, dans la poursuite de leurs prétentions
« ambitieuses, d'où naissent tant de querelles, de
« passions et d'entreprises périlleuses et funestes,
« j'ai souvent dit que tout le malheur des hommes
« vient de ne savoir pas se tenir en repos dans une
« chambre. Un homme qui a assez de biens pour
« vivre, s'il savait demeurer chez soi, n'en sortirait
« pas pour aller sur la mer, ou au siége d'une place;

« et si on ne cherchait simplement qu'à vivre, on
« aurait peu de besoin de ces occupations si dange-
« reuses.

« Mais quand j'y ai regardé de plus près, j'ai
« trouvé que cet éloignement que les hommes ont
« du repos, et de demeurer avec eux-mêmes, vient
« d'une cause bien effective; c'est-à-dire, du malheur
« naturel de notre condition faible et mortelle, et si
« misérable que rien ne peut nous consoler, lorsque
« rien ne nous empêche d'y penser, et que nous ne
« voyons que nous.

« Je ne parle que de ceux qui se regardent sans
« aucune vue de religion. Car il est vrai que c'est
« une des merveilles de la religion chrétienne de ré-
« concilier l'homme avec soi-même en le réconciliant
« avec Dieu; de lui rendre la vue de soi-même sup-
« portable; et de faire que la solitude et le repos
« soient plus agréables à plusieurs que l'agitation
« et le commerce des hommes. Aussi n'est-ce pas
« en arrêtant l'homme dans lui-même qu'elle pro-
« duit tous ces effets merveilleux. Ce n'est qu'en le
« portant jusqu'à Dieu, et en le soutenant dans le
« sentiment de ses misères, par l'espérance d'une
« autre vie, qui doit entièrement l'en délivrer. »
(I, VII, 1.)

« C'est le combat qui nous plaît, et non pas la vic-
« toire. On aime à voir les combats des animaux,
« non le vainqueur acharné sur le vaincu. Que
« voulait-on voir, sinon la fin de la victoire? Et dès
« qu'elle est arrivée, on en est soûl. Ainsi dans le

« jeu; ainsi dans la recherche de la vérité. On aime
« à voir dans les disputes le combat des opinions;
« mais de contempler la vérité trouvée, point du tout.
« Pour la faire remarquer avec plaisir, il faut la faire
« voir naissant de la dispute. De même dans les pas-
« sions, il y a du plaisir à en voir deux contraires
« se heurter; mais quand l'une est maîtresse, ce
« n'est plus que brutalité. Nous ne cherchons jamais
« les choses, mais la recherche des choses. » (I,
ix, 34.)

4. L'homme sent en lui des passions qui doivent obéir et une raison qui doit commander. Mais il a beau faire : la guerre n'a point de fin; la victoire est des deux parts impossible. Ni la raison ne peut dompter les passions, ni les passions imposer silence à la raison. Quand nous surmontons une passion, ce n'est que par une autre passion; ce qui conduit à penser que la vraie limite des passions serait dans une affection qui les contrepèserait toutes. C'est là la vraie *raison* à opposer aux convoitises de l'homme naturel.

« La guerre intérieure de la raison contre les pas-
« sions a fait que ceux qui ont voulu avoir la paix
« se sont partagés en deux sectes. Les uns ont voulu
« renoncer aux passions et devenir dieux; les autres
« ont voulu renoncer à la raison, et devenir bêtes.
« Mais ils ne l'ont pas pu, ni les uns, ni les autres;
« et la raison demeure toujours, qui accuse la bas-
« sesse et l'injustice des passions, et trouble le repos
« de ceux qui s'y abandonnent; et les passions sont

« toujours vivantes dans ceux mêmes qui veulent y
« renoncer. » (II, 1, 2.)

L'homme est donc plein d'antithèses et de contrariétés. Et en résumé, il faut redire qu'il est grand et misérable; misérable, puisqu'il le sent (et qu'est-il besoin d'autres preuves?); grand, puisqu'il connaît qu'il est misérable. Quand un mendiant se trouve misérable en comparaison d'un riche, ce n'est pas signe de grandeur; mais souvent un homme enrichi de tous les avantages se trouve misérable, et c'est un signe de grandeur; car son désir, son besoin s'étend dans le monde invisible. Ces deux attributs opposés, dérivant l'un de l'autre, se servent mutuellement de preuve. La misère de l'homme se démontre par sa grandeur, et sa grandeur par sa misère. En effet, sa misère consiste dans une déchéance, et sa grandeur dans le sentiment de cette déchéance.

Il est impossible, après l'examen de toutes ces contrariétés, de considérer d'un œil tranquille et indifférent l'état des hommes en ce monde. En vain voudrions-nous recourir à nos impressions journalières, et refaire cette image de l'homme telle que nous la fait l'habitude et l'opinion : ce faux portrait est effacé sans retour; l'insouciance disparaît, et l'on s'écrie avec Pascal :

« Connaissez donc, superbe, quel paradoxe vous
« êtes à vous-même. Humiliez-vous, raison impuis-
« sante; taisez-vous, nature imbécile; apprenez

« que l'homme passe infiniment l'homme, et en-
« tendez de votre maître votre condition véritable,
« que vous ignorez.

« Car enfin, si l'homme n'avait jamais été cor-
« rompu, il jouirait de la vérité et de la félicité avec
« assurance. Et si l'homme n'avait jamais été que
« corrompu, il n'aurait aucune idée, ni de la vérité,
« ni de la béatitude. Mais malheureux que nous
« sommes, et plus que s'il n'y avait aucune gran-
« deur dans notre condition, nous avons une idée
« du bonheur, et ne pouvons y arriver; nous sentons
« une image de la vérité, et ne possédons que le
« mensonge : incapables d'ignorer absolument, et
« de savoir certainement; tant il est manifeste que
« nous avons été dans un degré de perfection dont
« nous sommes malheureusement tombés !

« Qu'est-ce donc que nous crie cette avidité et
« cette impuissance, sinon qu'il y a eu autrefois en
« l'homme un véritable bonheur, dont il ne lui reste
« maintenant que la marque et la trace toute vide,
« qu'il essaie inutilement de remplir de tout ce qui
« l'environne, en cherchant dans les choses ab-
« sentes le secours qu'il n'obtient pas des présentes,
« et que les unes et les autres sont incapables de
« lui donner, parce que ce gouffre infini ne peut
« être rempli que par un objet infini et immuable?»
(II, v, 3.)

Voilà, en effet, ce que me crie l'expérience. Mais que dit-elle de plus? Que nous enseignent là-dessus les philosophes? Ont-ils rendu raison de ces contrariétés? Non. Ils n'ont pas même montré le nœud ; ils n'ont pas rendu ces ténèbres visibles. L'énigme reste tout entière.

Ne pouvant concilier les deux éléments du problème, ils ont pris le parti de n'en montrer qu'un seul. Tous leurs systèmes, quelque variés qu'ils soient, se réduisent, sur le sujet de l'homme, à deux systèmes principaux, l'un qui, apercevant dans l'homme un principe de grandeur, lui impose des lois proportionnées à cette grandeur; l'autre qui, frappé de l'élément vil de sa nature, lui ouvre une carrière facile et honteuse. Voilà ce qu'ils ont fait : pouvaient-ils davantage? est-il au pouvoir de la raison humaine de conclure la paix entre les principes discordants que nous avons reconnus? Elle ne peut faire cesser le combat qu'en éloignant l'un des combattants.

Il s'en faut que Pascal ait donné à cette partie de son travail le développement dont elle était susceptible. Il n'a pas même distinctement marqué la place qu'elle devait occuper dans son ouvrage. Quelques indications éparses sont tout ce que nous offre, sur ce sujet, le recueil de ses *Pensées*.

Parmi les philosophes, « les uns ont pris à tâche
« d'élever l'homme en découvrant ses grandeurs, et
« les autres de l'abaisser en représentant ses mi-
« sères. Ce qu'il y a de plus étrange, c'est que
« chaque parti se sert des raisons de l'autre pour
« établir son opinion ; car la misère de l'homme se
« conclut de sa grandeur, et sa grandeur se conclut

« de sa misère. Ainsi les uns ont d'autant mieux
« conclu la misère, qu'ils en ont pris pour preuve
« la grandeur; et les autres ont conclu la grandeur
« avec d'autant plus de force, qu'ils l'ont tirée de la
« misère même. Tout ce que les uns ont pu dire
« pour montrer la grandeur n'a servi que d'un ar-
« gument aux autres pour conclure la misère,
« puisque c'est être d'autant plus misérable qu'on
« est tombé de plus haut : et les autres au contraire.
« Ils se sont élevés les uns sur les autres par un cer-
« cle sans fin : étant certain qu'à mesure que les
« hommes ont plus de lumière, ils découvrent de
« plus en plus en l'homme de la misère et de la
« grandeur. » (II, 1, 5.)

« Ont-ils trouvé le remède à nos maux ? Est-ce
« avoir guéri la présomption de l'homme, que de
« l'avoir égalé à Dieu ? Et ceux qui nous ont égalés
« aux bêtes, et qui nous ont donné les plaisirs de
« la terre pour tout bien, ont-ils apporté le remède
« à nos concupiscences ? Levez vos yeux vers Dieu,
« disent les uns : voyez celui auquel vous ressem-
« blez, et qui vous a fait pour l'adorer ; vous pou-
« vez vous rendre semblable à lui ; la sagesse vous
« y égalera, si vous voulez la suivre. Et les autres
« disent : Baissez vos yeux vers la terre, chétif ver
« que vous êtes, et regardez les bêtes dont vous
« êtes le compagnon.

« Que deviendra donc l'homme ? Sera-t-il égal
« à Dieu ou aux bêtes ? Quelle effroyable distance !
« Que serons-nous donc ?

« ... Ils ne savent ni quel est votre véritable bien, ni quel est votre véritable état. Comment auraient-ils donné des remèdes à vos maux, puisqu'ils ne les ont pas seulement connus. Vos maladies principales sont l'orgueil, qui vous soustrait à Dieu, et la concupiscence, qui vous attache à la terre ; et ils n'ont fait autre chose qu'entretenir au moins une de ces maladies. S'ils vous ont donné Dieu pour objet, ce n'a été que pour exercer votre orgueil. Ils vous ont fait penser que vous lui êtes semblable par votre nature. Et ceux qui ont vu la vanité de cette prétention, vous ont jeté dans l'autre précipice, en vous faisant entendre que votre nature était pareille à celle des bêtes, et vous ont porté à chercher votre bien dans les concupiscences, qui sont le partage des animaux. Ce n'est pas là le moyen de vous instruire de vos injustices. N'attendez donc ni vérité, ni consolation des hommes (1). » (II, v, 1.)

Que si l'homme oublie qu'il y a deux éléments dans sa nature actuelle, et que si, ne tenant compte que d'un seul, il donne sa confiance à l'une ou à l'autre de ces deux sectes de philosophes, il y sera ou déçu ou dégradé; déçu, s'il croit à une grandeur sans misère; dégradé, s'il se persuade d'une misère sans grandeur; mais si ces deux éléments le frappent ensemble, il cessera d'estimer les philosophes pour ce qui concerne la connaissance et la conduite de

---

(1) Voyez aussi II. v, 10, et le parallèle entre Epictète et Montaigne. (II, xi.)

l'homme, et comprendra, comme Pascal, que le plus grand mérite de la philosophie est de « conduire in-« sensiblement à la théologie, où il est difficile de ne « pas entrer, quelque vérité que l'on traite, parce « qu'elle est le centre de toutes les vérités. » (I, xi, 4.)

Qu'on se représente, et chacun le peut, l'état d'un homme qui a cherché, avec sa raison et avec celle des philosophes, la clef de ces grandes énigmes. Voici comment Pascal représente son angoisse :

« En voyant l'aveuglement et la misère de l'homme, « et ces contrariétés étonnantes qui se découvrent « dans sa nature; et regardant tout l'univers muet, « et l'homme sans lumière, abandonné à lui-même, « et comme égaré dans ce recoin de l'univers, sans « savoir qui l'y a mis, ce qu'il est venu y faire, ce « qu'il deviendra en mourant, j'entre en effroi « comme un homme qu'on aurait porté endormi « dans une île déserte et effroyable, et qui s'éveille-« rait sans connaître où il est, et sans avoir aucun « moyen d'en sortir. Et sur cela j'admire comment « on n'entre pas en désespoir d'un si misérable état. « Je vois d'autres personnes auprès de moi de sem-« blable nature : je leur demande s'ils sont mieux « instruits que moi, et ils me disent que non; et sur « cela, ces misérables égarés, ayant regardé autour « d'eux, et ayant vu quelques objets plaisants, s'y sont « donnés et s'y sont attachés. Pour moi je n'ai pu m'y « arrêter, ni me reposer dans la société de ces person-« nes semblables à moi, misérables comme moi, im-« puissantes comme moi. Je vois qu'ils ne m'aide-

« raient pas à mourir : je mourrai seul; il faut donc
« faire comme si j'étais seul : or, si j'étais seul, je ne
« bâtirais point des maisons, je ne m'embarrasserais
« point dans les occupations tumultuaires, je ne
« chercherais l'estime de personne; mais je tâche-
« rais seulement de découvrir la vérité. » (I, vii, 1.)

Observez, je vous prie, que l'angoisse de cet homme n'est pas l'angoisse de la curiosité : de plus grands intérêts sont enveloppés dans la solution de ces questions; ce grand déchirement de son être n'est pas un problème seulement, mais il pourrait être un danger; si le sentiment de sa bassesse lui fait tristement baisser les yeux vers la terre, l'invincible sentiment de sa grandeur les lui fait lever vers le ciel; la persistance de son être est l'objet de son ardent désir, et le sujet de ses craintes les plus vives; or, les ténèbres qui enveloppent sa nature s'étendent également sur son avenir. Vivra-t-il comme si cette question de l'avenir était résolue? s'embarrassant peu si elle doit se résoudre à son profit ou à sa perte? Oubliera-t-il le danger pour que le danger l'oublie? Ce n'est pas l'avis de Pascal, et voici comme il s'exprime dans ces immortelles pages où l'éloquence dépouillée de tout ornement étranger n'est belle que d'une sublime candeur :

« L'immortalité de l'âme est une chose qui nous
« importe si fort, et qui nous touche si profondément,
« qu'il faut avoir perdu tout sentiment pour être
« dans l'indifférence de savoir ce qui en est. Toutes
« nos actions et toutes nos pensées doivent prendre

« des routes si différentes, selon qu'il y aura des
« biens éternels à espérer, ou non, qu'il est impos-
« sible de faire une démarche avec sens et jugement
« qu'en la réglant par la vue de ce point, qui doit
« être notre premier objet.

« Ainsi notre premier intérêt et notre premier de-
« voir est de nous éclaircir sur ce sujet, d'où dépend
« toute notre conduite. Et c'est pourquoi, parmi
« ceux qui n'en sont pas persuadés, je fais une ex-
« trême différence entre ceux qui travaillent de
« toutes leurs forces à s'en instruire, et ceux qui
« vivent sans s'en mettre en peine et sans y pen-
« ser.

« Je ne puis avoir que de la compassion pour ceux
« qui gémissent sincèrement dans ce doute, qui le
« regardent comme le dernier des malheurs, et qui,
« n'épargnant rien pour en sortir, font de cette re-
« cherche leur principale et leur plus sérieuse occu-
« pation. Mais pour ceux qui passent leur vie sans
« penser à cette dernière fin de la vie, et qui, par
« cette seule raison qu'ils ne trouvent pas en eux-
« mêmes des lumières qui les persuadent, négligent
« d'en chercher ailleurs, et d'examiner à fond si
« cette opinion est de celles que le peuple reçoit par
« une simplicité crédule, ou de celles qui, quoique
« obscures d'elles-mêmes, ont néanmoins un fonde-
« ment très-solide, je les considère d'une manière
« toute différente. Cette négligence en une affaire
« où il s'agit d'eux-mêmes, de leur éternité, de leur
« tout, m'irrite plus qu'elle ne m'attendrit; elle m'é-

« tonne et m'épouvante; c'est un monstre pour moi.
« Je ne dis pas ceci par le zèle pieux d'une dévotion
« spirituelle. Je prétends, au contraire, que l'amour-
« propre, que l'intérêt humain, que la plus simple
« lumière de la raison doit nous donner ces senti-
« ments. Il ne faut voir pour cela que ce que voient
« les personnes les moins éclairées.

« Il ne faut pas avoir l'âme fort élevée pour com-
« prendre qu'il n'y a point ici de satisfaction vérita-
« ble et solide; que tous nos plaisirs ne sont que
« vanité; que nos maux sont infinis; et qu'enfin la
« mort, qui nous menace à chaque instant, doit nous
« mettre dans peu d'années, et peut-être en peu de
« jours, dans un état éternel de bonheur, ou de mal-
« heur, ou d'anéantissement. Entre nous et le ciel,
« l'enfer ou le néant, il n'y a donc que la vie, qui est la
« chose du monde la plus fragile; et le ciel n'étant pas
« certainement pour ceux qui doutent si leur âme est
« immortelle, ils n'ont à attendre que l'enfer, ou le
« néant.

« Il n'y a rien de plus réel que cela, ni de plus ter-
« rible. Faisons tant que nous voudrons les braves,
« voilà la fin qui attend la plus belle vie du monde.

« C'est en vain qu'ils détournent leur pensée de
« cette éternité qui les attend, comme s'ils pouvaient
« l'anéantir en n'y pensant point. Elle subsiste mal-
« gré eux, elle s'avance; et la mort, qui doit l'ouvrir,
« les mettra infailliblement, dans peu de temps, dans
« l'horrible nécessité d'être éternellement ou anéan-
« tis, ou malheureux.

« Voilà un doute d'une terrible conséquence ; et
« c'est déjà assurément un très grand mal que d'être
« dans ce doute ; mais c'est au moins un devoir
« indispensable de chercher quand on y est. Ainsi
« celui qui doute et qui ne cherche pas est tout
« ensemble, et bien injuste, et bien malheureux.
« Que s'il est avec cela tranquille et satisfait, qu'il
« en fasse profession, et enfin qu'il en fasse vanité,
« et que ce soit de cet état même qu'il fasse le sujet
« de sa joie et de sa vanité, je n'ai point de termes
« pour qualifier une si extravagante créature.

« Où peut-on prendre ces sentiments ? Quel sujet
« de joie trouve-t-on à n'attendre plus que des mi-
« sères sans ressource ? Quel sujet de vanité de se
« voir dans des obscurités impénétrables ? Quelle
« consolation de n'attendre jamais de consolateur ?

« Ce repos, dans cette ignorance, est une chose
« monstrueuse, et dont il faut faire sentir l'extrava-
« gance et la stupidité à ceux qui y passent leur vie,
« en leur représentant ce qui se passe en eux-mêmes
« pour les confondre par la vue de leur folie : car
« voici comment raisonnent les hommes, quand ils
« choisissent de vivre dans cette ignorance de ce
« qu'ils sont, et sans en rechercher d'éclaircisse-
« ment.

« Je ne sais qui m'a mis au monde, ni ce que
« c'est que le monde, ni que moi-même. Je suis
« dans une ignorance terrible de toutes choses. Je
« ne sais ce que c'est que mon corps, que mes sens,
« que mon âme : et cette partie même de moi qui

« pense ce que je dis, et qui fait réflexion sur tout
« et sur elle-même, ne se connaît non plus que le
« reste. Je vois ces effroyables espaces de l'univers
« qui m'enferment, et je me trouve attaché à un
« coin de cette vaste étendue, sans savoir pourquoi
« je suis plutôt placé en ce lieu qu'en un autre, ni
« pourquoi ce peu de temps qui m'est donné à vivre
« m'est assigné à ce point plutôt qu'à un autre de
« toute l'éternité qui m'a précédé, et de toute celle
« qui me suit. Je ne vois que des infinités de toutes
« parts, qui m'engloutissent comme un atome, et
« comme une ombre qui ne dure qu'un instant sans
« retour. Tout ce que je connais, c'est que je dois
« bientôt mourir ; mais ce que j'ignore le plus, c'est
« cette mort même que je ne saurais éviter.

« Comme je ne sais d'où je viens, aussi ne sais-
« je où je vais ; et je sais seulement qu'en sortant
« de ce monde je tombe pour jamais, ou dans le
« néant, ou dans les mains d'un Dieu irrité, sans
« savoir à laquelle de ces deux conditions je dois
« être éternellement en partage.

« Voilà mon état, plein de misère, de faiblesse,
« d'obscurité. Et de tout cela je conclus que je dois
« donc passer tous les jours de ma vie sans songer
« à ce qui doit m'arriver ; et que je n'ai qu'à suivre
« mes inclinations sans réflexion et sans inquiétude,
« en faisant tout ce qu'il faut pour tomber dans
« le malheur éternel, au cas que ce qu'on en dit
« soit véritable. Peut-être que je pourrais trouver
« quelque éclaircissement dans mes doutes ; mais je

« n'en veux pas prendre la peine ni faire un pas pour
« le chercher : et en traitant avec mépris ceux qui
« se travailleraient de ce soin, je veux aller sans
« prévoyance et sans crainte tenter un si grand
« événement, et me laisser mollement conduire à
« la mort, dans l'incertitude de l'éternité de ma
« condition future.

« En vérité, il est glorieux à la religion d'avoir
« pour ennemis des hommes si déraisonnables; et
« leur opposition lui est si peu dangereuse, qu'elle
« sert au contraire à l'établissement des princi-
« pales vérités qu'elle nous enseigne. Car la foi
« chrétienne ne va principalement qu'à établir ces
« deux choses, la corruption de la nature, et la
« rédemption de Jésus-Christ. Or, s'ils ne servent
« pas à montrer la vérité de la rédemption par la
« sainteté de leurs mœurs, ils servent au moins
« admirablement à montrer la corruption de la na-
« ture par des sentiments si dénaturés. » (II, II.)

C'en est donc fait : il cherchera si Dieu, la source
de toutes les vérités, la clef de tous les mystères, ne
s'est pas révélé quelque part. De le chercher avec sa
raison seule, il n'y a pas d'apparence : l'expérience
qu'il a faite au sujet de la connaissance de l'homme,
l'a rendu défiant sur les moyens de connaître Dieu.

« Je regarde de toutes parts, et ne vois partout
« qu'obscurité. La nature ne m'offre rien qui ne soit
« matière de doute et d'inquiétude. Si je n'y voyais
« rien qui marquât une Divinité, je me détermine-
« rais à n'en rien croire. Si je voyais partout les

« marques d'un Créateur, je reposerais en paix dans
« la foi. Mais, voyant trop pour nier, et trop peu pour
« m'assurer, je suis dans un état à plaindre, et où
« j'ai souhaité cent fois que, si un Dieu soutient la
« nature, elle le marquât sans équivoque; et que, si
« les marques qu'elle en donne sont trompeuses,
« elle les supprimât tout à fait; qu'elle dît tout ou
« rien, afin que je visse quel parti je dois suivre. Au
« lieu qu'en l'état où je suis, ignorant ce que je suis
« et ce que je dois faire, je ne connais ni ma condi-
« tion, ni mon devoir. Mon cœur tend tout entier à
« connaître où est le vrai bien, pour le suivre. Rien
« ne me serait trop cher pour cela. » (II, VII, 1.)

O épaisse obscurité de la raison humaine! ou plutôt étrange aveuglement de l'âme! Elle ne trouve plus
dans la nature ce Dieu dont la présence étincelle
dans chaque rayon de l'aurore, resplendit dans chaque étoile du firmament, murmure dans chaque flot
de l'océan, respire dans chaque souffle de l'air, s'ex-
hale dans le parfum de chaque fleur. Pascal (écou-
tez-le bien) ne se sent « pas assez fort pour trouver
« dans la nature de quoi convaincre des athées en-
« durcis; »(II, III, 2.) mais fût-il même parvenu à les
convaincre, il ne serait guère avancé s'il ne pouvait les conduire plus loin. Supposons que l'homme
dont nous décrivons, d'après Pascal, les pensées et
les angoisses successives, ait en effet découvert Dieu,
reconnu Dieu par la raison. « Quand un homme, dit
« Pascal, serait persuadé que les proportions des
« nombres sont des vérités immatérielles, éternelles

« et dépendantes d'une première vérité en qui elles
« subsistent, et qu'on appelle *Dieu,* je ne le trouve-
« rais pas beaucoup avancé pour son salut. » (II,
III, 2.)

Il faut donc que cet homme connaisse, non-seulement que Dieu est, mais quel il est; non quel il est en lui-même, mais quel il est par rapport à l'homme. Et comme la raison et la philosophie sont hors d'état de le lui dire; comme, au contraire, l'obscurité qui couvre la condition de l'homme, couvre aussi, par une conséquence nécessaire, les intentions de Dieu, ces intentions, si elles ont été révélées, n'ont pu l'être que d'une manière extraordinaire, par une voie surnaturelle; ce qui porte l'attention de cet homme sur les diverses religions qui couvrent la surface de la terre, religions qui toutes prétendent reposer sur une révélation, contenir une révélation.

Il va donc passer en revue les diverses religions. Mais, en supposant qu'une d'elles ait été donnée de Dieu, à quoi la reconnaîtra-t-il? Et plus généralement, quelles sont les conditions qui ne peuvent lui manquer?

Ici, une idée se présente aussitôt. Une religion positive a la prétention de suppléer ou de remplacer la raison, et même de la réduire au silence. Or, comme c'est la raison qui va procéder à cet examen, il faut prévenir par quelques explications un conflit fâcheux et interminable.

Et d'abord, il faudra s'attendre que la vraie religion renfermera des choses au-dessus de la raison. Pourquoi cherchons-nous parmi les religions positives, sinon parce que nous avons reconnu l'impuissance de la raison à se faire elle-même une religion? Nous cherchons donc quelque chose au delà de la raison. Notre démarche renferme cet aveu. Il nous faut, ou prouver que toute religion révélée est par sa nature même une impossibilité, ou reconnaître que toute religion révélée doit renfermer des mystères. Une religion qui n'en renfermerait pas ne serait pas révélée.

Néanmoins, avec quel instrument cherchons-nous cette religion? Avec notre raison. C'est avec notre raison que nous devons la reconnaître. Dieu a donc dû entourer sa révélation (s'il a révélé quelque chose) de preuves qui fussent accessibles à notre raison. De plus, si les vérités qu'il nous déclare surpassent notre raison, elles ne doivent pas la contredire. Voilà deux conditions que nous devons faire, ou plutôt que nous ne pouvons pas ne pas faire : une révélation dont l'authenticité soit susceptible de démonstration suivant les moyens ordinaires; une révélation dont le contenu ne renferme rien de contraire à la raison; mais ce dernier point demande à être déterminé.

Rien ne nous est plus ordinaire que de déclarer contraire à la raison tout ce qui étonne la nôtre, tout ce qui lui est nouveau. Cet abus, si blâmable dans les jugements qui se rapportent aux choses finies, l'est bien davantage dans ceux qui se rapportent au domaine religieux. Pour s'en garder, il faut se fixer sur deux points essentiels : 1° L'esprit, à lui seul, n'est pas juge compétent dans les choses du cœur. 2° Quand nous disons que la raison doit être appelée au discernement de la vraie religion, nous n'entendons pas par raison l'ensemble de nos notions acquises, mais les principes élémentaires, essentiels à l'organisation de l'esprit humain, et bases de toutes ses opérations, qui prouvent tout et que rien ne prouve. Et pour atteindre sûrement le plus haut point d'évidence et d'universalité, pour arriver à une base immobile, nous disons que ce qui est contraire à la raison, c'est le contradictoire, la réunion de l'affirmation et de la négation dans une même proposition. Tout ce qui est en deçà peut être admis, en tant que l'authenticité de la révélation est d'ailleurs prouvée.

Pascal a donné fort peu de développement à ces idées. On les retrouve en germe dans les passages suivants : « Si on soumet tout à la raison, notre « religion n'aura rien de mystérieux ni de surna- « turel. Si on choque les principes de la raison, no- « tre religion sera absurde et ridicule. » (II, vi, 2.) « La foi dit bien ce que les sens ne disent pas, mais « jamais le contraire. Elle est au-dessus, mais non « pas contre. » (II, vi, 4.)

Il a insisté davantage sur la valeur réelle et sur la légitimité de la foi de ceux qui croient sans avoir examiné les preuves extérieures. « Le cœur a ses « raisons, que la raison ne connaît pas. » (II, xvii, 5.)

Il développe cette vérité dans les deux paragraphes suivants :

« Ceux qui croient sans avoir examiné les preuves
« de la religion, croient parce qu'ils ont une dispo-
« sition intérieure toute sainte, et que ce qu'ils en-
« tendent dire de notre religion y est conforme. Ils
« sentent qu'un Dieu les a faits. Ils ne veulent aimer
« que lui; ils ne veulent haïr qu'eux-mêmes. Ils sen-
« tent qu'ils n'en ont pas la force; qu'ils sont in-
« capables d'aller à Dieu ; et que, si Dieu ne vient à
« eux, ils ne peuvent avoir aucune communication
« avec lui. Et ils entendent dire dans notre religion
« qu'il ne faut aimer que Dieu, et ne haïr que
« soi-même : mais qu'étant tous corrompus et in-
« capables de Dieu, Dieu s'est fait homme pour
« s'unir à nous. Il n'en faut pas davantage pour
« persuader des hommes qui ont cette disposition
« dans le cœur, et cette connaissance de leur devoir
« et de leur incapacité. » (II, vi, 7.)

« Ceux que nous voyons chrétiens sans la con-
« naissance des prophéties et des preuves, ne lais-
« sent pas d'en juger aussi bien que ceux qui ont
« cette connaissance. Ils en jugent par le cœur
« comme les autres en jugent par l'esprit. C'est Dieu
« lui-même qui les incline à croire; et ainsi ils sont
« très efficacement persuadés.

« J'avoue bien qu'un de ces chrétiens qui croient
« sans preuves n'aura peut-être pas de quoi convain-
« cre un infidèle qui en dira autant de soi. Mais ceux
« qui savent les preuves de la religion prouveront

« sans difficulté que ce fidèle est véritablement in-
« spiré de Dieu, quoiqu'il ne pût le prouver lui-
« même. » (II, vi, 8.)

Que si, après avoir suivi ces règles, nous voyons cependant une foule d'hommes n'arriver point au même résultat que nous, je ne vois rien en cela qui doive nous troubler. Car, dans la plupart des cas, nous verrons qu'ils n'ont point cherché ; ou bien nous verrons que dans cette recherche ils ont arbitrairement substitué le cœur à l'esprit ou l'esprit au cœur. Enfin, la conviction et le repos d'esprit se fondent sur la bonté intrinsèque des preuves que nous nous sommes administrées, non sur l'accueil qu'elles peuvent obtenir chez nos semblables. On ne croit point sur la foi d'autrui ; ou si l'on croit, c'est d'une foi morte.

Il ne suffit pas à l'auteur d'avoir donné ces directions générales sur l'emploi de l'instrument que nous sommes invinciblement obligés d'appliquer à cette recherche. Faisant lui-même usage de cet instrument, il cherche avec son secours quels sont les caractères qui ne doivent point manquer à la véritable religion, ou les marques auxquelles la reconnaîtra d'abord celui qui aura connu de quelles antithèses l'homme est composé.

Sur le point de chercher parmi les diverses religions de la terre s'il en est une que Dieu ait donnée, et dans laquelle par conséquent je puisse trouver la fin de mes doutes et de mes anxiétés, je ne puis me dissimuler que par ce fait même je reconnais l'impuissance de ma raison ; car je n'entreprends cette recherche que parce que ma raison ne m'a pas fourni la solution que je lui demandais. Toutefois cette abdication n'est pas absolue; et de même qu'un fonctionnaire destitué reste néanmoins en place jusqu'à l'arrivée de son remplaçant, ma raison conserve ses fonctions jusqu'à ce qu'elle soit remplacée; il y a mieux encore : c'est elle qui se charge de trouver et de désigner son remplaçant. En effet, cette révélation que je cherche et qui doit suppléer mes facultés naturelles, je ne la puis chercher qu'avec mes facultés naturelles. Je puis bien m'attendre, je dois m'attendre que son contenu surpassera ces facultés, et qu'elle expliquera des mystères par des mystères; car s'il n'en était pas ainsi, le genre humain eût déjà trouvé dans sa propre raison la solution qu'il désire; mais ce que je puis aussi et dois attendre, c'est que les moyens de vérifier l'authenticité de cette révélation ne seront pas au-dessus des forces de la raison humaine. Ce que je puis exiger, si Dieu a parlé, c'est que je puisse m'assurer qu'il a parlé. Ce que je puis prétendre, c'est qu'il soit possible à la raison humaine de se procurer sur ce point une certitude égale à celle qu'il peut se procurer sur d'autres faits; la même certitude qui s'attache aux faits historiques les mieux constatés, la même certitude sur laquelle un homme engage sa vie, la même qui permet à un juge de prononcer en pleine tranquillité d'âme sur le sort d'un accusé; une certitude enfin qui, sans avoir l'instantanéité de l'évidence, ne laisse dans l'esprit, après un examen consciencieux, aucun trouble, aucun nuage. Je ne puis pas équitablement exiger davantage, mais je ne saurais me contenter de moins.

« Il y a deux manières, dit Pascal, de persuader
« les vérités de notre religion ; l'une par la force de
« la raison, l'autre par l'autorité de celui qui parle.
« On ne se sert pas de la dernière, mais de la pre-
« mière. On ne dit pas : Il faut croire cela; car l'E-
« criture, qui le dit, est divine; mais on dit : Qu'il
« faut le croire par telle et telle raison, qui sont de
« faibles arguments, la raison étant flexible à tout. »
(II, XVII, 8.)

Je ne suis pas appelé à asseoir ma conviction immédiatement sur le contenu de cette révélation ; toutefois si, en jetant les yeux sur ce contenu, j'y trouvais des choses qui fussent contre ma raison, rien ne pourrait m'obliger à l'adopter ; car, pour moi, des choses contre ma raison sont nécessairement des choses contre la raison ; la raison de chacun est pour lui la raison, à son état général et absolu. Mais à quoi je suis obligé c'est de m'assurer que je ne mets pas mes préjugés à la place de la raison ; je dois écarter soigneusement tout ce qui n'est pas raison primitive, mais notion acquise ; je dois remonter aux éléments originaux de la raison, à ses bases, à ce qui tient à ma qualité non d'individu, mais d'homme, en un mot aux données fondamentales auxquelles je rattache mes raisonnements en toute espèce de matières, et, si je puis m'exprimer ainsi, à ma raison abstraite.

Il y a une critique naturelle sur les principes de laquelle tous les hommes de bon sens se sont rencontrés sans peine. Ces règles sont en petit nombre et à la portée de tous les hommes, et vraiment populaires. Ces règles, j'en conviens, appliquées sans attention, ou avec prévention, ne semblent pas toujours donner le résultat qu'on attendait de leur emploi; mais c'est la faute de l'ouvrier et non de l'outil; et la raison rejette à bon droit au cœur les reproches qu'on serait tenté de lui adresser.

Ici se présente une question souvent posée : La raison a-t-elle partagé la condition des autres facultés que notre chute a si gravement compromises? La raison est-elle altérée? Médiatement, oui; immédiatement, non; du moins c'est mon sentiment. Notre raison est le rapporteur de nos sensations; si nos sensations déposent mal, notre raison jugera mal aussi; et c'est ce qui arrive par l'obscurcissement de notre sens moral et le tumulte de nos passions; le juge est incorrompu, mais il est mal informé. Et remarquez bien que là où les passions n'ont rien à faire, là où l'intérêt ne s'interpose pas, si d'ailleurs l'objet de notre jugement est à notre portée, nous jugeons bien; et dans une grande variété d'individus, à travers une variété presque égale dans les degrés de l'intelligence, la raison conserve, sur les points essentiels, un caractère frappant d'identité. Développons la chose par un exemple que, pour le moment, nous présenterons comme une pure supposition. Rassemblons par la pensée un auditoire composé d'individus de toute culture, mais sains d'esprit et suffisamment attentifs, et proposons-leur le fait suivant.

Douze hommes se présentent à un peuple, et lui disent : Nous avons un ami, qui est mort, et qui est ressuscité. Une grande rumeur s'élève. La résurrection d'un homme est un fait sans exemple, un fait qui sort d'une manière éclatante de l'ordre accoutumé des choses. Le premier mouvement est de nier. Cependant, le fait en lui-même n'est pas de ceux qu'on peut hardiment qualifier d'impossibles; car il ne renferme en lui aucune contradiction; il ne contient pas à la fois négation et affirmation, et cela suffit; pour croire le fait possible, il suffit de croire en Dieu; cela lève toute contradiction ; ceux donc qui croient en Dieu admettront la possibilité du fait. Toutefois il demeure hautement invraisemblable.

Cet homme qu'on dit ressuscité ne se présente point; on n'a, sur la question, que le témoignage de douze hommes. Il est vrai que, dans bien des cas, le témoignage peut fonder une pleine certitude, mais à deux conditions : c'est que les témoins n'aient pas pu se tromper et n'aient pas voulu tromper. Voilà les deux questions à examiner dans le cas présent. Si une de ces questions se résout par l'affirmative, ou toutes les deux, le fait demeure incertain. Si, au contraire, l'erreur ni la tromperie n'ont été possibles, il faut accepter le fait comme si on le voyait.

Première question : Ont-ils pu se tromper? Généralement parlant, on peut se tromper sur l'identité d'un personnage; mille expériences le prouvent. S'ils n'ont vu ce ressuscité que fugitivement, s'il n'a point parlé, s'ils le connaissaient peu auparavant, l'erreur est concevable. Mais ce n'est point ici le cas. Avant sa mort, ils ont vécu familièrement avec lui, ils ont conversé avec lui des jours entiers, ils l'ont suivi comme son ombre; ils connaissent les moindres détails de sa démarche, de son geste et de sa voix; nulle connaissance personnelle n'a jamais été plus intime. Ils l'ont vu mourir, ils l'ont vu mettre en terre, ils ont vu sceller son sépulcre, ils ont pleuré sur son tombeau, ils ne se préparaient point à le voir reparaître; aucune prévision de ce genre n'a envahi ni même abordé leur esprit. C'est lorsqu'ils s'affligent de sa mort que le mort leur apparaît plein de vie. Dans la préoccupation de leur douleur, ils ne le reconnaissent point aussitôt; une telle pensée est trop loin de leur esprit; l'un d'eux, n'en voulant pas croire ses yeux, a recours à ses mains et les pose dans les plaies du crucifié. Dès lors, le nouveau-né de la tombe converse, il vit avec eux et avec d'autres amis, il reprend avec eux toutes les habitudes de sa vie antérieure; le jour, la nuit, il est avec eux; il renoue le fil interrompu de ses précédents discours; il fait voir avec éclat l'identité de la personne dans l'identité de l'âme, et c'est après quarante jours passés dans ce commerce de tous les instants qu'il les quitte une seconde fois, et pour toujours.

J'en atteste tous mes auditeurs : ces douze hommes ont-ils pu se tromper ? Non ; mais ils ont pu nous tromper.

Ici deux principes demandent à être reconnus :
1° On ne trompe pas sans intérêt, encore moins contre son intérêt. — 2° Un imposteur est un caractère vil.

Si ces deux principes sont vrais, les témoins dont nous parlons ne peuvent être des imposteurs ; s'ils ont été imposteurs, ces deux principes sont faux ; et comme il n'est point au monde de principes plus évidents, il s'ensuivrait qu'on ne peut, sur un sujet quelconque, se procurer la moindre certitude.

En effet, voici des imposteurs (pour nous placer un moment dans la supposition) voici des imposteurs qui trompent non-seulement sans intérêt, mais contre leur intérêt le plus évident. Il n'y a ni gloire ni profit à se déclarer pour cet homme ; eux-mêmes l'avaient si bien senti, qu'ils l'avaient renié captif, l'avaient fui crucifié, et avaient déserté en gémissant une cause trop dangereuse. On ne comprendrait pas même comment leur zèle et leur enthousiasme, si complétement éteints dans les ombres de son trépas, auraient pu se rallumer soudainement, si dans l'intervalle rien n'était survenu. Qu'est-il survenu ? Des réflexions ? Mais des réflexions augmentent la peur ; des réflexions les eussent ramenés vers la fin ignominieuse de leur maître, vers le dénoûment lugubre de ses travaux, que dis-je? vers la conviction de son impuissance ; car toute sa force est descendue dans le tombeau, et quant à la leur, qu'ils puisaient tout entière dans sa parole et dans ses regards, la source en est pour jamais tarie. Qui donc inspire à ces fugitifs de la veille, à ces amis faibles, à ces cœurs timides, ce dévouement plein d'allégresse, cette ardeur triomphante? Est-ce le présent, est-ce l'avenir? Le présent, plein de mépris et de dangers? L'avenir? Pierre, Paul et Jacques vont avec une imposture remuer leur nation, remuer le monde? Hélas! leur perspective la plus prochaine est un cachot, et un cachot sans gloire! Et, si leur maître n'est pas ressuscité, qu'ont-ils à dire, que prétendent-ils? Régénérer le monde! Le régénérer par une imposture! Partir d'une imposture pour enseigner au genre humain la vérité, la candeur, le dévouement! Chargés du poids d'un mensonge infâme, ils vont enseigner au monde la morale la plus délicate et la plus pure! Morale si pure que le cœur naturel de l'homme ne pourra la contempler sans frémir! Morale si pure qu'elle sera contre eux un nouveau grief, et le plus fort de tous! Il y a plus: ils l'observeront, cette morale; ils vivront au monde comme n'y vivant point; ils se refuseront toute espèce de loyer, et même la gloire; ils se refuseront les avantages que l'apparition d'une doctrine nouvelle pourrait leur procurer parmi les peuples; bien loin de relâcher l'autorité des lois, ils vont sanctionner un pouvoir politique que ses abus semblent condamner; bien loin de gagner pour eux les esclaves, ils renforcent, j'ose le dire, leurs chaînes; ils ne soulèvent que les consciences, ils ne conspirent que contre le prince des ténèbres; ils font tout cela, méconnus, persécutés par ceux mêmes dont ils consacrent et affermissent l'autorité; en un mot, leur conduite, à la juger du point de vue de l'intérêt, est tellement absurde, qu'on ne peut l'expliquer que par le sentiment le plus élevé et le plus pur qui ait jamais fait agir des créatures humaines, sentiment dont la persévérance et le calme mettent la pureté au-dessus de tous les doutes; et ces modèles d'une vertu sans exemple jusqu'alors, ne sont que de vils imposteurs!

Ajoutons une dernière observation. Plusieurs personnes peuvent se liguer pour un mensonge. Mais que ces personnes vivent une longue vie, dans des lieux très-divers, dans des situations également diverses, et quelquefois en collision les unes avec les autres, sans que, dans une seule circonstance, une seule de ces personnes rétracte le mensonge dont elle est complice; sans que ni la fatigue du plus pénible rôle, ni les menaces, ni la mort présente, les fassent varier sur ce point, cela est sans exemple, cela est moralement impossible; ou bien il faut avouer que la certitude morale, l'un des gonds sur lesquels tourne toute la vie humaine, n'est qu'un mot vide de sens.

J'ose m'assurer que cette seconde supposition

paraît à tout le monde aussi inadmissible que la première ; et je crois que la question, sincèrement et mûrement examinée, appelle cette réponse : Ce que les Apôtres ont dit est la vérité (1).

Mais si leur maître est véritablement ressuscité, leur maître est Dieu. S'il est Dieu, il a pu faire pour eux des choses divines, et il a dû les faire. S'il les a envoyés dans le monde pour une œuvre, il leur a donné les moyens de l'accomplir. S'ils ont une parole à porter, cette parole est une parole divine. Cela seul m'engage à accorder aux enseignements de ces témoins une confiance religieuse. Mais voici un motif de plus : leur maître leur a promis que son Esprit les conduirait en toute vérité; ils ont rapporté cette promesse; et vrais sur le reste, ils ont dû être vrais sur ce point. Je les reconnais donc, dans leurs enseignements, comme les organes fidèles et autorisés de leur maître; et sans discuter le mode de l'inspiration qu'ils en reçoivent, sans déterminer la part laissée à l'individualité et à l'humanité, je reconnais dans leur pensée la pensée même du Christ, et je soumets mes ténèbres à la lumière qu'ils empruntent du ciel. C'est ainsi que du fait de la résurrection, dûment constaté, se déduit l'autorité des Écritures du Nouveau Testament; et cela par une série de déductions fort simples,

---

(1) On a cité la complaisance de Socrate pour des fictions religieuses. Cette complaisance reste encore à prouver ; mais eût-il en effet sacrifié quelque chose de sa pensée, s'il mentait c'était pour plaire ; et si les Apôtres ont menti, il se trouve qu'ils ont menti pour déplaire.

qui ne le cèdent en liaison et en clarté à aucune de celles sur lesquelles reposent nos convictions les plus fermes, et auxquelles nous rattachons avec le plus de confiance les déterminations de notre volonté.

Nous avons cru qu'un seul exemple, présenté avec quelque développement, rendrait plus sensible qu'aucun raisonnement la vérité que nous voulions établir, c'est que, pour constater l'authenticité d'une révélation, la raison humaine est compétente, et que si la tâche qu'on lui impose à cet égard paraît au-dessus de ses forces, ce n'est pas à elle qu'il faut s'en prendre.

Pascal n'attribue pas aux preuves de la religion l'évidence des vérités mathématiques. « Les prophé-
« ties, les miracles mêmes et les autres preuves de
« notre religion ne sont pas de telle sorte, qu'on
« puisse dire qu'elles sont géométriquement con-
« vaincantes. » (II, XVII, 20.)

Pascal, en attribuant à la raison le droit et la capacité que nous venons de reconnaître, n'a pas prétendu que tous reçussent la religion par la voie du raisonnement. Quelle est donc l'autre voie qu'il admet? Pensez-vous que ce soit la tradition? Non; la tradition n'est qu'un fait favorable à la religion, une circonstance qui la porte sous les yeux de l'homme, et provoque l'examen. On n'est pas croyant par tradition; mais la tradition peut conduire à le devenir, soit qu'on examine la religion avec sa raison, soit qu'on la sonde ou qu'on la goûte avec son cœur.

4

Cette seconde voie, bien loin de lui paraître inférieure à la première, lui paraît au contraire la meilleure. Et il l'exprime en plusieurs endroits avec tant de force qu'on voit que c'était une de ses pensées de prédilection (1). Selon lui, ceux qui croient par le cœur croient aussi bien que ceux que la raison a convaincus. On doit même avouer qu'ils croient mieux. Une liqueur précieuse peut être désignée par la forme et l'étiquette du vase qui la contient; et l'on peut s'en tenir à ces marques extérieures; mais celui qui, sans examiner ces marques, l'a goûtée et en a éprouvé les effets qu'elle est destinée à produire, celui-là sans doute en sait tout ce qu'il en faut savoir. La vraie religion doit être en état de se prouver au cœur; et c'est même là que tout croyant en doit venir (2) : jusqu'à ce qu'il ait essayé ce genre de preuve, il n'est pas croyant dans le sens qu'une religion exige. On peut donc admettre en principe que la vraie religion a pour le cœur une évidence qui est au-dessus de toute certitude différemment acquise; seulement c'est un genre de conviction qui, n'ayant point été obtenue par le raisonnement, n'est pas susceptible de se communiquer par le raisonnement. Celui qui croit de cette manière ne saurait rien

---

(1) Voir II, vi, 6, 7, 8.
(2) « La raison agit avec lenteur, et avec tant de vues et de principes différents qu'elle doit avoir toujours présents, qu'à toute heure elle s'assoupit ou elle s'égare, faute de les voir tous à la fois. Il n'en est pas ainsi du sentiment; il agit en un instant, et toujours est prêt à agir. Il faut donc, après avoir connu la vérité par la raison, tâcher de la sentir, et de mettre notre foi dans le sentiment du cœur; autrement elle sera toujours incertaine et chancelante. » (II, xvii, 62.)

exiger de l'incrédule; mais il peut exiger de celui que la raison a rendu croyant, qu'il reconnaisse et respecte la légitimité de la croyance acquise par le cœur.

« Ceux à qui Dieu a donné la religion par senti-
« ment de cœur sont bienheureux et bien persua-
« dés. Mais pour ceux qui ne l'ont pas, nous ne
« pouvons la leur procurer que par raisonnement,
« en attendant que Dieu la leur imprime lui-même
« dans le cœur; sans quoi la foi est inutile pour le
« salut. » (II, xvii, 17.)

Voilà d'après quels principes Pascal procédera à l'examen des diverses religions et à la recherche de la vraie. Mais vous ne croyez pas sans doute qu'il accordera indistinctement à toutes le même degré d'attention. Avant d'examiner une religion sous le rapport de l'authenticité de ses documents, il jettera un coup d'œil dans son intérieur. Si elle ne promet pas, ou si après avoir promis elle n'offre pas la solution des grands problèmes qui l'ont déterminé à entreprendre cet examen; si même elle ne paraît pas avoir connu les principales de ces difficultés, on peut, sans scrutation ultérieure, prononcer hardiment qu'elle n'est pas divine; car ce qui est inutile ne saurait être divin, et ce qui est divin ne saurait être inutile. Si Dieu a parlé, ce ne peut être en vain; s'il a parlé, c'est pour dissiper nos doutes et terminer nos angoisses; s'il a parlé, c'est pour nous faire trouver en lui ce que nous ne pouvions trouver en nous. Une religion qui ne répond pas aux pressantes questions de la nature humaine, est déjà jugée.

Ce n'est pas que nous pensions qu'il y ait une religion qui soit dépourvue de toute vérité. Nous avons déjà dit, en commençant ce cours, qu'il n'est pas au pouvoir de l'humanité de créer une erreur pure. Toute religion est vraie en quelque point. Vraie sinon comme pensée divine, du moins comme pensée humaine. Et sous ce rapport, toute religion est une révélation. Mais celle-là seule est la vraie qui, d'un côté, a posé toutes les questions, et de l'autre, a répondu à toutes.

Si, dans le cours de mes recherches, je rencontre une religion qui ait connu toutes mes angoisses et les ait toutes exprimées, entendu tous mes cris et les ait tous répétés, je serai vivement attiré, mais non encore convaincu. Si elle offre une solution de tous les problèmes de ma nature, je ne puis savoir que cette solution est vraie, que de deux manières: ou par le témoignage de mon cœur, par l'expérience, démonstration victorieuse, mais incommunicable; ou par une suite de recherches qui me prouvent l'origine divine des documents où cette solution est présentée.

Pascal a énuméré, dans l'article IV de sa seconde partie, ces marques de la véritable religion, ou, pour parler plus proprement, ces conditions dont l'absence condamne d'avance toute religion qui ne les renferme pas; mais il ne les passe en revue qu'au moment même où il examine directement la religion chrétienne : nous suivrons la même marche, et nous ne les indiquerons que lorsque, avec lui, nous serons arrivés à ce même point.

Ces règles posées, Pascal était appelé à nous entretenir des principales religions dont les débris jonchent la route des siècles ou qui sont encore aujourd'hui répandues sur la face de la terre. Ici, nouvelle et profonde lacune dans le travail de notre auteur. Quelques passages, semés çà et là dans des morceaux relatifs à d'autres sujets, marquent le vide plutôt qu'ils ne le remplissent. Si Pascal eût traité cette partie de son sujet, peut-être son esprit philosophique eût aisément ramené à quelques idées élémentaires ces diverses religions ; peut-être eût-il fait ressortir dans chacune d'elles cette portion de vérité dont aucune n'est absolument privée ; peut-être, à côté du besoin qu'elles révèlent d'une direction pour la vie, eût-il remarqué une tendance contemplative qui fait de quelques-unes de ces religions des systèmes de philosophie ou de poétiques allégories. Pascal s'est borné à remarquer (II, IV, 3,) que, parmi ces religions, les unes, donnant tout à l'extérieur, ne sont pas pour les gens habiles ; que d'autres, purement intellectuelles, seraient plus proportionnées aux habiles, mais ne serviraient pas au peuple ; et ailleurs, (II, VII, 1, alinéa 3.) que les religions du monde n'ont ni morale qui puisse lui plaire, ni preuves qui puissent l'arrêter. C'est à peu près tout ce que présente, sur le sujet des religions, l'ouvrage que nous analysons. On sent que ce peu de paroles supposent, résument peut-être la discussion, mais ne sauraient la remplacer.

Quoi qu'il en soit, l'auteur se suppose parcourant les diverses religions de la terre, les rejetant les unes après les autres, et arrêté enfin dans cette revue rapide par la religion des Juifs ou plutôt par le livre de cette religion. Des caractères propres à ce livre attirent et fixent son attention. C'est dans le livre même de Pascal qu'il faut chercher l'indication de ces différents caractères. Bornons-nous à signaler celui dont l'auteur est le plus frappé. L'humanité, dans ce livre, naît glorieuse; mais sa déchéance suit de près sa gloire. Les traces de son ancienne gloire, le sillon brûlant de la foudre qui l'a précipitée, se montrent sur toute sa race. Les contrastes de la nature humaine s'expliquent par cette déplorable histoire. Sa déchéance et sa misère sont incessamment constatées dans ce livre par les promesses qui lui sont faites de la part de Dieu de le relever de cette déchéance et de le tirer de cette misère. Tout, dans la lumière de cette révélation, rayonne en arrière vers une chute, en avant vers une restauration. C'est de cette donnée que part toute l'ancienne économie, c'est vers ce but aussi qu'elle se dirige tout entière. Ces promesses sans cesse répétées, toujours plus distinctes, m'entraînent de l'une à l'autre jusque vers un autre livre, où doit se trouver leur accomplissement. Là se trouve développé un système (car je ne l'appelle encore que système) où s'opère enfin la conciliation, la fusion des éléments discordants qui m'affligeaient dans la nature et la destinée humaines. Rapportons ici quelques-unes des pensées de notre auteur :

« Il faut, pour faire qu'une religion soit vraie,
« qu'elle ait connu notre nature; car la vraie nature
« de l'homme, son vrai bien, la vraie vertu et la
« vraie religion, sont choses dont la connaissance est
« inséparable. Elle doit avoir connu la grandeur et
« la bassesse de l'homme, et la raison de l'une et de
« l'autre. Quelle autre religion que la chrétienne a
« connu toutes ces choses? » (II, IV, 2.)

« La vraie religion doit avoir pour marque d'obli-
« ger à aimer Dieu. Cela est bien juste. Et cepen-
« dant aucune autre que la nôtre ne l'a ordonné.
« Elle doit encore avoir connu la concupiscence de
« l'homme, et l'impuissance où il est par lui-même
« d'acquérir la vertu. Elle doit y avoir apporté les
« remèdes, dont la prière est le principal. Notre reli-
« gion a fait tout cela; et nulle autre n'a jamais
« demandé à Dieu de l'aimer et de le suivre. »
(II, IV, 1.)

« Les autres religions, comme les païennes, sont
« plus populaires, car elles consistent toutes en ex-
« térieur : mais elles ne sont pas pour les gens ha-
« biles. Une religion purement intellectuelle serait
« plus proportionnée aux habiles; mais elle ne ser-
« virait pas au peuple. La seule religion chrétienne
« est proportionnée à tous, étant mêlée d'extérieur
« et d'intérieur. Elle élève le peuple à l'intérieur, et

« abaisse les superbes à l'extérieur; et n'est pas par-
« faite sans les deux : car il faut que le peuple en-
« tende l'esprit de la lettre, et que les habiles sou-
« mettent leur esprit à la lettre, en pratiquant ce
« qu'il y a d'extérieur. » (II, IV, 3.)

« Nous sommes haïssables : la raison nous en
« convainc. Or, nulle autre religion que la chré-
« tienne ne propose de se haïr. Nulle autre religion
« ne peut donc être reçue de ceux qui savent qu'ils
« ne sont dignes que de haine. Nulle autre religion
« que la chrétienne n'a connu que l'homme est la
« plus excellente créature, et en même temps la plus
« misérable. Les uns, qui ont bien connu la réa-
« lité de son excellence, ont pris pour lâcheté et
« pour ingratitude les sentiments bas que les hommes
« ont naturellement d'eux-mêmes; et les autres, qui
« ont bien connu combien cette bassesse est effec-
« tive, ont traité d'une superbe (1) ridicule ces sen-
« timents de grandeur, qui sont aussi naturels à
« l'homme. Nulle religion que la nôtre n'a enseigné
« que l'homme naît en péché; nulle secte de phi-
« losophes ne l'a dit : nulle n'a donc dit vrai. »
(II, IV, 4.)

« Les philosophes ne prescrivaient point des sen-
« timents proportionnés aux deux états. Ils inspi-
« raient des mouvements de grandeur pure, et ce
« n'est pas l'état de l'homme. Ils inspiraient des
« mouvements de bassesse pure, et c'est aussi peu

---

(1) Orgueil.

« l'état de l'homme. Il faut des mouvements de
« bassesse, non d'une bassesse de nature, mais de
« pénitence; non pour y demeurer, mais pour aller
« à la grandeur. Il faut des mouvements de gran-
« deur, mais d'une grandeur qui vienne de la grâce,
« et non du mérite, et après avoir passé par la bas-
« sesse. » (II, v, 10.)

« Nul n'est heureux comme un vrai chrétien, ni rai-
« sonnable, ni vertueux, ni aimable. Avec combien
« peu d'orgueil un chrétien se croit-il uni à Dieu?
« Avec combien peu d'abjection s'égale-t-il aux vers de
« la terre? — Qui peut donc refuser à ces célestes lu-
« mières de les croire et de les adorer? Car n'est-il pas
« plus clair que le jour que nous sentons en nous-
« mêmes des caractères ineffaçables d'excellence?
« Et n'est-il pas aussi véritable que nous éprouvons
« à toute heure les effets de notre déplorable condi-
« tion? Que nous crie donc ce chaos et cette confu-
« sion monstrueuse, sinon la vérité de ces deux
« états, avec une voix si puissante, qu'il est impos-
« sible d'y résister? » (II, v, 11.)

L'auteur n'a pas prétendu donner à ces différentes considérations plus d'autorité que n'en peuvent avoir, en justice, des présomptions très fortes. Peut-être est-il demeuré en deçà de ce qu'en bonne philosophie il lui était permis de prétendre. Peut-être la seule religion qui ait donné sur l'état de l'homme un système complet et parfaitement lié, est-elle nécessairement la vraie religion. Peut-être l'observation que ce cercle, impossible à fermer par tous les systèmes, est définitivement fermé par le dogme de la croix, et par ce dogme exclusivement, devrait suffire aussi à fermer la discussion. Peut-être l'étude des effets moraux de l'application de ce dogme par le cœur humain, doit conduire notre raison à l'adopter. Peut-être la vue de l'harmonie rétablie dans une âme, je dis dans une seule, par le dogme de la rédemption, est-elle la preuve que le christianisme est bien le remède inventé de Dieu pour mettre fin à nos discordances intérieures. Peut-être, en un mot, que dans ces observations réside une démonstration suffisante, une apologie entière. Pascal néanmoins ne répute pas commencée la démonstration qu'il a en vue, parce que cette démonstration est calculée pour les besoins de la raison pure. Il croit seulement que ce qu'il a dit est bien propre à disposer ses auditeurs à écouter avec bienveillance, et même avec un vif intérêt, ce qui lui reste à dire; il croit même que, parvenus à ce point, ils doivent désirer que la religion chrétienne, examinée comme fait historique, se trouve aussi vraie qu'elle est belle.

Ici donc et seulement ici commence, chez Pascal, ce qui chez d'autres écrivains réclame exclusivement le titre d'*apologie*. Il ne peut pas entrer dans notre plan d'analyser cette partie; elle est peu susceptible d'extraits. Nous nous contenterons de dire que, dans cet examen esquissé des preuves historiques du christianisme, les idées originales, les aperçus lumineux abondent. Malheureusement le travail est bien loin d'être complet. On pourra juger de ce qu'il devait embrasser, par le résumé suivant qui est de l'auteur lui-même :

« Il est impossible d'envisager toutes les preuves
« de la religion chrétienne ramassées ensemble, sans
« en ressentir la force, à laquelle nul homme rai-
« sonnable ne peut résister.

« Que l'on considère son établissement; qu'une
« religion, si contraire à la nature, se soit établie
« par elle-même si doucement, sans aucune force,
« ni contrainte, et si fortement néanmoins qu'aucuns
« tourments n'ont pu empêcher les martyrs de la
« confesser ; et que tout cela se soit fait, non-seule-
« ment sans l'assistance d'aucun prince, mais malgré
« tous les princes de la terre, qui l'ont combattue.

« Que l'on considère la sainteté, la hauteur et
« l'humilité d'une âme chrétienne. Les philosophes
« païens se sont quelquefois élevés au-dessus du
« reste des hommes par une manière de vivre plus
« réglée, et par des sentiments qui avaient quelque
« conformité avec ceux du christianisme. Mais ils
« n'ont jamais reconnu pour vertu ce que les chré-
« tiens appellent humilité, et ils l'auraient même
« crue incompatible avec les autres dont ils faisaient
« profession. Il n'y a que la religion chrétienne qui
« ait su joindre ensemble des choses qui avaient
« paru jusque-là si opposées, et qui ait appris aux
« hommes que, bien loin que l'humilité soit incom-
« patible avec les autres vertus, sans elle toutes les
« autres vertus ne sont que des vices et des défauts.

« Que l'on considère les merveilles de l'Écriture

« sainte, qui sont infinies, la grandeur et la subli-
« mité plus qu'humaine des choses qu'elle con-
« tient, et la simplicité admirable de son style, qui
« n'a rien d'affecté, rien de recherché, et qui porte
« un caractère de vérité qu'on ne saurait désavouer.

« Que l'on considère la personne de Jésus-Christ
« en particulier. Quelque sentiment qu'on ait de
« lui, on ne peut pas disconvenir qu'il n'eût un
« esprit très grand et très relevé, dont il avait donné
« des marques dès son enfance, devant les docteurs
« de la loi : et cependant, au lieu de s'apppliquer à
« cultiver ses talents par l'étude et la fréquentation
« des savants, il passe trente ans de sa vie dans le
« travail des mains et dans une retraite entière du
« monde ; et pendant les trois années de sa prédi-
« cation, il appelle à sa compagnie et choisit pour ses
« apôtres des gens sans science, sans étude, sans
« crédit ; et il s'attire pour ennemis ceux qui pas-
« saient pour les plus savants et les plus sages de
« son temps. C'est une étrange conduite pour un
« homme qui a dessein d'établir une nouvelle reli-
« gion.

« Que l'on considère en particulier ces apôtres
« choisis par Jésus-Christ, ces gens sans lettres, sans
« étude, et qui se trouvent tout d'un coup assez
« savants pour confondre les plus habiles philo-
« sophes, et assez forts pour résister aux rois et
« aux tyrans qui s'opposaient à l'établissement de la
« religion chrétienne qu'ils annonçaient.

« Que l'on considère cette suite merveilleuse de

« prophètes qui se sont succédés les uns aux autres
« pendant deux mille ans, et qui ont tous prédit en
« tant de manières différentes jusques aux moindres
« circonstances de la vie de Jésus-Christ, de sa mort,
« de sa résurrection, de la mission des apôtres, de
« la prédication de l'Evangile, de la conversion des
« nations, et de plusieurs autres choses qui concer-
« nent l'établissement de la religion chrétienne et
« l'abolition du judaïsme.

« Que l'on considère l'accomplissement admirable
« de ces prophéties, qui conviennent si parfaite-
« ment à la personne de Jésus-Christ, qu'il est im-
« possible de ne pas le reconnaître, à moins de vou-
« loir s'aveugler soi-même.

« Que l'on considère l'état du peuple juif, et de-
« vant et après la venue de Jésus-Christ, son état
« florissant avant la venue du Sauveur, et son état
« plein de misères depuis qu'ils l'ont rejeté : car ils
« sont encore aujourd'hui sans aucune marque de
« religion, sans temple, sans sacrifices, dispersés
« par toute la terre, le mépris et le rebut de toutes
« les nations.

« Que l'on considère la perpétuité de la religion
« chrétienne, qui a toujours subsisté depuis le com-
« mencement du monde, soit dans les saints de
« l'ancien Testament, qui ont vécu dans l'attente
« de Jésus-Christ avant sa venue; soit dans ceux qui
« l'ont reçu, et qui ont cru en lui depuis sa venue :
« au lieu que nulle autre religion n'a la perpétuité,
« qui est la principale marque de la véritable.

« Enfin, que l'on considère la sainteté de cette
« religion, sa doctrine, qui rend raison de tout
« jusques aux contrariétés qui se rencontrent dans
« l'homme, et toutes les autres choses singulières,
« surnaturelles et divines qui y éclatent de toutes
« parts.

« Et qu'on juge après tout cela s'il est possible de
« douter que la religion chrétienne soit la seule vé-
« ritable, et si jamais aucune autre a rien eu qui en
« approchât. » (II, IV, 12.)

Notre analyse a laissé en dehors de son enceinte quelques morceaux qui sans doute entraient dans le plan de l'ouvrage, sans que nous puissions bien déterminer la place qu'ils auraient occupée. Les plus remarquables sont les suivants : *De Jésus-Christ* (c'est le morceau si connu sur les trois ordres de grandeur). — *Dessein de Dieu de se cacher aux uns et de se découvrir aux autres.* (II, XIII, 1.) — *On ne connaît Dieu utilement que par Jésus-Christ.* (II, XV, 2.)

C'est aussi un passage digne d'être médité que celui où Pascal établit que la conversion, bien loin d'être un échange des joies du monde contre des tristesses, est au contraire le passage de la tristesse ou d'une fausse joie à la joie véritable, et que l'attrait de cette joie est ce qui porte le converti vers l'Evangile et l'y retient. (II, XVII, 28. Voir aussi II, XVII, 72.)

II.

RESTAURATION DES PENSÉES DE PASCAL.

Nous avons bien des obligations à M. Faugère, mais remercions d'abord M. Cousin. C'est à lui que nous devons cette sincère édition des *Pensées*. Il est du moins probable que, sans lui, nous l'eussions longtemps attendue. Depuis la publication de son livre (1) elle était doublement nécessaire. On savait, à n'en pouvoir douter, qu'on n'avait pas le vrai texte des *Pensées*, et bien des gens se demandaient si l'on avait la vraie pensée de Pascal. Le travail de M. Faugère (2) vient de dissiper cette incertitude. Pascal nous est rendu, non le Pascal sceptique et désolé dont M. Cousin nous dessinait la noire silhouette, mais le Pascal que nous connaissions, Pascal convaincu, fervent et heureux. Encore une fois, re-

---

(1) *Des Pensées de Pascal.* Paris, 1843. M. Vinet a publié dans le *Semeur* trois articles sur cet ouvrage. Bien qu'il fasse allusion ici à la thèse qu'il y a soutenue contre M. Cousin, on a cru devoir rejeter ce travail à la fin du volume, pour ne rien ôter de son intérêt à la leçon inédite de M. Vinet sur le *Pyrrhonisme de Pascal*, qui renferme les mêmes idées, dégagées de toute polémique.

(2) *Pensées, fragments et lettres de Blaise Pascal, publiés pour la première fois conformément aux manuscrits originaux en grande partie inédits.* Paris, 1844.

mercions M. Cousin. Même avant l'édition nouvelle, la thèse que nous avons soutenue contre lui n'était nullement désespérée : elle est meilleure encore après la publication que son mémoire a provoquée.

C'est maintenant aussi que nous connaissons à quel point la craintive prudence des amis du grand homme avait corrompu, si cette expression peut être permise, le texte de ces immortels fragments. M. Cousin a eu raison de dire qu'il n'est sorte d'altération que ce texte n'ait subie. Les premiers éditeurs s'étaient tout permis, ou, pour mieux dire, tout commandé : supprimer, ajouter, transposer, diviser, réunir, tout leur avait paru de plein droit ou de devoir rigoureux ; ils avaient, selon les cas, refait le plan de l'ouvrage, le style de l'auteur, et jusqu'à sa pensée. M. Faugère n'est que srupuleusement vrai lorsqu'il dit « qu'il n'y a jamais, soit « dans la première édition, soit dans les éditions « postérieures, vingt lignes qui se suivent sans pré-« senter une altération quelconque, grande ou « petite. » Il aurait pu ajouter que c'est une chose rare, dans ces mêmes éditions, que six lignes de suite exactement conformes au manuscrit original. On se sent confondu de tant de hardiesse. Mais deux réflexions peuvent tempérer cette première et inévitable impression.

La première, c'est qu'au point de vue du dix-septième siècle, les *Pensées* de Pascal, telles qu'il les avait jetées sur le papier, n'étaient réellement point *écrites*. Pascal ne les eût jamais présentées au public sous cette forme, et ses amis eussent cru lui manquer en ne faisant pas en son absence ce qu'infailliblement il eût fait lui-même. Sans doute que Pascal se fût mieux, beaucoup mieux acquitté de la tâche, et qu'on ne peut sérieusement admettre une comparaison entre un tel éditeur et ceux qui l'ont suppléé. On ne me pardonnerait pas de prétendre que l'œuvre consommée eût valu moins que l'ébauche; mais ce que j'oserai bien dire, c'est que c'eût été autre chose, tout autre chose, un ouvrage de Pascal plutôt que Pascal lui-même, un livre plutôt qu'un homme. Je crois qu'il faut choisir entre le livre et l'homme, quoique je ne doute pas que Pascal n'eût laissé passer quelque chose de lui-même dans son livre. Si, dans le travail des anciens éditeurs, c'est surtout l'individualité de Pascal que nous regrettons, disons-nous bien que lui-même l'eût encore moins épargnée, et qu'il y eût eu de sa part plus de réserve encore que de la leur il n'y a eu de témérité. Avec plus de soin que personne il eût adouci les mouvements les plus brusques, amorti les angles les plus vifs. Pascal, en un mot, se fût gardé comme du feu de nous livrer Pascal tout entier. Nous aimons aujourd'hui que l'individualité se prononce; peut-être parce que nous sentons qu'elle est rare. Il n'était ni dans l'esprit du dix-septième siècle, ni dans les principes de l'école religieuse à laquelle appartenait Pascal, de laisser l'individualité s'empreindre vivement dans les écrits. Le siècle s'était fait sa part, et Port-Royal la sienne dans cette maxime : « La piété chrétienne anéantit « le *moi* humain, et la civilité humaine le cache et « le supprime. » Aujourd'hui nous aimons à entrevoir et même à voir l'homme dans l'écrivain; l'égotisme nous plaît, l'égoïsme ne nous déplaît pas toujours : au dix-septième siècle, le public était moins curieux et les écrivains plus réservés. La dignité des mœurs semblait commander cette réserve. Ce que Pascal pardonnait le moins à Montaigne, c'était d'avoir tant parlé de soi, et Lafontaine ne put être personnel, de même qu'il ne put être naïf et rêveur, qu'à condition de se voir, en quelque manière, mis hors la loi de la littérature. Je conclus que, publiées par les amis de Pascal ou par lui-même, les *Pensées* ne pouvaient conserver ce caractère de style qui est pour beaucoup dans la vive impression que nous en recevons et dans l'espèce de popularité qui leur est acquise. Je donne cette considération pour ce qu'elle peut valoir : en voici une autre dont on sera peut-être plus touché. Si nous n'avions pas les *Pensées* telles que nous les avons, il est probable que nous ne les aurions point.

Personne, après la mort de Pascal, n'eût publié les *Pensées* sans en altérer le texte; il pouvait être moins profondément modifié; il pouvait aussi l'être davantage; il a couru plus de risques que nous ne croyons : le pire de tous, et le plus probable, était de ne jamais paraître. Tel qu'il a été livré au monde, il a dû, lors de sa première publication, paraître encore bien hardi, et nous doutons que certaines pages eussent été imprimées si les éditeurs avaient bien mesuré la portée qu'elles pourraient avoir dans les esprits d'une partie du public. La seule personne qui osa, soit courage d'esprit, soit prévention naturelle, insister pour une publication sincère, ce fut Madame Perrier : elle eut contre elle tous les zélés comme tous les prudents. Si l'on ne se fût résolu à des changements considérables, Pascal restait enseveli dans son manuscrit, où l'on eût été bien longtemps avant de l'aller chercher, et un long oubli devenait aisément une prescription éternelle. On peut donc, quelque étrange que cela paraisse, être tenté de rendre grâces aux éditeurs, au lieu de les blâmer. Il valait toujours mieux posséder Pascal sous cette forme que de ne le posséder point.

De qui Pascal serait-il plus content, des anciens éditeurs ou du nouveau? Ni de ceux-là, ni de celui-ci, je le crois; mais bien moins de M. Faugère que du duc de Roannez et de M. de Brienne. M. Faugère néanmoins ne mérite que des louanges. Après des éditions imparfaites, après deux siècles écoulés, mais surtout après les inférences qu'on a prétendu tirer de l'étude du manuscrit original, un travail comme le sien était indispensable; Pascal peut-être en conviendrait, mais cela ne veut pas dire qu'il serait content. Il en est un peu des premiers jets et des premiers tâtonnements d'un écrivain comme de la vie privée, qui doit être murée, ou du secret des lettres, plus inviolable que tout autre. On a fait invasion dans le domicile moral de l'auteur des *Pensées,* on a rompu son cachet; et bien que de telles violences puissent trouver leur excuse dans l'intérêt de ceux qui les subissent, ce sont pourtant des violences. Pascal le sentirait vivement. Personne, a-t-on dit souvent, ne pourrait se résoudre à faire confidence au plus intime de ses amis de toutes les idées par lesquelles il a l'esprit traversé : qui voudrait avouer à autrui ce qu'il a peur de s'avouer à soi-même? Pascal y a été contraint par M. Faugère, et le confident qu'on lui a donné, c'est tout simplement le public. Vous me direz que Pascal n'avait pas à rougir de ses *Pensées,* qui n'étaient sûrement pas de mauvaises pensées. Mais qui donc aime à se voir surpris en flagrant délit d'incertitude et de tâtonnement? qui donc n'éprouve je ne sais quelle honte à voir pénétrer le matin dans sa chambre encore en désordre, je ne dis pas un étranger, je dis un ami familier? De grâce, que n'attendiez-vous? Une heure plus tard, vous m'eussiez trouvé debout, habillé, tous mes meubles en place, et ma chambre balayée. Il est par trop désagréable d'être pris au saut du lit, ou dans ce désordre des premières heures du jour. Il l'est bien plus encore d'être contraint de livrer au public les traces d'un labeur dont le public était l'objet. De ce labeur secret est sortie ou devait sortir une parole facile, ferme, rapide, telle que d'un homme en qui la pensée et l'expression jaillissent d'un seul jet; le public n'a garde de songer à ce qu'elle a pu coûter; à la vérité il ne l'ignore pas, mais c'est tout pour lui que de ne pas le voir. Cette fois-ci, voilà qu'il va pénétrer dans le laboratoire de l'écrivain, compter et manier ses engins, découvrir la combinaison, et presque l'artifice, où il s'était plu à voir l'inspiration toute pure. Si cela peut lui plaire, tant mieux pour lui; mais l'auteur, de son côté, en peut-il être bien aise? Pascal était bien au-dessus des puérilités de la mauvaise honte : j'y consens; mais il y a ici quelque chose de plus grave. Dans ces lambeaux décousus que vous nous livrez, Pascal n'est pas un homme qui écrit, mais un homme qui pense; disons mieux, c'est un homme qui cherche sa pensée; ne vous y trompez pas, plusieurs de ses affirmations sont des interrogations déguisées; au lieu de dire : Cela est-il? il dit souvent : Cela est; il énonce en termes absolus ce qui n'est vrai pour lui que dans un sens relatif; quelquefois même ce n'est pas lui qui vous parle, mais un tiers, son adversaire peut-être. Il faudrait n'avoir nulle expérience du métier d'écrivain pour ne pas admettre *à priori* tout ce que je viens de supposer. Penser, c'est tour à tour affirmer et douter, interroger et répondre; on ne pense guère qu'avec le secours des mots, espèce de réactifs chimiques, sous l'action desquels se décompose la pensée; ces mots, sans doute, on pourrait ne pas les prononcer, ne pas les écrire; mais il est plus commode de le faire; beaucoup de gens ne peuvent méditer qu'avec une plume dans la main : ils ne pensent pas à moins d'écrire. Ce n'était point le cas de Pascal;

mais ce qui est vrai, c'est qu'une bonne partie des pages de ce recueil nous exposent, non le résultat, comme doit faire un livre, mais le travail intérieur de sa pensée, je dirais presque la fermentation de son esprit. L'idée, en beaucoup d'endroits, n'est pas plus définitive que la forme. Or, en se voyant livré au public dans cet état, Pascal ne se croirait-il pas trahi, et ne l'est-il pas jusqu'à un certain point ? Que le grave et judicieux éditeur des *Pensées* me pardonne cette expression, sur le sens de laquelle il ne peut pas se tromper. Son œuvre est loyale autant que nécessaire ; et après avoir parlé de l'impression involontaire que recevrait l'auteur des *Pensées*, j'ajoute qu'en y regardant bien, en tenant compte du temps et des circonstances, il reconnaîtrait que M. Faugère lui a rendu service aussi bien qu'à nous.

On ne dira plus que les premiers éditeurs avaient laissé le vrai Pascal, c'est-à-dire, selon quelques-uns, le sceptique et le désespéré, caché au fond du texte original ; ce texte vient de nous être livré dans son intégrité ; M. Faugère a porté le scrupule plus loin, s'il est possible, que les premiers éditeurs n'avaient porté la licence. Il nous a rendu jusqu'aux mots isolés qui n'ont de sens pour personne, et lorsqu'un de ces mots est demeuré illisible, il en a constaté l'existence et marqué la place. A présent mieux que jamais vous pouvez juger si Pascal avait par devers lui de bonnes raisons pour être chrétien ; mais à présent plus que jamais vous jugerez qu'il l'était. Il ne l'est pas, à la vérité, devenu comme tout le monde; il a, sinon le premier, du moins le premier d'une manière expresse, appelé au conseil, sur la grande question de la vérité du christianisme, les facultés morales dépossédées de leur droit de suffrage au profit des facultés intellectuelles; il a fait revenir à l'homme tout entier le jugement de cette grande question; il a, du fond de notre nature, évoqué de nouveaux témoins qu'on ne faisait point comparaître; il a prétendu que leur témoignage, si négligé, suffisait pleinement à chacun de nous pour soi-même, et qu'en définitive il n'y avait point de véritable lumière, de conviction utile pour qui ne les avait point entendus. Fort de leur déposition, il a osé réduire à leur juste valeur, non-seulement les objections des adversaires de sa foi, mais plus d'un préjugé, plus d'une pétition de principe, que la religion peut bien, après coup, ériger en certitude, mais qui ne peuvent servir à la certitude de la religion. Tout cela paraissait déjà dans les premières éditions, si défigurées, il faut bien le dire; celle-ci rend manifeste par plus de côtés ce caractère de l'apologétique de Pascal; mais c'est tout; elle ne le crée pas, elle ne le modifie pas, et surtout elle ne donne pas de l'état religieux de Pascal une autre idée que celle que nous en avions déjà. Peut-être l'auteur des *Pensées* paraît-il, dans cette nouvelle édition, environné d'une plus pure et plus sereine lumière.

Ceci, et le très-grand nombre de choses nouvelles que M. Faugère a restituées, ne sont pas, sous le rapport du fond, les seuls avantages de cette loyale édition. On ne lira point le Pascal nouveau sans être frappé du caractère très-individuel de la religion de ce grand homme. Une édition préparée par lui-même, et nécessairement de concert avec ses amis, publication pour ainsi dire officielle, aurait beaucoup atténué ce caractère et ce mérite de l'ouvrage. Après tout, les éditeurs de Pascal l'ont bien plus respecté mort qu'il ne l'eussent ménagé vivant. Ils eussent exigé plus de sacrifices qu'ils ne se sont permis d'altérations. La mort a servi de sauvegarde à l'individualité religieuse de l'auteur. Qu'il soit catholique et janséniste, c'est ce qu'on ne peut contester; mais il est l'un et l'autre à sa manière, et il ne l'est pas toujours peut-être au point où ses amis l'eussent désiré. Tour à tour il fait usage des termes techniques et les néglige; sa dogmatique est naïve alors même qu'elle est exacte; ce n'est pas un docteur, c'est un homme du monde, et, ce qui vaut encore mieux, c'est un homme. Il y avait longtemps, ce me semble, que la religion n'avait eu d'autres apologistes que des docteurs en titre. Un apologiste de cette nouvelle espèce lui manquait, puisque enfin il n'est guère probable qu'un docteur puisse entièrement redevenir homme. Pascal, dans les anciennes éditions, dans la nouvelle surtout, l'est plus qu'il ne croit, plus qu'il ne veut. Et peut-être ne serait-il pas très difficile de distinguer les morceaux où il est chrétien selon la norme de son Église et de son parti, et ceux où il est chrétien à sa manière.

La méthode apologétique employée dans le livre des *Pensées* a une portée que Pascal, qui voyait si bien et si loin, n'a peut-être pas vue. — Nous nous ferons mieux entendre en reculant d'abord de quelques pas.

En religion, le principe d'examen se place toujours quelque part. Il faut, pour le moins, examiner si l'on peut croire sans examen. Le catholique examine comme le protestant; il examine les fondements de l'autorité de l'Église. Jusqu'à pleine conviction de cette autorité, il procède en protestant, il est protestant. L'examen qui lui est dévolu embrasse un grand nombre de très-grandes questions : il serait difficile de dire quelles questions il n'implique pas. Tout l'espace qui s'étend entre l'ontologie et l'histoire, ces deux termes y compris, devient peu à peu le champ de la discussion. Les questions qui se posent sont d'une telle nature et d'une telle difficulté que l'autorité, s'il en est une, ne serait pas de trop pour les résoudre; mais l'autorité n'existe pas; nous en sommes encore à la chercher : ce n'est pas sur l'autorité qu'on peut fonder l'autorité. Il y aurait l'Écriture; mais, nous renvoyer tout seuls par devant l'Écriture, laisser la question se débattre entre l'Écriture et nous, ce serait admettre que nous sommes en droit de nous fixer sur le sens de l'Écriture, sans appel à l'autorité; ce serait accorder précisément ce qui, dans le système de l'autorité, nous est péremptoirement refusé; et tâchez de comprendre comment on pourrait nous l'accorder une fois sans nous l'accorder toujours, comment tout le système protestant ne serait pas renfermé dans cette concession temporaire.—Recourrons-nous au Saint-Esprit? Soit; supposons donc qu'il y a un Saint-Esprit, une action de l'Esprit de Dieu sur l'esprit de l'homme, je dis de l'homme individuel, puisque, dans le cas supposé, c'est un individu qui cherche et qui examine. L'Esprit de Dieu va donc se communiquer immédiatement à l'individu; mais si cela est possible une fois, cela est possible toujours; l'autorité est désormais inutile; le Saint-Esprit prend la place de l'Église. C'est ce que ne peuvent nous accorder ceux qui soutiennent en religion le principe de l'autorité. En logique rigoureuse, ils sont obligés de confisquer le Saint-Esprit au profit de l'Église.

Ils nous renvoient donc, nous chercheurs, à la raison naturelle, et à la science, qui est une de ses acquisitions et un de ses instruments. C'est à la raison qu'est dévolue la solution d'un certain nombre de questions d'une telle nature, ai-je dit, et d'une telle difficulté, qu'on ne peut concevoir pourquoi l'autorité n'est pas appliquée d'abord à la solution de ces questions elles-mêmes. C'est une énorme imperfection, une incompréhensible lacune du système. On ne voit pas comment celui qui serait capable par lui-même de les résoudre, ne le serait pas d'arriver par lui-même au vrai sens de l'Écriture. Supposons que la raison naturelle rende un certain nombre d'hommes capable de les résoudre, ce nombre est le très petit nombre. Il reste une foule immense d'esprits à qui la chose est impossible, et qui néanmoins ont besoin d'être convaincus de l'autorité de l'Église, puisque l'Église est la colonne et l'appui de la vérité en ce qu'elle détermine incessamment le sens des oracles divins. L'Écriture, le Saint-Esprit, étant écartés pour tous, la raison aussi, peut-être pour tous, et certainement pour l'immense majorité, que reste-t-il? en vertu de quel principe allons-nous croire à l'autorité? Le hasard de la naissance et des premières impressions sera tout. Hors de cette imbécillité, il n'y a que le protestantisme, mais le protestantisme jusqu'au bout. On est irrévocablement protestant, non par un certain résultat, mais par le fait de l'examen. Il ne faut pas examiner un seul instant, ou bien il faut examiner toujours.

Pascal suppose, ou plutôt il prétend qu'en nous examinant nous-mêmes et en examinant le contenu de l'Évangile avec notre conscience, nous ne pouvons manquer d'arriver à croire, le Saint-Esprit y mettant la main. Mais, pour lui, croire est inséparable de comprendre; croire, c'est comprendre avec le cœur, avec un nouveau cœur dont le Saint-Esprit nous pourvoit. Le Saint-Esprit, non l'Église, voilà l'autorité. Qu'on lise avec attention les *Pensées*, et qu'on veuille bien répondre à cette seule question : L'Église-autorité n'est-elle pas un hors-d'œuvre dans le système de Pascal? Il vaudrait la peine d'étudier une fois sous ce point de vue les inestimables fragments qui viennent de nous être rendus dans leur intégrité.

Après avoir exprimé d'une manière très-générale l'impression que je reçois de cette restauration de Pascal, ou plutôt de ce Pascal restauré, il me reste à donner quelques détails sur l'œuvre de M. Faugère.

Cette œuvre est considérable dans tous les sens. Je ne parle pas du travail matériel qui, pris à part de tout le reste, mérite notre estime et surtout notre reconnaissance. C'était beaucoup faire sans doute que de nous donner un texte complet, parfaitement pur, en déchiffrant un autographe hérissé de difficultés, en recueillant et conférant tous les manuscrits, en remontant aux sources pour toutes les parties du texte, en nous rendant compte, non-seulement des rédactions préliminaires de Pascal, mais de ses corrections, de ses ratures, de ses notes marginales, de tout ce qu'on pourrait appeler ses hésitations, ses scrupules et ses repentirs d'écrivain, bien plus encore, des fluctuations les plus secrètes de sa pensée. L'attention patiente et sagace de l'éditeur a procuré des corrections importantes en plus d'un endroit où le texte paraissait irrévocablement fixé. C'est ainsi que, dans le passage où les anciens éditeurs faisaient dire à Pascal, au sujet de la substance d'un ciron divisée à l'extrême : *un atome imperceptible*, et où M. Cousin avait lu, et fort admiré, *un raccourci d'abîme*, M. Faugère, rétablissant le texte, nous fait lire une expression qui, selon lui et selon nous, a bien plus d'énergie et surtout bien plus de justesse : *un raccourci d'atome*. C'était beaucoup encore que de nous donner des morceaux que ne contient aucun des manuscrits connus, des lettres et des fragments empruntés à des dépôts dont l'existence même était ignorée. Ce n'était pas non plus nous rendre un petit service que de nous mettre en état de rapprocher constamment et sans peine le texte vrai du texte vulgaire (1). Enfin, c'était faire une chose importante et précieuse que d'indiquer la source des citations et de signaler les nombreux emprunts que fait l'auteur des *Pensées* à différents écrivains qu'il ne nomme point, et le plus souvent à Montaigne. M. Faugère a fait tout cela et beaucoup davantage. Je ne parlerai pas de son *Introduction*, excellent morceau bibliographique et littéraire dont rien n'est à perdre, et dont le style simple et grave dénonce un écrivain exercé. Je m'en tiens au livre même, et, dans ce livre, à la disposition des matériaux.

Le recueil s'ouvre par quelques lettres de Pascal, les unes adressées à sa famille, les autres à Mademoiselle de Roannez. Pour faire comprendre qu'elles ne peuvent placer leur auteur parmi les modèles du style épistolaire, il suffira peut-être de citer cette seule phrase de la grande lettre à M. Périer : « Sur

---

(1) M. Faugère nous renvoie à l'édition des *Pensées* publiée en 1843 chez M. Firmin Didot. 1 vol. gr. in-18.

« ce grand fondement, je vous commencerai ce
« que j'ai à dire par un discours (*raisonnement*)
« bien consolatif à ceux qui ont assez de liberté
« d'esprit pour le concevoir au fort de la douleur. »
Mais si cette lettre n'est pas écrite dans le goût de
celles de Voltaire ou de Madame de Sévigné, il est
bon de savoir que la meilleure partie d'un des
plus beaux chapitres des *Pensées*, dans les anciennes
éditions (1), est empruntée à cette lettre. C'est
dire qu'elle n'est pas entièrement inédite; les autres le sont presque toutes, et si je dis que cette
correspondance de Pascal occupe soixante-deux
pages du premier volume, j'aurai déjà fait apprécier
la valeur du présent que vient de nous faire le
nouvel éditeur des *Pensées*. On l'apprécierait mieux
encore si je pouvais me permettre des citations; je
m'en accorderai une seule, mais qui suffira :

« Je crains que tu ne mettes pas ici (*Pascal écrit*
« *à sa sœur*) assez de différence entre les choses
« dont tu parles et celles dont le siècle parle, puis-
« qu'il est sans doute qu'il suffit d'avoir appris une
« fois celles-ci et de les avoir bien retenues, pour
« n'avoir plus besoin d'en être instruit, au lieu
« qu'il ne suffit pas d'avoir une fois compris celles
« de l'autre sorte et de les avoir connues de la
« bonne manière, c'est-à-dire par le mouvement
« intérieur de Dieu, pour en conserver la con-
« naissance de la même sorte, quoique l'on en

---

(2) Tome II, art. XVIII, dans les anciennes éditions.

« conserve bien le souvenir. Ce n'est pas qu'on
« ne s'en puisse souvenir, et qu'on ne retienne
« aussi facilement une épître de saint Paul qu'un
« livre de Virgile; mais les connaissances que nous
« acquérons de cette façon, aussi bien que leur
« continuation, ne sont qu'un effet de mémoire,
« au lieu que pour y entendre ce langage secret et
« étranger à ceux qui le sont du ciel, il faut que
« la même grâce, qui peut seule en donner la pre-
« mière intelligence, la continue et la rende tou-
« jours présente en la retraçant sans cesse dans le
« cœur des fidèles, pour la faire toujours vivre;
« comme dans les bienheureux Dieu renouvelle con-
« tinuellement leur béatitude, qui est un effet et
« une suite de la grâce; comme aussi l'Église tient
« que le Père produit continuellement le Fils, et
« maintient l'éternité de son essence par une effu-
« sion de sa substance, qui est sans interruption
« aussi bien que sans fin. » (I, p. 43.)

Cela est admirable. On aimera moins peut-être, mais on ne lira pas sans intérêt, comme indice d'une des tendances du christianisme de Port-Royal, la lettre où Pascal exhorte Madame Périer à ne pas engager sa fille, fort jeune encore, « dans la plus
« périlleuse et la plus basse des conditions du chris-
« tianisme; » cette condition n'est autre que le mariage. Les lecteurs qui n'auront pas oublié les pages intéressantes où M. Faugère parle des sentiments de Pascal pour Mademoiselle de Roannez, aborderont avec une curiosité assez vive les lettres

adressées à cette jeune dame. Ce qu'ils y trouveront vaut beaucoup mieux que ce qu'ils y cherchent, et ce sera, je le crains, un désappointement. Il est difficile d'imaginer quelque chose de plus impersonnel que cette correspondance. Du séjour de la gloire Pascal n'eût pas écrit autrement; et, si une sainte compassion n'est pas étrangère à ce bienheureux séjour (1), il pourrait bien encore, de si haut, laisser tomber des paroles comme celles-ci :

« Quand je viens à penser que ces mêmes per-
« sonnes peuvent tomber et être au nombre mal-
« heureux des jugés, et qu'il y en aura tant qui
« tomberont de la gloire et qui laisseront prendre
« à d'autres par leur négligence la couronne que
« Dieu leur avait offerte, je ne puis souffrir cette
« pensée; et l'effroi que j'aurais de les voir en cet
« état éternel de misère, après les avoir imaginées
« avec tant de raison dans l'autre état, me fait dé-
« tourner l'esprit de cette idée et revenir à Dieu,
« pour le prier de ne pas abandonner les faibles
« créatures qu'il s'est acquises, et à lui dire pour
« les deux personnes que vous savez ce que l'Église
« dit aujourd'hui avec saint Paul : « *Seigneur, ache-
« vez vous-même l'ouvrage que vous-même avez com-
« mencé.* » (I, p. 42.)

M. Faugère a très convenablement placé à la suite des lettres deux morceaux connus, et qui reparaissent dans son édition, l'un tel qu'il est dans toutes,

---

(1)... « Si l'on peut au ciel sentir quelques douleurs. » (*Polyeucte.*)

l'autre avec peu de changements. C'est la *Prière pour demander à Dieu le bon usage des maladies* et l'*Ecrit sur la conversion du pécheur*, sorti de la plume de Pascal à l'époque de ce qu'on appelle communément sa première conversion. Sous le titre de *Préface sur le traité du vide*, nous trouvons ensuite, rétabli en plusieurs endroits, le texte du morceau intitulé par l'abbé Bossut : *Discours sur l'autorité en matière de philosophie*. Puis vient ce *Discours sur les passions de l'amour*, publié déjà, mais un peu moins exactement, dans la *Revue des Deux-Mondes*. Après M. Cousin, après M. Faugère, oserons-nous en parler? A nos yeux comme aux leurs, l'authenticité de cet écrit a pour elle l'évidence interne. Si la date est également certaine, ce *Discours* aurait été écrit entre les deux *conversions* de Pascal, et l'on peut se faire une idée de l'état de son esprit dans cet intervalle, en lisant ces mots : « Qu'une vie est heu-
« reuse quand elle commence par l'amour, et qu'elle
« finit par l'ambition! Si j'avais à en choisir une,
« je prendrais celle-là. » Pascal en a choisi une autre, et n'a pas fini par l'ambition, du moins par l'ambition mondaine : « J'ai de l'ambition, mais
« plus noble et plus belle! » Mais si jamais amour autre que l'amour divin fut digne de l'immortalité de notre nature, c'est celui dont Pascal nous décrit les *passions*, c'est-à-dire les mouvements intérieurs, et que sans aucun doute il avait éprouvé ; car son procédé dans ce discours est essentiellement celui de l'observation, et tout ce morceau est un incom-

parable mélange d'analyse subtile et de vive intuition. « L'on écrit souvent, dit-il, des choses que l'on « ne prouve qu'en obligeant tout le monde à faire « réflexion sur soi-même et à trouver la vérité dont « on parle. C'est en cela que consiste la force des « preuves de ce que je dis. » Quel dommage que Pascal n'ait pas écrit un autre discours *sur les passions de l'ambition!* Une ambition du même aloi que cet amour, quelle merveille ne serait-ce pas! On a bien de la peine à se la représenter, et les ambitions que nous avons l'occasion d'observer ne peuvent guère nous aider à nous en faire une idée. Il est remarquable que celui qui a rapporté toute la morale à la *pensée*, ait fait de l'amour, né dans les sens, il l'avoue, un acte ou un phénomène de l'*esprit*. Outre qu'il n'admet la possibilité de l'amour qu'à dater de l'âge « où l'on commence à être *ébranlé* par « la raison, » il déclare « qu'à mesure que l'on a plus « d'esprit les passions sont plus grandes, parce « que les passions n'étant que des sentiments et « des pensées qui appartiennent purement à l'es- « prit quoiqu'elles soient occasionnées par le corps, « il est visible qu'elles ne sont plus que l'esprit « même et qu'ainsi elles remplissent toute sa capa- « cité. » Il emploie un peu plus loin des termes qui pourront sembler étranges : « La netteté d'esprit « cause la *netteté de la passion*. » — « Nous naissons, « dit-il ailleurs, avec un caractère d'amour dans « nos cœurs, qui se développe à mesure que l'esprit « se perfectionne et qui nous porte à aimer ce qui

« nous paraît beau... » Tout cela nous porte assez loin des *Scènes de la vie parisienne* et même de la *Nouvelle Héloïse*. J.-J. Rousseau qui eût voulu, dans sa compassion pour son siècle, le faire « remonter à « l'amour, » ne se flattait pas, je pense, et n'a pas essayé non plus de le faire remonter jusque-là. Cet amour qui est de la pensée, cet amour qui est *l'esprit même*, où Pascal en avait-il pris l'idée? Etait-ce uniquement dans sa grande âme, ou bien cette idée était-elle répandue dans le monde à l'époque où il écrivait? Cette seconde supposition ne paraît pas sans fondement. C'est bien ainsi que, dans un certain monde, on décrivait l'amour, et je ne craindrai pas d'ajouter qu'on devait, jusqu'à un certain point, le ressentir comme on le décrivait. Sans employer des termes aussi absolus que Pascal, nous devons reconnaître que la pensée se mêle dans toutes nos passions, qu'elle les modifie et les transforme à son gré, et qu'immédiatement au delà des sensations et de la conscience, commence une vie où notre croyance devient une puissance créatrice, et où il suffit de croire qu'une chose est, pour qu'elle soit en effet. D'âge en âge, nous inventons des sentiments nouveaux; les instincts sont stationnaires, les sensations sont bornées, la conscience en toutes choses n'a qu'un mot, et ce mot n'admet point de synonyme : la pensée, qui voit dans toutes ces choses des points fixes, mais sans étendue, fait de chacun d'eux le centre de son activité, et développe tout sans rien déplacer. La pensée, en tout temps, mais surtout au dix-septième siècle, s'est mêlée à l'amour, et l'amour est devenu une passion de l'esprit. Celui que ressentait Pascal et qu'il a si bien décrit, était assurément d'une édition de choix, tirée à bien peu d'exemplaires; je n'en suis pas moins disposé à croire que c'était la réimpression d'un texte moins excellent sans doute, mais déjà bien épuré. L'ambition peut-elle s'idéaliser à ce point? Qu'il eût été beau, je le répète, de l'apprendre aussi de Pascal! Mais plutôt félicitons ce grand esprit d'avoir été arrêté en chemin, et de n'être pas arrivé jusqu'à elle.

En attendant, on aime qu'il ait connu l'amour dans cette pureté, et qu'il l'ait connu. « Tu fus « homme, » dit Lamartine à Homère, « on le sent à « tes pleurs. » Si d'autres preuves manquaient, on sent ici que Pascal était homme, et pour beaucoup de gens cette preuve sera la meilleure. Je ne cache pas, moi-même, le plaisir que me fait cette découverte, qui, sans diminuer Pascal, le met un peu plus à la portée de tout le monde, et nous permet d'aimer un peu plus familièrement celui que nous aimions sans doute (car qui n'aime Pascal?) mais de si loin et de si bas! Comment passer maintenant, comme le veut l'ordre de ce volume, au discours sur l'*esprit géométrique?* Pascal s'étonnerait de notre embarras; car, dans ce discours même *sur les passions de l'amour*, il anticipe le plus naturellement du monde sur cet autre sujet par cette phrase qu'on rencontre sans aucune surprise, tant on y est pré-

paré par ce qui précède : « Il y a deux sortes d'es-
« prit, l'un géométrique et l'autre que l'on peut ap-
« peler de finesse.... Quand on a l'un et l'autre es-
« prit tout ensemble, que l'amour donne de plaisir ! »
Laissons les esprits frivoles, et par conséquent peu
faits pour le véritable amour, se divertir de cette
géométrie, dont ils se sont, disent-ils, fort bien
passés jusqu'ici, et croyons, sur la foi de Pascal, à
la puissance de l'esprit géométrique dans une *passion de la pensée*. Au morceau que nous venons de
citer succède le fragment sur l'*Art de persuader*.
Puis viennent les *Pensées diverses*, c'est-à-dire tous
les fragments de peu d'étendue qui ne pouvaient
être rattachés à des articles plus considérables, et
qui n'ont pas paru, dans l'intention de Pascal, appartenir à l'Apologie du christianisme. Bon nombre
de ces pensées paraissent pour la première fois. La
plupart du temps on excuse, on approuve même
les premiers éditeurs de les avoir supprimées ; toutefois cette suppression ne se justifie pas toujours.
Je comprends qu'on ait retranché cette pensée :
« La nature de l'homme n'est pas d'aller toujours.
« Elle a ses allées et ses venues. » On se souvenait
peut-être que Pascal avait dit ailleurs : « Toute la suite
« des hommes pendant le cours de tant de siècles
« doit être considérée comme un même homme qui
« subsiste toujours et qui apprend continuelle-
« ment. » Mais qui a commandé la suppression de
la pensée suivante : « Faut-il tuer pour empêcher
« qu'il n'y ait des méchants ? C'est en faire deux

« au lieu d'un. » Cette citation a manqué aux partisans de l'abolition de la peine de mort.

Cette pensée encore méritait d'échapper à la proscription :

« Le monde ordinaire a le pouvoir de ne pas
« songer à ce qu'il ne veut pas songer. Ne pensez
« pas aux passages du Messie, disait le Juif à son
« fils. Ainsi font les nôtres souvent. Ainsi se con-
« servent les fausses religions, et la vraie même, à
« l'égard de beaucoup de gens. — Mais il y en a qui
« n'ont pas le pouvoir de s'empêcher ainsi de songer,
« et qui songent d'autant plus qu'on leur défend.
« Ceux-là se défont des fausses religions, et de la
« vraie même, s'ils ne trouvent des discours (rai-
« sonnements) solides. »

Si Pascal est pyrrhonien, ce n'est pas ici du moins. Cette pensée fera-t-elle rentrer en eux-mêmes ceux qui, dans la religion, je dis dans la religion du libre examen, mettent sans cesse la tradition à la place de la preuve? Ouvrira-t-elle les yeux sur leurs propres voies à ces esprits qui se flattent bien de ne pas faire partie du *monde ordinaire,* et qui d'habitude, néanmoins, font leur chemin en zig-zag à travers l'Evangile, évitant avec l'art le plus heureux tous les passages qui contrarient leur système, tout ce qu'il y a de saint Paul dans saint Jean, ou de saint Jean dans saint Paul? J'ai dit l'art : mais il faut que ce soit un instinct; car si c'était un art, celui de passer entre les gouttes d'une pluie serrée ne serait pas plus merveilleux.

En tout sujet, religieux ou autre, le talent de ne voir que ce qu'on veut voir est un des plus effrayants que le diable ait pu enseigner à l'homme.

Encore une pensée qu'on n'aurait pas dû envier au public :

« Le propre de chaque chose doit être cherché ;
« le propre de la puissance est de protéger. »

Il s'agit de la puissance politique. Peut-être le *propre* de cette puissance est-il plutôt d'agir, mais son *but* est certainement de protéger. En général, toute force doit se résoudre en bienfaits, et ne trouve sa raison que dans cet emploi d'elle-même. La puissance qui ne conserve pas, ou qui ne crée pas, est un non-sens.

Ce qu'on a dérisoirement appelé l'*amulette* vient ensuite, en un texte rectifié. *La soumission totale à Jésus-Christ et à mon directeur* est rejeté en note, comme trop peu authentique pour être admis dans le texte.

Ce qui suit est la célèbre profession de foi : *J'aime la pauvreté,* etc., que les premiers éditeurs ont fait entrer dans l'Apologie du christianisme, parce que leur plan ne leur permettait pas de lui trouver une autre place. Le nouvel éditeur remarque que cette profession de foi commençait d'abord par ces deux lignes que Pascal a ensuite effacées :
« J'aime tous les hommes comme mes frères, parce
« qu'ils sont tous rachetés. »

Les pensées sur l'*Eloquence et le style,* connues pour la plupart, viennent après cette profession de foi. On sait quel est le caractère de ces pensées trop peu nombreuses, dont les *Dialogues* de Fénelon *sur l'Eloquence* paraissent le digne pendant. Dépouiller la vérité de tous ses voiles jusqu'au dernier, ne rien laisser, ne rien mettre surtout entre l'objet et l'esprit qui le contemple, écrire en homme, et non en écrivain, c'est toute la substance de ce trop court chapitre. J'aime à y recueillir cette maxime, suggérée, à ce qu'il paraît, par la lecture des *Epigrammes* de Martial : « Il faut plaire à ceux qui « ont les sentiments humains et tendres. » N'est-ce pas à des gens tout différents que nous autres, faiseurs d'épigrammes, d'histoires, ou de traités, nous sommes flattés de plaire? Les applaudissements des méchants sont-ils les moins convoités?

Les pages qui suivent, entièrement inédites, ne sont pas celles qu'on saura le moins de gré à M. Faugère d'avoir recueillies. Ce chapitre, qui peut être considéré comme un appendice aux *Lettres provinciales*, est composé de pensées ou plutôt de notes *sur les Jésuites et les Jansénistes*. « C'est avec un sen- « timent de bien vive curiosité, dit l'éditeur, que « nous avons retrouvé ces ébauches jusqu'à présent « inconnues, ces indications rapides qui se pres- « saient pêle-mêle sous la première inspiration du « génie pour devenir bientôt le chef-d'œuvre de « notre langue. » Qui ne partagera l'émotion de M. Faugère? Pascal, ne parlant que pour lui-même, et s'interrogeant en quelque sorte sur sa propre pensée, est ici plus vivant, s'il se peut, que dans

son ouvrage achevé. L'or va s'incruster dans la pierre ; mais ici nous le voyons couler tout brûlant, et plus d'un mouvement secret qui ne pouvait passer dans un livre se voit trahi après deux cents ans. Je ne citerai qu'un seul passage, mais il a son prix, et j'ajoute, son application dans tous les temps : « S'il
« y a jamais un temps auquel on doive faire profes-
« sion des deux contraires, c'est quand on reproche
« qu'on en omet un. Donc les Jésuites et les Jansé-
« nistes ont tort en les célant, mais les Jansénistes
« plus, car les Jésuites en ont mieux fait profession
« des deux. » Est-ce l'opinion de Pascal? est-ce une objection qu'il se propose? Je l'ignore ; mais c'est un excellent principe que celui qu'il pose en commençant. Serrons-le dans notre cœur.

Plus loin (dans ses *Pensées et notes pour les Provinciales*), M. Faugère nous ouvre l'atelier du grand artiste, et, dans ces mille débris dispersés, nous reconnaissons du premier coup d'œil, tant son coup de ciseau est inimitable, les passages les plus célèbres du chef-d'œuvre de Pascal. Ce sont des notes informes, souvent des commencements et des fins de phrases; mais qui pourrait, plein du souvenir de l'ouvrage, les parcourir sans un vif intérêt? C'est plus qu'un intérêt de curiosité; car s'il n'est que piquant de reconnaître dans ces mots : *Mentiris impudentissime*, perdus au milieu de passages qui n'y ont aucun rapport, le germe d'un des morceaux les plus connus et les plus souvent cités des *Provinciales*, il est instructif de trouver en son état d'imperfection et d'ébauche ce que le talent de Pascal a rendu si parfait dans l'exécution de son dessein. Plusieurs des *Pensées sur le pape et l'Eglise* sont publiées pour la première fois, et le morceau intitulé par Bossut : *Comparaison des anciens chrétiens avec ceux d'aujourd'hui*, bien plus hardi que l'auteur ne le supposait, fait partie de ces pensées. La *Conversation* avec Saci *sur Epictète et Montaigne* nous est rendue sous forme de dialogue, telle que Fontaine l'avait conservée. Celle avec M. de Roannez sur la *condition des grands* nous est donnée sans aucun changement. Quelques paroles, prononcées par Pascal en conversation, et placées par ses amis dans son ouvrage apologétique, terminent ce précieux volume.

Un premier et rapide examen du second volume cause d'abord une espèce de désappointement. Dans les anciennes éditions, c'était presque un livre ; ici, très-évidemment, ce sont des notes ; et M. Faugère en ayant sévèrement exclu tout ce que Pascal n'avait pas destiné à faire partie de son grand ouvrage, le volume, en dépit d'un grand nombre de passages restitués, en paraît plus pauvre et, en quelque sorte, amaigri. Mais rien n'est perdu, puisque tout ce qu'on a retranché se retrouve ailleurs, et si le livre a moins l'air d'un livre, il est, dans le fait, bien mieux ordonné, et met bien mieux à découvert le plan de Pascal. Il est généralement admis que les premiers éditeurs s'étaient conformés aussi exactement qu'il était possible, quant à l'ordre des pensées, aux intentions de l'auteur ; mais le travail de M. Faugère montre que c'est une erreur. On avait, pour disposer les matières, quelque chose de mieux que le souvenir de la conversation rapportée par M. Périer ; on avait les titres, que le nouvel éditeur a restitués, des principales divisions du livre, et ces titres sont quelquefois si remarquables qu'il a fallu quelque courage pour les supprimer. C'est ainsi qu'un des chapitres les plus importants avait été intitulé : *Des puissances trompeuses*. Il y a déjà quelque éloquence dans cette simple association de mots. Mais enfin ces titres, qui ont guidé M. Faugère, auraient pu guider ses devanciers. Pourquoi n'ont-ils pas donné comme *préface* le morceau que Pascal a distingué par ce titre, au lieu d'en faire l'article second du volume, et d'ériger en *article premier* ou en introduction un chapitre sur les contrariétés ou les disproportions de la nature humaine, lequel évidemment appartient au corps de l'ouvrage ? Pourquoi n'ont-ils pas maintenu la division générale que Pascal avait expressément indiquée par les deux titres suivants : *Première partie. Misère de l'homme sans Dieu, ou que la nature est corrompue par la nature même.* — *Seconde partie. Félicité de l'homme avec Dieu, ou qu'il y a un réparateur par l'Ecriture ?* Plus on étudiera la nouvelle édition, plus on se persuadera que M. Faugère a rencontré, à peu de chose près, le vrai plan du livre. C'était nous rapprocher en quelque sorte de l'auteur, et l'on ne peut se représenter, avant d'avoir examiné ce travail, combien l'auteur y paraît plus présent, plus vivant : on croit passer du salon dans le cabinet.

Ce volume n'est pas moins remarquable que le précédent par le grand nombre des passages où le nouvel éditeur corrige, d'après les manuscrits, les corrections souvent malheureuses et plus souvent inutiles des premiers éditeurs. Je n'en veux citer qu'un exemple; mais on le trouvera digne d'être cité. Tout le monde a lu, dans l'article XVII, cette pensée : « Je crois volontiers les histoires dont les « témoins se font égorger, » et tout le monde, peut-être, en la lisant, a secoué la tête, puisque enfin, s'il fallait croire toutes les histoires dont les témoins se sont fait égorger, on risquerait de croire à la fois plusieurs histoires qui se contredisent. Mais M. Faugère nous atteste que Pascal avait écrit : « Je ne « crois que les histoires dont les témoins se feraient « égorger; » mot plus vrai, quoique paradoxal en apparence, et qui n'est même pas sans profondeur. Certainement je puis croire une histoire dont le témoin n'offre point sa vie en gage de sa véracité, car encore faut-il que la créance à cette histoire mérite un tel sacrifice, et que le témoin l'en juge digne; elle peut être fort vraie et fort croyable dans l'absence de ces deux conditions; mais quand il s'agit d'une histoire pour laquelle il est juste, si elle est vraie, de donner sa vie, si elle n'obtient pas ce sacrifice, si elle n'inspire pas ce dévouement, si elle ne s'est rendue maîtresse du cœur tout entier d'aucun de ceux qui l'attestent, on peut déclarer hardiment qu'elle n'est pas vraie. Plusieurs hommes attestant que Dieu est descendu en terre, et qu'en acceptant toutes les misères et toute l'ignominie de notre condition, il a sauvé notre éternité, et aucun d'eux ne se montrant disposé à donner sa vie pour cette vérité, il est trop clair que voilà une histoire fausse et dépourvue de preuves, puisque, si le fait est vrai, si Dieu a fait cette prodigieuse dépense, disons moins pour dire beaucoup encore, si un crucifié est ressuscité après trois jours, c'est sans doute afin que le cœur de l'homme soit conquis à Dieu, renouvelé à fond, effet qui évidemment n'a pas été produit si, pour attester la vérité de cette histoire, personne n'a voulu faire ce que des milliers ont fait pour des intérêts moindres, personne n'a voulu mourir. Ce que les éditeurs ont fait dire à Pascal n'est pas absolument faux, s'ils ont entendu que la vue de témoins si dévoués crée un préjugé en leur faveur et dispose à les écouter : mais l'expression des éditeurs porte la pensée plus loin, trop loin; celle de Pascal, en laissant à sous-entendre quelque chose que tout le monde sous-entend sans peine, reste dans les bornes de l'exacte vérité.

Sous le rapport des *variantes*, ou plutôt des traces qui nous restent çà et là du travail progressif de Pascal sur une seule et même pensée, ce volume est encore plus intéressant que le premier. Tout le monde remarquera la double rédaction de la *préface*, et chacun sera étonné de voir Pascal refaire un morceau considérable pour le dépouiller de plusieurs de ses plus beaux traits et le réduire, en quelque sorte, à ses éléments. M. Faugère estime que « le choix de Pascal était demeuré indécis, puisqu'il « n'avait barré aucun des deux fragments; » mais il paraît que celui que nous trouvons inférieur a été composé le dernier; il est difficile d'en douter; et si nous n'avions pas tort de préférer la première version, il serait curieux de rechercher, mais peut-être impossible de découvrir les raisons qui lui ont fait, sinon préférer, du moins essayer la seconde rédaction. Quelque chose lui déplaisait dans la première; qu'était-ce donc? Rien ne nous en déplaît, tout nous en paraît beau. Il est bon de dire au lecteur que le morceau dont il s'agit est la première moitié de cet admirable *article* intitulé dans les anciennes éditions : *De la nécessité d'étudier la religion*.

Parlons enfin des additions, ou des fragments longs ou courts que nous possédons pour la première fois, grâce aux soins du nouvel éditeur. Ce volume en renferme de nombreux, dont plusieurs ont une grande valeur. Le plus important sans doute est le morceau compris entre les pages 338 et 345 de ce volume, et intitulé par l'auteur lui-même : *Le Mystère de Jésus*. Il fait partie du chapitre intitulé : *De Jésus-Christ*. « Parmi le grand nombre de frag-
« ments inédits que nous insérons dans ce chapitre,
« dit M. Faugère, nous devons citer celui que Pascal
« a intitulé : *Le Mystère de Jésus*. Ecrites avec une
« sorte d'effusion mélancolique, tout d'une suite et

« presque sans ratures, ces pages sont remarquables
« par le caractère tout à fait mystique dont elles
« sont empreintes. Le lecteur sera surtout frappé du
« passage où l'auteur, ravi dans une tendre contem-
« plation, voit Jésus-Christ présent, converse avec
« lui, entend sa parole et lui répond : on croirait
« lire un chapitre de l'*Imitation*. » Nous n'essayerons
pas de dire autrement; c'est bien là, en effet, le caractère de ce précieux fragment, dont nous nous
bornerons à détacher quelques traits :

« Jésus sera en agonie jusqu'à la fin du monde : il
« ne faut pas dormir pendant ce temps-là. »

« Console-toi : tu ne me chercherais pas, si tu ne
« m'avais trouvé. »

« Fais pénitence pour tes péchés cachés, et pour
« la malice occulte de ceux que tu connais. »

Plusieurs des pensées inédites que contient ce second volume avaient déjà leurs synonymes ou leurs équivalents dans les anciennes éditions; mais, ajoutées aux pensées déjà publiées, elles en approfondissent l'empreinte, et rendent plus sensibles certaines tendances déjà connues de l'esprit et de la religion de Pascal. J'oserai même dire qu'assez souvent ce que l'ancien texte faisait seulement apercevoir, devient considérable et capital dans le texte de M. Faugère. Je ne parlerai pas du pessimisme de Pascal, bien plus manifeste que son pyrrhonisme, et qui, dans la balance où ce grand esprit entassait les éléments de sa conviction religieuse, pesait, je crois, d'un bien plus grand poids que l'insuffisance de nos moyens de connaître. Des deux besoins dont la nature humaine est incessamment travaillée, celui du bonheur n'est pas seulement le plus universellement senti et le plus constamment éprouvé, il est aussi le plus impérieux. Et ce besoin n'est pas purement sensitif, il est intellectuel. Ce n'est pas seulement pour l'*âme,* c'est aussi pour l'*esprit,* que le bonheur est une nécessité. Le bonheur fait partie de la vérité. Le réclamer pur, entier, inaltérable, n'a donc rien qui nous déshonore, et l'homme le mieux affranchi de l'empire des sens, l'homme le plus désintéressé ne le réclame pas, dans ce sens, moins vivement que l'avare, le voluptueux et l'égoïste. De ce besoin, très-noble à ce point de vue, résulte une appréciation plus ou moins sévère de la destinée humaine, soumise à notre jugement au même titre et de la même manière que les actes moraux. De grands esprits ont professé l'optimisme, mais l'optimisme est jugé. La sagesse naturelle et la sagesse chrétienne se sont trouvées d'accord pour le condamner; il est vrai que d'un même jugement elles ont tiré des conclusions fort différentes; mais c'est là tout ce qui les sépare. J'ai tort : dans l'appréciation même des faits, elles ont dû différer sur bien des points; mais il suffit que, sur l'ensemble, elles aient prononcé le même verdict. Une philosophie sérieuse est naturellement pessimiste; le pessimisme est une des doctrines, ou l'une des bases de la doctrine de Pascal. Au fond, si l'on compte pour quelque chose les jugements de détail, tout le monde, dans un esprit ou dans un autre, est réellement pessimiste. On pourra bien, en thèse générale, dire que tout va bien; mais, d'heure en heure, qui est-ce qui est content, même parmi les heureux, et surtout parmi les heureux? Qui est-ce qui est content, excepté ceux qui, comme saint Paul et à la même école que saint Paul, ont « appris à être con- « tents (1)? » Additionnez les mécomptes et les murmures, et si le pessimisme ne fait pas la somme, venez nous le dire. En pratique, Pascal n'est pas du nombre des mécontents; il en est en spéculation; ou, si vous voulez, il n'est pas pessimiste personnellement, il l'est pour le compte et au nom de l'univers. La simple restitution de quelques pensées que les anciens éditeurs avaient mises à l'écart, rend plus sombre, dans son ouvrage, cette tristesse essentiellement spéculative et intellectuelle; mais je suis encore plus frappé d'une autre de ses vues, à laquelle le rétablissement du vrai texte des *Pensées* a donné, ce me semble, un relief tout nouveau. Je veux parler de ce qu'était, aux yeux de ce grand homme, la nature ou la condition de la foi.

Nous l'avons déjà vu exclure avec soin l'*habitude* du nombre des éléments de la foi, parmi lesquels, en revanche, il donne à la *volonté* une place tout à fait légitime. Nous le verrons encore, dans ce volume, proposer pour les recherches religieuses ce que Descartes a proposé pour les investigations phi-

(1) Philippiens, IV, 11.

7

losophiques, à savoir d'opérer, autant que possible, sous le récipient et dans un vide parfait. Tel me paraît être le sens de plusieurs passages, de celui-ci entre autres : « Tant s'en faut que d'avoir ouï dire « une chose soit la règle de votre créance, que vous « ne devez rien croire sans vous mettre en l'état « comme si jamais vous ne l'aviez ouïe. » Pensée généreuse! Protestantisme élémentaire, qui se trouve au fond de toute conviction sérieuse, et dont le protestantisme historique n'est qu'une application, heureuse ou malheureuse. L'examen, je ne dis pas l'examen individuel, car ce serait un pléonasme fort vicieux, est donc, en principe, au commencement de la religion de chacun, au commencement de la croyance même du catholique. Le catholique, de toute nécessité, débute par être protestant. Tous les hommes sérieux appartiennent à cette religion élémentaire, abstraite et préliminaire, jusqu'à un moment où la route, en se bifurquant, ouvre deux voies, dans l'une desquelles s'engage le catholique, sous la bannière de l'autorité de l'Eglise, dans l'autre le protestant (au sens historique du mot), sous les auspices de l'autorité des Ecritures. Si, pour arriver jusqu'au point de bifurcation, la science leur a été nécessaire, il est évident qu'un très petit nombre a pu, je ne dis pas arriver, mais se mettre en route, c'est-à-dire, en d'autres termes, que la religion en général n'est l'affaire que des savants, et même des très savants, si l'on considère l'époque actuelle. Si, au contraire, pour arriver jusqu'au point où l'on se sépare, jusqu'à ce point où, étant déjà *chrétien*, il s'agit d'opter entre les deux communions, si, dis-je, pour arriver jusque-là, la science n'a pas été nécessaire, si l'on a pu, sans le secours de l'histoire, de la critique et de la philosophie, s'élever à la conviction de la vérité du christianisme, on ne l'a pu que par le cœur ou par le Saint-Esprit, ou peut-être par ces deux moyens réunis. La question est de savoir si, ayant suffi jusqu'à ce moment, ils ne suffiront pas au delà. Cette question, je la pose seulement, et je retourne à Pascal, pour citer de lui encore quelques paroles qui ne se trouvent pas dans le texte vulgaire :

« C'est le *consentement de vous à vous-même* et la
« voix constante de votre raison et non des autres
« qui doit vous faire croire.

« Le croire est si important.

« Cent contradictions seraient vraies.

« Si l'antiquité était la règle de la créance, *les an-*
« *ciens étaient donc sans règle.* »

Qu'est-ce qui a fait exclure ces pensées? Est-ce leur obscurité? J'avoue bien qu'elles n'en sont pas exemptes. Mais combien d'autres, dans les anciennes éditions, sont encore moins claires! Il y a donc quelque autre raison. Ami lecteur, je vous la laisse chercher. Je vous laisse aussi méditer à loisir sur le texte que je viens de transcrire. Il n'est pas si obscur que vous n'y puissiez démêler quelque idée distincte et en tirer quelque conclusion. Le livre des *Pensées* fût-il composé tout entier de fragments pareils, aussi obscurs, aussi décousus, aussi abruptes, ce serait encore un livre infiniment précieux. Des difficultés assez nombreuses, quelques erreurs, des contradictions même, ne peuvent être pour nous une raison de nous inscrire en faux contre l'admiration publique dont ce livre est en possession depuis si longtemps. Parce qu'il a laissé tomber sur Descartes quelques paroles irrévérentes, nous n'en parlerons pas, à notre tour, avec irrévérence. A le voir tel qu'il est, tel que Pascal nous l'a laissé, notre respect s'en accroît, nous l'en aimons mieux, parce qu'il nous manifeste mieux sous cette forme la candeur et le courage d'esprit du grand homme dans l'intimité duquel nous nous voyons introduits. Nous finissons donc comme nous avons commencé, par de justes remerciements à M. Faugère pour avoir pieusement rassemblé ces vénérables, ces sacrés débris.

III.

PASCAL, NON L'ÉCRIVAIN, MAIS L'HOMME.*

De quels éléments se composait cette individualité rare qui a paru dans le monde sous le nom de *Blaise Pascal ?* C'est à cette recherche, Messieurs, que nous avons consacré les derniers instants de notre dernier entretien. La vie extérieure de Pascal nous est de quelque secours dans ce travail; mais ses écrits, ses *Pensées* surtout, monologues secrets, ou dialogues intimes de Pascal avec lui-même, nous y aideront davantage. Au reste, pour abréger, il m'a paru bon de procéder par synthèse, c'est-à-dire de commencer par énoncer les résultats, en faisant suivre les preuves, ou tout au moins les indices.

Au premier rang des attributs de cette individualité si remarquable, j'ai placé l'*individualité* elle-même. Quoique décrédité dès sa naissance par un usage très indiscret (1), le mot ne m'a point fait peur. Je n'ai pas craint qu'aucun de vous confon-

---

* Cette étude et les quatre études suivantes font partie du cours sur la littérature du dix-septième siècle, donné par M. Vinet à l'Académie de Lausanne en 1844 et 1845.

(1) « Domine, jam fœtet, quatriduanus est enim. » Jean XI, 39.

dit dans une fraternité imaginaire deux ennemis jurés, l'individualisme et l'individualité : le premier, obstacle et négation de toute société; la seconde, à qui la société doit tout ce qu'elle a de saveur, de vie et de réalité. Nous sommes tous d'accord sur un point : c'est que des membres morts ne peuvent former un corps vivant, et que la société ne peut valoir que ce que nous valons nous-mêmes. Ni les uns ni les autres nous ne divinisons cette force brutale des âges civilisés, qu'on appelle, par abus, l'opinion publique ; despote pour despote, autant vaut un homme, un Napoléon, que ces miasmes qui se prennent à l'esprit, infectent le monde moral, et ne sont guère, sous le beau nom d'idées, que des souvenirs, des craintes ou des espérances. La pensée de l'individu ne se forme ni hors de la société ni sans elle; mais c'est l'individu, non la société, qui pense, qui croit et qui aime, et s'il lui emprunte, comme on ne peut en douter, plusieurs des éléments de sa pensée, il ne lui emprunte pas sa pensée elle-même. A cet égard, il doit, tout ensemble, se servir de la société et se défendre contre elle; il doit même, lorsqu'il ne s'est pas bien défendu, faire ce qui dépend de lui pour se reconquérir sur elle, et c'est une des gloires du christianisme que d'avoir, dans la sphère la plus haute, consacré cet important devoir. Il n'a point, en le consacrant, affaibli la société; il l'a bien plutôt affermie; et si vous prenez le mot de *société* dans toute l'énergie de sa signification, vous pourrez dire que c'est de lui qu'elle date et de lui qu'elle procède. Tout ce qui développe dans les âmes le principe de la foi, du devoir, de la pensée et de la liberté, choses individuelles, ajoute à la force de la société.

Je ne craindrai donc point de mettre au rang, et au premier rang, des traits qui rendent si éminent le personnage de Pascal, sa profonde individualité, par où je n'entends autre chose que le don d'être soi-même, le privilége d'avoir des pensées et des sentiments à soi et de ne pas vivre d'emprunt sous ces deux rapports, ainsi que le font trop souvent des hommes d'ailleurs bien organisés. Tout homme, bon gré mal gré, a son individualité, mais tout homme n'a pas de l'individualité. On est bien, dans un sens passif, autre que son voisin, autre que tout le monde, et nos défauts, dans leurs différents degrés et dans leurs différentes combinaisons, ne nous rendent, hélas! que trop individuels. Je parle d'un certain degré d'indépendance ou d'activité intérieure, qui ne nous permet pas de nous réduire à la simple réceptivité, et qui, sans nous faire repousser les idées et les opinions du dehors, nous met en état de réagir sur elles, de telle sorte qu'elles deviennent notre propriété plutôt que nous ne devenons la leur. J'ai parlé d'activité, parce qu'en matière d'intelligence et de morale, *être* et *agir* sont une même chose, et j'ajoute que ce n'est pas au fréquent emploi, mais à l'intensité de cette activité ou de cette réaction, que l'individualité se mesure. — L'individualité est la base de notre valeur propre; car pour que nous soyons quelque chose, il faut d'abord que nous soyons, ou, en d'autres termes, que nos qualités soient à nous. Dans ce sens, l'individualité est rare; et l'on n'exagère pas en disant que la plupart des hommes, au lieu d'habiter chez eux, vivent chez autrui, et sont comme en loyer dans leurs opinions et dans leur morale, à plus ou moins long terme; mais cette différence n'est rien. — L'intelligence et le développement de l'esprit ne sont pas des gages tout à fait assurés de l'individualité; Pascal ne la trouvait pas commune chez les écrivains : « Certains « auteurs, dit-il, parlant de leurs ouvrages, disent : « Mon livre, mon commentaire, mon histoire, etc. « Ils sentent leurs bourgeois qui ont pignon sur rue, « et toujours un *chez moi* à la bouche. Ils feraient « mieux de dire : Notre livre, notre commentaire, « notre histoire, etc., vu que d'ordinaire il y a plus « en cela du bien d'autrui que du leur. »

Quant à Pascal, il a pignon sur rue, et rien n'empêche qu'il ne dise : *Mes pensées*. Sa voix n'est pas un écho, ou, si c'est un écho, c'est celui de la conscience, j'entends de la conscience intellectuelle aussi bien que de la conscience morale. Tout esprit a probablement des idées à soi (1); mais tout esprit

---

(1) Est-ce peut-être ce que Pascal a voulu faire entendre lorsqu'il a dit : « A mesure qu'on a plus d'esprit, on trouve qu'il y a plus d'hommes origi- « naux? » C'est qu'avec de l'esprit on les oblige à l'être ou à se montrer ce qu'ils sont. Descartes avait déjà dit : « En la corruption de nos mœurs, il y a « peu de gens qui veuillent dire tout ce qu'ils croient ; mais c'est aussi à « cause que plusieurs *l'ignorent eux-mêmes;* car l'action de la pensée par « laquelle on croit une chose, étant différente de celle par laquelle *on connaît* « *qu'on la croit,* elles sont souvent l'une sans l'autre. » *Discours de la Méthode.*

ne pénètre pas jusqu'à ses propres idées à travers ces couches successives formées des idées d'autrui ou de tout le monde, dont les nôtres sont toujours recouvertes à une certaine hauteur. Il s'agit donc d'arriver jusqu'à soi-même. La sonde de cette espèce de puits artésien n'est ni la logique, ni l'analyse, qui peuvent bien, en certains sujets, nous conduire jusqu'à la vérité, mais non pas jusques à nous-mêmes. Cette sonde, à laquelle je ne cherche pas à donner un nom, est quelque chose de plus natif et de moins compliqué. C'est un certain courage d'esprit et peut-être de caractère, qui ne distingue pas toujours les plus habiles ni les plus savants, et qui, pour ne pas conduire immédiatement à la vérité, n'en est pas moins un des plus précieux instruments de cette recherche, parce que, avant de chercher, et pour bien chercher, il faut d'abord avoir trouvé ce *moi* qui est l'agent de la recherche. Nous avons une grande obligation à ceux qui ont su démêler et reconnaître leur propre voix au milieu du mélange confus de tant de voix étrangères, où la nôtre se perd si facilement, jusqu'à nous devenir la plus étrangère de toutes.

L'éducation de Pascal vint, sous le rapport de l'individualité, en aide à sa naissance. Il fut, au moins nous avons lieu de le croire, du nombre de ces hommes qui ont été élevés conformément à leur nature. Ajoutons que les études auxquelles il consacra la première partie de sa carrière concoururent, avec sa nature et son éducation, à préserver son individualité. Je sais qu'il a professé plus tard pour ces études-là, je veux dire pour les sciences *abstraites* ou *objectives*, un mépris au moins relatif. « La science des choses extérieures ne me consolera « pas de l'ignorance de la morale au temps d'afflic-« tion ; mais la science des mœurs me consolera « toujours de l'ignorance des sciences extérieures. » Il est allé ensuite plus loin ; il a dit, au sujet de l'étude de l'homme, si supérieure, selon lui, à l'étude des sciences *abstraites* : « N'est-ce pas que ce « n'est pas encore là la science que l'homme doit « avoir, et qu'il lui est meilleur de l'ignorer pour « être heureux ? » Tout cela peut être vrai, mais ne nous empêchera pas de croire que l'application exclusive de Pascal aux mathématiques et à la physique pendant sa jeunesse fut pour lui la sauvegarde de l'individualité. Ces sciences, je le crois, l'exercent peu, mais elles ne la compromettent pas ; les sciences d'une autre sorte, la littérature, par exemple, l'excitent, la développent, mais la menacent, parce que, faisant sortir de sa retraite l'homme intérieur, elles le mettent davantage en contact avec la vie de tous, et l'obligent à recevoir d'eux peut-être plus qu'il n'en doit recevoir. Les mathématiques ont si peu cet inconvénient qu'elles en auraient un autre tout opposé, si l'homme pouvait être exclusivement mathématicien. Pascal, qu'il en faut croire, n'a-t-il pas dit quelque part : « C'est un bon mathé-« maticien, dira-t-on ; mais je n'ai que faire de ma-« thématiques ; il me prendrait pour une proposi-« tion. » C'est un grand défaut, assurément, de prendre des hommes pour des propositions; mais enfin peu de gens sont tout géomètres; la nécessité, la nature y ont pourvu jusqu'à un certain point; on peut être géomètre, et ne pas laisser d'être homme; un même homme, vous devez le savoir, Messieurs, peut être tout ensemble bon géomètre et bon poëte. Mais il ne s'agit pas pour le moment des dangers des sciences abstraites, il s'agit d'un de leurs avantages : elles ménagent l'individualité, et c'est ainsi que fut conservée, d'une manière si remarquable, l'individualité de Pascal.

On ne s'étonnera pas qu'un tel homme ait protesté avec force contre l'abus de l'*autorité* en matière de science. C'est le propre sujet de la préface qu'il a mise en tête de son *Traité du vide*, préface qui caractérise à la fois l'époque et l'auteur. L'autorité sera bien toujours, dans les questions qui se débattent entre les savants, quelque chose de plus qu'elle ne doit être; toutefois on ne plaiderait plus la cause que Pascal a plaidée; et pourquoi? parce qu'il l'a gagnée. Mais elle n'était pas gagnée d'avance lorsqu'il la prit en main, et sa préface ne fut point un hors-d'œuvre. La science était réellement aux prises avec le principe d'autorité; la liberté de la pensée, ou, si vous l'aimez mieux, la souveraineté des faits, avait besoin d'un défenseur, et qui pouvait l'être mieux que Pascal? Ce petit traité le réfléchit tout entier. Jamais conviction ne ressembla davantage à un sentiment intime, jamais le tempérament et la pensée ne se trouvèrent mieux d'accord. Il sou-

tient ici, longtemps avant les *Provinciales*, la même doctrine que vous l'avez vu défendre dans la dix-huitième de ces lettres (1). Il est d'autant plus fort contre l'autorité qu'il lui fait d'abord sa part, et que rien, dans cette légitime et nécessaire concession, ne respire la complaisance. Ce qu'on ne peut savoir que par révélation, il l'adjuge à la révélation ; ce qui tombe sous les sens, il en fait, sans réserve aucune, la part de l'observation, souveraine dans sa sphère comme la révélation dans la sienne : il n'admet pas d'ailleurs que l'observation et la révélation, c'est-à-dire deux vérités, puissent être en contradiction, longtemps du moins ou définitivement. Au sujet des anciens, il dissipe ce qu'on pourrait appeler une illusion d'optique très commune. « Comparant toute
« la suite des hommes, pendant le cours de tant de
« siècles, à un même homme qui subsiste toujours
« et qui apprend continuellement, » il en conclut que « ceux que nous appelons anciens étaient vé-
« ritablement nouveaux en toutes choses et for-
« maient l'enfance de l'humanité ; » ce qui réduit leur autorité sur nous à celle que des enfants peuvent avoir sur des hommes faits.

---

(1) M. Faugère a pourtant raison de dire que « Pascal a toujours évité
« d'engager son opinion sur le système de Copernic et de Galilée ; » car, dans cette XVIIIe lettre, il ne dit que ceci : « Ce fut aussi en vain que vous ob-
« tîntes contre Galilée un décret de Rome qui condamnait son opinion tou-
« chant le mouvement de la terre. Ce ne sera pas cela qui prouvera qu'elle
« demeure en repos ; et si l'on avait des observations constantes qui prou-
« vassent que c'est elle qui tourne, tous les hommes ensemble ne l'empêche-
« raient pas de tourner, et ne s'empêcheraient pas de tourner aussi avec
« elle. »

Lorsque l'auteur des *Pensées* s'engagea dans des recherches dont la vérité religieuse était l'objet, son individualité, bien loin d'abdiquer, se redressa plus haute et plus fière (1). L'acte de la plus parfaite soumission lui parut, à bon droit, réclamer la plus parfaite liberté. Personne, dans ces questions d'une importance souveraine, n'a écarté plus péremptoirement tout parti pris, toute opinion faite. Plus l'autorité du christianisme, lorsque Pascal l'aura reconnue, sera absolue sur son esprit et sur sa vie, plus, dans la recherche de cette autorité, il écarte l'autorité. Il se retire, il se renferme en lui-même; il défend sa porte à toutes les suggestions, à toutes les sollicitations; il veut, pour cette grande affaire, demeurer seul avec soi-même. Descartes, dans une recherche du même genre, ne s'isola pas plus sévèrement. Sous les formes les plus différentes, l'appel à l'individualité en matière de religion se reproduit fort souvent dans le livre des *Pensées* : « Tant s'en
« faut, dit-il par exemple, que d'avoir ouï dire une
« chose soit la règle de votre créance, que vous ne
« devez rien croire sans vous mettre en l'état comme
« si vous ne l'aviez jamais ouïe. C'est le consentement
« de vous-même à vous-même, et la voix constante
« de votre raison et non des autres, qui doit vous
« faire croire. » Les paroles suivantes ne disent-elles pas indirectement la même chose ? « Le monde

---

(1) « On a beau dire, il faut avouer que la religion chrétienne a quelque
« chose d'étonnant ! C'est parce que vous y êtes né, dira-t-on. Tant s'en faut;
« je me roidis contre par cette raison-là même, de peur que cette préven-
« tion ne me suborne. » T. II, p. 357, édit. Faugère.

« ordinaire a le pouvoir de ne pas songer à ce qu'il
« ne veut pas songer. Ne pense pas aux passages
« du Messie, disait le Juif à son fils. Ainsi font les
« nôtres souvent. Ainsi se conservent les fausses re-
« ligions, et la vraie même à l'égard de beaucoup de
« gens. Mais il y en a qui n'ont pas le pouvoir de s'em-
« pêcher ainsi de songer, et qui songent d'autant plus
« qu'on le leur défend. Ceux-là se défont des faus-
« ses religions, et de la vraie même, s'ils ne trou-
« vent des discours (raisonnements) solides. »

Dès ce moment, l'individualité ne nous apparaît plus comme un simple don, mais comme une vertu, et se confond pour nous avec l'amour de la vérité. Si vous cherchez dans la vie de Pascal une passion, la voilà : il avait la passion de la vérité, ou, pour parler plus exactement, la passion, l'impérieux besoin du *vrai*. Sous ce nom d'amour de la vérité, on ne désigne souvent autre chose que le désir ardent de connaître, ou une espèce de haute curiosité. L'amour du vrai est encore autre chose; il peut se trouver dans des esprits peu avides de connaître et assez contents d'ignorer, mais que le faux repousse et que le vrai ravit. Pascal est à la tête de ces nobles esprits. Sans doute il aima a vérité concrète, ou les vérités de tout ordre; mais les convoitises de la pensée purent s'affaiblir en lui, jamais l'amour et le besoin du vrai. C'est par là, non par une certaine indolence de l'esprit ou une certaine insouciance du cœur, que s'explique le courage de sa pensée, l'attention avec laquelle, sur tous les sujets,

il prête l'oreille aux plus légers murmures de sa raison, la tranquillité froide avec laquelle il confié au papier des choses que tout autre se fût à peine confiées à soi-même, cette |impartialité dont ses éditeurs, quelque amis du vrai qu'ils fussent eux-mêmes, ne se sont pas crus obligés de conserver toutes les traces, enfin ces contradictions qu'ils n'ont pas toutes effacées, et dont l'admirable sincérité de l'écrivain peut seule nous expliquer la présence. Il les eût fait disparaître en publiant son livre : je le crois bien; mais ce n'eût pas été avant de les avoir résolues; on ne peut être faux avec son lecteur après avoir été si vrai avec soi-même : nul n'est menteur à demi. Pascal n'eût pourtant pas imprimé, mais enfin il a écrit ces mots remarquables :
« S'il y a jamais un temps auquel on doive faire
« profession des deux contraires, c'est quand on
« reproche qu'on en omet un. Donc les jésuites et
« les jansénistes ont tort en les célant, mais les jan-
« sénistes plus, car les jésuites ont mieux fait pro-
« fession des deux. »

Ce qu'on admire comme *profondeur* dans le livre de Pascal, et ce qui est bien de la profondeur en effet, nous paraît dû en grande partie à ce courage de la pensée ou à cet amour passionné du vrai. On a remarqué que la pensée de l'enfant est quelquefois profonde, parce que la naïveté et la profondeur doivent se rencontrer : oserons-nous dire que, bien souvent, Pascal est profond parce qu'il est naïf, ou parce que, comme l'enfant, mais avec plus de mérite, puisque l'enfant n'a que le courage de l'imprudence, il regarde en face les objets et sa propre pensée, et la suit sans hésiter partout où elle l'entraîne. Je sais fort bien qu'elle ne conduirait pas si loin un génie moins vigoureux ; mais que de choses d'une nouveauté surprenante et d'une valeur incomparable, Pascal, avec tout son esprit, n'eût point dites, n'eût point pensées, si son amour de la vérité eût été moins ardent, moins impérieux !

Cet amour passionné du vrai lui fait prendre en mépris tout ce qui, dans la vie, dérobe sous des attributs accidentels l'attribut par excellence de l'homme, je veux dire sa qualité d'homme. C'est cette qualité qui lui plaît et qu'il cherche avant toutes les autres, et peu s'en faut qu'il ne s'irrite lorsque l'accident lui dérobe la substance, lorsque l'homme, ou l'honnête homme, dont il avait affaire, disparaît sous la profession, l'art ou le rang. « L'hom-« me, dit-il, est plein de besoins : il n'aime que « ceux qui peuvent les remplir tous. Il me faut donc « un honnête homme, qui puisse s'accommoder à « tous mes besoins généralement. » — « Il faut « qu'on ne puisse dire d'un homme ni il est mathé-« maticien, ni prédicateur, ni éloquent, mais il est « honnête homme. Cette qualité universelle me plaît « seule. *Ne quid nimis*, de peur qu'une qualité ne « l'emporte et ne fasse baptiser. » Et certes, il a raison. Chaque homme, pour être quelque chose, se résout trop facilement à n'être que cette chose-là. Nous sommes tout autant d'abstractions vivantes, et pour mieux nous souvenir que nous sommes artistes ou hommes de lettres, hommes d'affaires ou hommes d'état, nous oublions tout simplement d'être hommes, qualité universelle qui seule donne du prix à nos qualités particulières. Ainsi Pascal faisait consister la vérité de la vie humaine à tout réunir, à ne rien exclure, à être en quelque sorte *universelle*. Cette vue peut, je le suppose, nous donner la clef d'une pensée qu'on ne rencontre pas sans quelque étonnement chez Pascal, et dont, à un certain point de vue, il est permis de contester la justesse : « Puisqu'on ne peut être universel et savoir tout ce « qui se peut savoir sur tout, il faut savoir peu de « tout. Car il est bien plus beau de savoir quelque « chose de tout que de savoir tout d'une chose. Cette « universalité est la plus belle. »

Cette passion du vrai, ou cette fierté de l'esprit, explique la haine de Pascal pour tout ce qui, dans le langage ou dans l'imitation des objets, est hyperbolique, enflé, ou de pure convention. Sa mauvaise humeur contre ce mauvais style se trahit en beaucoup d'endroits. On doit la sentir dans ces mots jetés avec une négligence qui en augmente l'énergie : « Masquer la nature et la déguiser (1) : plus de « rois, de pape, d'évêques, mais auguste monar- « que, etc. Point de Paris : capitale du royaume. » Fidèle à sa maxime, qu'il faut parler de toutes choses en honnête homme et comme à des honnêtes

---

(1) Montaigne dit à peu près : « Ils ont artialisé la nature : que n'ont-ils « naturalisé l'art ? »

gens (nous dirions aujourd'hui : humainement et comme à des hommes), il écarte l'attirail qui revêt les objets d'une fausse apparence de grandeur, et il croit en cela rendre service à l'étude; car, dit-il, « l'une des raisons qui éloignent le plus ceux qui « entrent dans ces connaissances, du véritable che- « min qu'ils doivent suivre, est l'imagination que « l'on prend d'abord que les bonnes choses sont « inaccessibles, en leur donnant le nom de *grandes,* « *hautes, élevées, sublimes.* Je voudrais les nommer « *basses, communes, familières…* je hais ces mots « d'enflure. — Ce n'est pas dans les choses extraor- « dinaires et bizarres que se trouve l'excellence de « quelque genre que ce soit. On s'élève pour y ar- « river, et on s'en éloigne : il faut le plus souvent « s'abaisser. Les meilleurs livres sont ceux que ceux « qui les lisent croient qu'ils auraient pu faire (1). « La nature, qui seule est bonne, est toute familière « et commune. »

Veut-on avoir, je ne dis pas toute la rhétorique de Pascal, mais la clef ou le résumé de cette rhétorique? En peu de mots, le voici : « Quand un dis- « cours naturel peint une passion ou un effet, on « trouve dans soi-même la vérité de ce qu'on en- « tend, laquelle on ne savait pas qu'elle y fût, en « sorte qu'on est porté à aimer celui qui nous le fait « sentir. Car il ne nous a pas fait montre de son

---

(1) Le P. Desmolets, incapable de se résigner à une syntaxe aussi inculte, a écrit ainsi : « Les meilleurs livres sont ceux qui, lorsqu'on les lit, font « croire aux lecteurs qu'ils auraient pu les faire. »

« bien, mais du nôtre. » Voilà, selon Pascal, en quoi consiste cette éloquence dont il a dit, avec une brusque familiarité, « qu'elle se moque de l'éloquence; » c'est à nous donner conscience de nos propres sentiments et de nos propres pensées. Tel est l'effet d'un *discours naturel*, espèce de miroir dans lequel nous n'avons qu'à nous regarder. Loin, bien loin donc tous les artifices! Il ne s'agit que d'être vrai, et la profondeur, le pathétique, le sublime, ne sont que les différents degrés et les différentes formes du vrai.

Qu'on lise les pensées de Pascal sur l'éloquence et sur le style; on verra que la rhétorique de ce grand homme était presque de la morale. L'amour du vrai en est la base et l'esprit. Il ne s'y trouve pas un précepte qui ne respire le dédain des beautés convenues et des artifices du langage, je dis même des plus innocents. Qui n'a remarqué cette phrase, qu'on chercherait en vain dans toutes les rhétoriques : « Quand dans un discours se trouvent des
« mots répétés, et qu'essayant de les corriger, on les
« trouve si propres qu'on gâterait le discours, il les
« faut laisser : c'en est la marque, et c'est là la part
« de l'envie, qui est aveugle, et qui ne sait pas que
« cette répétition n'est pas faute en cet endroit; car
« il n'y a point de règle générale. » Il ne vous a peut-être pas échappé que Pascal donne ici l'exemple dans la règle même : (quand il se *trouve* des mots, et qu'on les *trouve*.)

Quand on a voulu louer le style de Pascal, on n'a

trouvé qu'un éloge, quand on a voulu le caractériser, on n'a trouvé qu'un mot; mais cet éloge, ce mot, d'autant plus significatif qu'il n'est accompagné d'aucun autre, distingue entre tous les styles celui de Pascal : c'est un style *vrai*. Tout ce qu'on a dit de plus ne sont que des variantes de ce simple mot; mais M. Faugère a sans doute rencontré l'une des plus heureuses lorsqu'il a parlé de ce style « naïf, tellement identifié avec l'âme de l'écrivain, « qu'il n'est que la pensée elle-même, parée de sa « chaste nudité comme une statue antique (1). » Mais le moment n'est pas venu de parler du style de Pascal; nous ne voulons y voir, pour le moment, que l'irrécusable empreinte d'une des qualités distinctives de son caractère.

Un trait qui se rattache étroitement à celui que je viens de signaler, c'est la place, disons mieux, le rang que la *pensée* occupe dans l'existence de Pascal. D'autres peuvent avoir pensé autant que lui; mais je doute que chez aucun la pensée ait été mêlée dans une proportion aussi forte avec les autres éléments dont se compose toute vie d'homme. Certes, nous ne dirons pas de lui ce qu'on a dit, bien ou mal à propos, du plus grand personnage du dix-neuvième siècle :

« Sans haine et sans amour, il vécut pour penser. »

---

(1) Il me semble que Pascal nous a dit le secret de son éloquence dans le passage suivant : « L'on écrit souvent des choses que l'on ne prouve qu'en « obligeant tout le monde à faire réflexion sur soi-même et à trouver la « vérité dont on parle. C'est en cela que consiste la force des preuves de ce « que je dis. »

Une grande intensité de vie intellectuelle n'est pas incompatible avec la profondeur des affections. Pascal du moins en jugeait ainsi ; car s'il a dit que « la pensée fait la grandeur de l'homme, » (II, 83.) il a dit aussi que « bien penser est le principe de la « morale. » Même avant sa conversion, Pascal n'était pas tout pensée, bien moins encore le fut-il depuis; car c'est alors qu'il distingua solennellement trois ordres de grandeur, entre lesquels la grandeur intellectuelle n'occupe que le second rang ; et c'est alors aussi qu'il a dit cette parole remarquable : « On se fait une idole de la vérité même : car la vé- « rité hors de la charité n'est pas Dieu ; c'est son « image, et une idole qu'il ne faut point aimer ni « adorer. » Mais si Pascal, sous ce rapport, n'était point tout pensée, on pourrait presque, dans un autre sens, dire qu'il l'était, tant il a peu vécu de la vie des sens. Il semble qu'il n'ait guère connu que par la souffrance que la nature l'avait pourvu ou embarrassé d'un corps. Même dans le travail de la pensée il n'empruntait que le moins possible aux sens ou aux objets du monde extérieur avec lequel les sens nous mettent en communication. C'est aux choses directement, jamais aux images des choses, presque jamais aux choses par leurs images que son esprit va se prendre. Il agite par sa pensée le monde des phénomènes, il ne permet pas au monde des phénomènes d'agiter, encore moins d'altérer sa pensée.

Ce n'est point ici un système dont je rends compte,

mais une constitution particulière que je signale. Toutefois la constitution devient système dans bien des endroits du livre de Pascal. Le discours *sur les passions de l'amour* en est un curieux monument. Personne aujourd'hui ne pourra sans surprise lui entendre dire « qu'à mesure que l'on a plus d'esprit les « passions sont plus grandes; que la netteté d'esprit « cause la netteté de la passion; et que l'amour ne « consistant que dans un attachement de la pensée, « il est certain qu'il doit être le même pour toute « la terre. » Après ces citations, que je ne commenterai pas, j'ajouterai seulement que Pascal m'a fait concevoir ou du moins admettre que la pensée a ses passions comme l'âme, comme le corps. La pensée de Pascal est passionnée, non pas en vertu de tel objet particulier qui la préoccupe, mais comme pensée. Ou, si vous le voulez, il attache à la pensée pure le même genre et le même degré d'intérêt que le commun des hommes attache à de tout autres objets. Sa pensée n'est pas seulement une perception distincte, mais un vif sentiment de la vérité. Elle souffre et jouit, elle aime et elle hait, comme ferait le cœur. Elle aime la vérité, et elle s'aime aussi elle-même. Elle a, pour son propre compte, des désirs véhéments et des ambitions immenses; et ce que Pascal a dit quelque part de l'esprit humain, il l'eût pu dire encore plus justement du sien : « Il n'y a point « de bornes dans les choses : les lois y en veulent « mettre, et l'esprit ne peut le souffrir. »

Les bornes ou les barrières que la pensée de Pas-

cal a reconnues, sont celles d'une haute raison, dont il nous a, sans le vouloir, décrit les deux excellents caractères. Lisez son discours sur les passions de l'amour, et son traité sur l'esprit géométrique, et vous apprendrez qu'il y a deux genres d'esprit, l'esprit de géométrie et l'esprit de finesse, c'est-à-dire, pour parler un langage plus moderne, l'analyse d'une part, et cette synthèse rapide et sûre, qui n'est autre chose probablement qu'un bon sens exquis. « Le premier, dit Pascal, a des vues
« lentes, dures et inflexibles, mais le dernier a une
« souplesse de pensée qu'il applique en même temps
« aux diverses parties aimables de ce qu'il aime. »
Et l'auteur ajoute : « Quand on a l'un et l'autre
« esprit tout ensemble, que l'amour donne de plaisir! » Un peu plus loin ces deux sortes d'esprit sont encore mieux définies dans les paroles suivantes :

« Les géomètres étant accoutumés aux principes
« nets et grossiers de géométrie, et à ne raisonner
« qu'après avoir bien vu et manié leurs principes,
« ils se perdent dans les choses de finesse, où les
« principes ne se laissent pas ainsi manier. On
« les voit à peine, on les sent plutôt qu'on ne les
« voit. Il faut tout d'un coup voir la chose d'un
« seul regard, et non pas par progrès de raisonne-
« ment, au moins jusqu'à un certain degré. Et ainsi
« il est rare que les géomètres soient fins et que les
« fins soient géomètres.... Mais les esprits faux ne
« sont jamais ni fins ni géomètres.

« Le jugement est celui à qui appartient le sen-
« timent comme les sciences appartiennent à l'esprit.
« La finesse est la part du jugement, la géométrie
« est celle de l'esprit (1). »

A travers les légers nuages d'une nomenclature abolie, vous avez saisi, je n'en doute pas, la pensée de Pascal, et je serai compris moi-même en disant que ce qui achève, à mes yeux, de caractériser cet éminent esprit, c'est la réunion, dans les proportions les plus justes, de l'esprit de géométrie et de l'esprit de finesse. Ils peuvent sans trop de peine se réunir dans une intelligence ordinaire; mais ce qui est rare c'est que l'un des deux, porté au degré le plus élevé, ne nuise pas à l'autre, et lui permette même de s'élever à une hauteur égale. Un esprit éminemment géométrique et aussi fin qu'il est géométrique, voilà une apparition devant laquelle il vaut la peine de s'incliner. Pascal nous offre en sa personne ce beau phénomène; vous ne me demanderez pas sans doute de vous en administrer la preuve; vous la chercherez vous-mêmes dans le livre des *Pensées,* et je serais bien trompé si cet heureux et rare tempérament ne vous y paraissait pas aussi remarquable qu'à moi.

Parmi les éléments de la combinaison desquels résulte le caractère intellectuel de Pascal, devons-nous compter la poésie? Quand Pascal aurait blasphémé contre elle, ce qu'on a prétendu et ce que je ne

---

(1) Voyez encore, sur le même sujet, une pensée à la page 251 du tome Ier, édition Faugère. (Page 120 de l'édition Firmin Didot, 1843.)

crois pas, il ne s'ensuivrait nullement qu'il n'a pu être poëte : il l'eût été, comme quelques autres, à son corps défendant. De fait, il y a de la poésie dans le livre des *Pensées*, et ce n'est pas peut-être dépasser de beaucoup les bornes du vrai que de prétendre que certains passages du livre des *Pensées* sont des strophes d'un Byron chrétien. Mais, en général, c'est Pascal lui-même qui est la poésie de son livre. Ce qu'il y a d'emporté dans sa pensée, de souverain dans ses mépris, de tragique, oserons-nous dire, dans la position qu'il prend devant nous comme individu et comme homme, voilà la poésie de Pascal. Elle est là plutôt que dans sa pensée, où le comble de la vérité ne laisse pas de produire quelques-uns des effets de la poésie. Comparez, sur les mêmes sujets, Bossuet et Pascal; vous saurez alors ce que peut la plus sublime poésie et ce que peut l'extrême vérité; mais enfin Bossuet est poëte et Pascal ne l'est pas. Peut-on, ne l'étant pas, ou ne voulant pas l'être, comprendre toute la vie humaine, et, pour tout dire, être homme tout à fait? Ne faut-il pas que l'*honnête homme* (nous parlons ici le langage de Pascal lui-même), soit poëte jusqu'à un certain point et de quelque manière? La poésie vit d'associations d'idées, au moyen desquelles elle modifie la vie assez profondément; or Pascal associait les idées selon des lois plus sévères, et ne se prêtait pas volontiers à celles que l'imagination a instituées dans son royaume. Toutefois, il est toujours quelques points par où la passion communique avec l'imagination ; la passion ne peut pas éternellement se passer d'images, et c'est ainsi que de temps en temps, entraînant Pascal dans le pays des figures, elle le fait poëte.

Faut-il encore ajouter le scepticisme aux éléments primitifs dont se compose le caractère intellectuel des *Pensées?* Poser une telle question, c'est d'un même temps définir le scepticisme; c'est désigner par ce mot quelque chose qui est à l'esprit ce que l'irrésolution est au caractère, une sorte d'incapacité de conclure, un goût de temporisation indéfinie qui considère des arguments contradictoires sans en faire jamais la balance, une faiblesse en un mot ou une paresse de l'intelligence. Tout ceci n'a convenu à Pascal à nulle époque de sa vie. Pascal ne fut point de ceux qui naissent sceptiques, s'il est vrai qu'on naisse sceptique. Il n'était pas sceptique, mais il douta. On a pu se demander si la lecture assidue de Montaigne et de Charron ne l'engagea pas dans cette douloureuse voie. Peut-être a-t-il subi leur influence, peut-être aussi les a-t-il rencontrés plutôt qu'il ne les a suivis. Son scepticisme, si l'on veut le nommer ainsi, lui appartient, et ce scepticisme n'est point chez lui affaire d'humeur, mais de réflexion. C'est d'un jugement libre et raisonné qu'il ne croyait point à la *morale de l'esprit*, (rappelez-vous cette expression, que nous avons déjà remarquée) mais seulement à la *morale du jugement*, c'est-à-dire, après tout, du cœur. Et par le mot de *morale*, il faut entendre ici tout le monde moral, tout l'ordre moral, tout ce qui n'est point du ressort du calcul, et ce dont les principes ne peuvent se découvrir par la voie de l'observation. Je suis fondé à penser qu'il fut sceptique à cet égard, c'est à dire que, dans un certain sens, il ne crut jamais à la philosophie. Cette boutade qu'on trouve à la fin d'un assez singulier passage sur Descartes : « Et « quand tout cela serait vrai, nous n'estimons pas « que la philosophie vaille une heure de peine, » exprime sa conviction, et, nous le croyons, sa conviction réfléchie. Il s'était persuadé que les vérités métaphysiques échappent à notre raison (entendement, raison discursive) et que c'est au cœur, sinon à nous les révéler immédiatement, du moins à nous placer à l'entrée de la route qui conduit vers ces vérités. Il le croyait d'autant plus qu'il trouvait dans son propre cœur une réponse très claire et très vive aux questions de cet ordre, et volontiers sans doute il eût appliqué à cette route nouvelle ce qu'il a dit quelque part des rivières : « Les rivières sont des « chemins qui marchent, et qui portent (transpor- « tent) où l'on veut aller. » Je n'ai pas besoin d'ajouter, Messieurs, qu'il regardait comme étant du ressort de la raison tout ce qu'il y a d'historique dans l'apologétique du christianisme. Ce qu'il nia toujours, du moins je le crois, c'est la preuve métaphysique des vérités métaphysiques. Si, dans son indignation contre les témérités et contre l'arrogance de la raison humaine, il dépassa son propre système, on pourrait, de la part d'un génie véhé-

ment, n'en être pas trop étonné; et quand on l'entend s'écrier, dans son entretien avec M. de Saci :
« Je vous avoue, Monsieur, que je ne puis voir sans
« joie dans cet auteur (Montaigne) la superbe rai-
« son froissée par ses propres armes, et j'aimerais
« de tout mon cœur le ministre d'une si grande ven-
« geance.... » quand Pascal, dis-je, parle ainsi, on
sent que la passion s'est mêlée à la conviction, et
l'on prévoit quelques excès. Mais le moment de
nous en enquérir plus exactement n'est pas encore
arrivé.

On ne doit pas craindre d'avouer que l'érudition,
mais plus encore l'estime de l'érudition, a manqué
à Pascal, et que cette lacune se fait sentir dans ses
écrits. Si tout se devinait, il importerait peu, car
Pascal aurait tout deviné; mais l'histoire ne se devine pas, et l'histoire eût rectifié ou modifié plus d'un
de ses jugements. Si ce vigoureux penseur eût été
savant, quelle place, parmi les génies qui ont éclairé
l'humanité, serait assez haute pour lui? S'il n'en est
aucune, malgré cela, de plus haute que la sienne,
il faut pourtant convenir que Pascal plus qu'un autre
avait besoin de lire; qu'à lire plus qu'il n'a fait, un
tel homme hasardait peu; et que de tous les reproches qu'il a subis, je parle des reproches fondés,
il n'eût peut-être encouru aucun, si son érudition
eût égalé son génie. Il semble que Pascal n'ait beaucoup lu que Montaigne; il a été ce qu'un ancien appelait avec énergie : *vir unius libri* : mieux eût valu
peut-être ne rien lire du tout. Car ne lire qu'un

livre, c'est bien souvent, quelque fort que l'on soit, se mettre à la merci d'un livre.

Essayerons-nous maintenant de pénétrer plus avant dans l'âme de Pascal? passerons-nous du domaine de l'intelligence proprement dite dans le domaine des affections? Ce ne sera pas sans quelque appréhension. Ce second *moi* est encore plus difficile à sonder que l'autre. Je n'ai su découvrir dans Pascal aucune trace de vanité, ni même d'amour-propre, au sens ordinaire du mot, mais une certaine hauteur, en quelque sorte impersonnelle, dont la rencontre probablement n'était pas plus agréable à ceux qui la subissaient, que si la personnalité y eût joué un plus grand rôle. Ce n'était pas du haut de son importance individuelle, mais, pour ainsi dire, du haut de ses convictions et de la vérité, que Pascal accablait les esprits, mais il les accablait. Il était plus fait, ce me semble, pour dominer et pour entraîner que pour plaire. J'aime à recueillir, à cette occasion, un passage remarquable de son traité sur l'art de persuader : « La manière (ou l'art) d'agréer
« est bien sans comparaison plus difficile, plus sub-
« tile, plus utile et plus admirable (que l'art de dé-
« montrer) ; aussi, si je n'en traite pas, c'est parce
« que je n'en suis pas capable; et je m'y sens telle-
« ment disproportionné que je crois la chose absolu-
« ment impossible. Ce n'est pas que je ne croie qu'il
« y a des règles aussi sûres pour plaire que pour dé-
« montrer, et que qui les saurait parfaitement con-
« naître et pratiquer ne réussît (réussirait) aussi sû-

« rement à se faire aimer des rois et de toutes sortes
« de personnes qu'à démontrer les éléments de la
« géométrie. Mais j'estime, et c'est peut-être ma
« faiblesse qui me le fait croire, qu'il est impossible
« d'y arriver. » Je ne vous dis pas, Messieurs, d'en
croire ici Pascal sur parole; mais je ne puis m'empêcher de penser qu'en cet endroit il s'est bien connu et bien jugé. Sans doute qu'il sait inspirer pour
ses idées une vive et profonde sympathie, mais, à
le prendre en lui-même et dans l'ensemble de l'action où sa force s'est employée, il a sûrement exercé
plus de puissance que d'attrait.

Quelques lecteurs s'en sont indignés. Ils avaient
pour cela, peut-être, des raisons qu'ils n'avouaient
pas. Voltaire ne se rendait pas compte, mais nous
nous rendons compte pour lui, du sentiment qui
lui faisait écrire : « Pascal, génie prématuré, vou-
« lut se servir de la supériorité de ce génie comme
« les rois de leur puissance; il crut tout soumettre
« et tout abaisser *par la force*. Ce qui a le plus ré-
« volté certains lecteurs dans ses *Pensées*, c'est l'air
« despotique et méprisant dont il débute (1) : il ne
« fallait commencer que par avoir raison. » Au fait
personne ne savait alors comment ni par où Pascal
avait débuté : nous ne le savons pas même aujour-

---

(1) « Que ceux qui combattent la religion apprennent du moins quelle
« elle est, avant que de la combattre, etc. » *Pensées*. Au lieu de *quelle elle
est*, le manuscrit porte *quelle est*, leçon que M. Reuchlin adopte en ajoutant, pour le sens, une apostrophe au premier des deux mots. (*Pascal's
Leben*, p. 224.) Il me semble qu'il est plus naturel de supposer que Pascal
ou son copiste a sauté un mot. La suite des discours ne vient pas au secours
de la leçon de M. Reuchlin, qui la soutient d'ailleurs avec esprit.

d'hui avec une entière certitude; mais il continue à peu près comme il débute, et les lecteurs dont parle Voltaire trouveraient presque partout de quoi se révolter. Mais appelez autorité, ascendant, l'*air despotique* dont Voltaire est choqué, vous revenez à dire, avec moi, que d'autres nous gagnent insensiblement et que Pascal nous subjugue.

Pour ce qui est de ce qu'on appelle communément des *passions*, la trace en est difficile à découvrir dans la carrière et dans les écrits de Pascal. Et pourtant il était passionné, et c'est même à cela que tient en grande partie l'incomparable puissance de son style; mais ses passions, je l'ai déjà dit, sont essentiellement des passions intellectuelles ou des passions de l'esprit. Je crois que les affections particulières ont pris peu de place dans sa vie. Je ne me prévaux pas, pour parler ainsi, de ce qu'il a pu dire ou penser depuis sa conversion. Si j'alléguais en preuve ce qu'il a dit du mariage, qu'il appelle « la plus périlleuse et la plus basse des conditions « du christianisme; » si je citais ces paroles: « Nous « n'avons pas perdu mon père au moment de sa « mort: nous l'avons perdu pour ainsi dire dès « qu'il entra dans l'Église par le baptême; » vous m'opposeriez avec raison les dates et l'influence d'un système ou d'une doctrine, qu'il ne faut pas confondre avec la complexion naturelle de cette âme extraordinaire. Mais je le prends avant sa conversion et en dehors de tout système. Et c'est là que je trouve une âme capable sans doute des attachements particuliers, mais attirée plus haut par sa nature, et plus faite pour les affections générales. On trouve, car il faut tout dire, quelques traces d'emportement dans certains moments de la vie de Pascal; et il semblerait aussi que, dans des affaires de famille, il se montra trop exclusivement géomètre, et prit pour la justice le *summum jus* qui en est bien loin (1). Il n'était pas besoin d'être tendre pour s'en abstenir; mais plus de tendresse de cœur l'eût à coup sûr rendu plus juste. Notre justice n'est souvent pas autre chose; et il vaut mieux, après tout, que le déficit soit comblé par la tendresse que par la crainte. Quoi qu'il en soit, les besoins de Pascal dans l'ordre des attachements particuliers, ne semblent pas avoir été très vifs; ses amitiés naquirent sur le terrain des plus hautes sympathies; elles furent philosophiques ou religieuses dans leur origine comme dans leur caractère. S'il fut sociable suffisamment, il fut surtout humain, et c'est dans cette affection générale que se déploie toute la tendresse de son cœur. Un mot jeté comme

---

(1) M. Sainte-Beuve, dans *Port-Royal*, et M. Cousin, dans son livre sur *Jacqueline Pascal*, ont donné des détails. Je n'essayerai point d'idéaliser. Pascal se montra attaché à son intérêt, peut-être seulement à son sens. Il avait dans le caractère quelque chose de si impérieux et une *humeur* si *bouillante*, dit sa sœur Jacqueline, qu'il ne crut, plus tard, pouvoir s'en sauver qu'en se défaisant de sa volonté. Mais enfin, dans cette affaire même, qui nous le montre sous un jour moins favorable, il revint de son propre mouvement à la justice et même à la générosité. C'est sa sœur qui nous l'apprend : « Il fut touché de confusion, et, de son propre mouvement, il « se résolut de mettre ordre à cette affaire, s'offrant même de prendre sur lui « tous les risques et les charges du bien, et de faire en son nom pour la maison « (le couvent) ce qu'il voyait bien qu'on ne pouvait omettre avec justice. » *Jacqueline Pascal*, page 203.

par hasard parmi ses pensées sur l'éloquence et le style, me frappe sous ce rapport : « Il faut plaire à « ceux qui ont les sentiments humains et tendres. » Cherchez cette règle dans les rhétoriques et les poétiques que vous pouvez connaître; personne ne s'en est avisé; et plus d'une maxime enseignée par les littérateurs implique le contraire, précisément, de la règle de Pascal. Vous n'attacherez peut-être pas moins de prix, comme révélation du caractère de Pascal, à cette autre pensée : « Faut-il tuer pour « empêcher qu'il n'y ait des méchants? C'est en « faire deux au lieu d'un. » Je pourrais citer encore quelques belles paroles sur la tolérance; mais ici, ou je suis bien trompé, c'est le chrétien qui parle, et nous n'en sommes pas encore au chrétien.

Mais j'oserai le répéter : Pascal était fait pour aimer en grand, et les affections générales étaient seules capables de remplir son cœur. Peut-être sa nature profondément intellectuelle le voulait ainsi. Il y a en effet quelque chose d'intellectuel dans les affections générales, qui n'est pas dans les attachements particuliers. Nous ne craignons pas d'être accusé d'éconduire la grâce et de trop donner à la nature, si nous ajoutons que le caractère de Pascal demandait ce que sa conversion lui a donné, nous voulons dire un Dieu à aimer. Ce qu'il y avait en lui de passionné, et qui n'avait pu guère jusqu'alors s'assouvir que sur des idées, trouva en Dieu de quoi se satisfaire; car il y trouvait à la fois un *Etre* et la

Vérité. La piété de Pascal a tout le caractère d'une passion. Ce n'était pas à un seul ni même à quelques-uns de ses besoins intérieurs que répondait cette rencontre presque inopinée d'un Dieu : c'était à tous les besoins à la fois que l'homme peut avouer et dont il peut s'honorer. Besoins ou facultés, n'importe, car des facultés sont des besoins. C'est donc avec toutes ses facultés, avec toutes ses puissantes facultés, comme avec des bras immenses, que Pascal s'empare de la proie divine qui lui est livrée. Il l'embrasse par l'intelligence, comme par le cœur, comme par l'amour de soi, sans rien distinguer, parce que tout cela, dans la joie de la nouvelle naissance, est plus intimement uni que ne peuvent l'être la lumière et la chaleur dans un rayon du soleil. Mais c'est pourtant de toutes ces joies à la fois que se compose le ravissement sublime que Pascal fait éclater dans le fragment singulier dont on a tant parlé, dans l'*amulette mystique* qu'un philosophe incrédule (1) devait faire connaître au monde chrétien.

« Il y a, » dit l'excellent littérateur qui vient, par une nouvelle édition des *Pensées*, d'attacher inséparablement son nom à l'illustre nom de Pascal, « il y a des heures décisives où l'homme sent éclore « en lui le germe d'une vocation nouvelle; un « monde s'ouvre tout à coup à son esprit, et, saisi « d'une passion impérieuse comme la voix de Dieu

---

(1) Condorcet.

« même, il prend dans sa conscience l'engagement
« de poursuivre l'œuvre qui sera désormais le but
« de sa vie. Ainsi, saint Augustin est séduit par la
« voix d'en haut, qui le subjugue et l'entraîne ;
« ainsi Pascal, las des dissipations du monde, se ré-
« sout à les quitter, et, dans une veille d'angoisse
« et d'extase, il se trouve soudainement et pour
« toujours revenu à la religion.

« L'apôtre de la raison, celui qui éleva le bon
« sens à la hauteur d'une méthode philosophique,
« Descartes, n'eut-il pas aussi son heure de lyrique
« enthousiasme ?..... »

Le ciel lui-même, nous n'en doutons pas, avait marqué dans la carrière de Pascal ce moment suprême, et Dieu, dans le secret, assistait à cette veille d'armes. Mais je n'ai voulu remarquer ici qu'une seule chose. L'homme, créature relative et dépendante, n'est complet que par la passion ; mais chez les uns, la passion endormie s'éveille à la rencontre de son objet ; chez d'autres, la passion, dès longtemps éveillée, active, inquiète, incapable de distraction, attend avec impatience et cherche avec ardeur son objet. Pascal est du nombre de ces derniers. On pourrait dire que chez lui la passion, soutenue au-dessus des objets vulgaires par le caractère intellectuel qui lui était propre, ne trouvait devant elle, à cette hauteur, que le vide ou le néant ; elle franchit ces espaces désolés, *inania regna*, et s'arrêta, ou, pour mieux dire, se fixa dans la religion. La religion fut dès lors la passion de Pascal ;

la religion de Pascal fut passionnée, et par-là même communicative et entraînante (1). Sa logique, chose admirable, n'en devint que plus sévère et plus acérée, mais elle se trempa aussi dans la passion, et ces deux attributs, chacun poussé aussi loin qu'on peut le concevoir, composent le caractère inimitable du livre des *Pensées*.

Une phrase eût pu remplacer cette longue et imparfaite analyse. Lisez, eussé-je pu vous dire, les écrits où M. Sainte-Beuve et le docteur Reuchlin ont, avec tant d'érudition, de sincérité et de finesse, interrogé les documents relatifs à notre Pascal. Que de secrets n'a pas surpris l'auteur de *Port-Royal* dans son commerce prolongé et familier avec une époque qui n'a rien à refuser à une curiosité si sagace ! Mais si je viens trop tard pour ce sujet, je viens trop tard pour tous, et je n'aurais donc, sur chacun, qu'à vous citer mes autorités, ou à les faire monter à ma place dans ma chaire. Je n'en ai pas le droit, et je l'aurais, que je n'en userais pas. Sans rien dire de la nécessité d'un enseignement oral, un cours ras-

---

(1) Ce qui se passa dans une conférence relative au formulaire montre quelle était la vivacité de ses impressions. Cette conférence avait lieu chez Pascal. « La majorité des assistants, dit M. Cousin, entraînée par l'autorité « de Nicole et d'Arnauld, se prononça pour la signature. Ce que voyant, dit « le *Recueil d'Utrecht* d'après Mademoiselle Périer, M. Pascal, qui aimait la « vérité par-dessus toutes choses, et qui, malgré sa faiblesse, avait parlé « très vivement pour faire sentir ce qu'il sentait lui-même, en fut si pénétré « de douleur qu'il se trouva mal et perdit la parole et la connaissance. » *Jacqueline Pascal*, page 397. Ce personnage de Jacqueline Pascal, si semblable à celui de son illustre frère, sera mieux connu encore lorsque nous aurons (et nous l'aurons bientôt) le travail plus complet que nous a promis M. Faugère (1).

(1) On trouvera plus loin l'appréciation que M. Vinet en a faite. (*Éditeurs.*)

semble ce qui est épars, un cours abrége, résume et conclut, un cours enfin est toujours assez nouveau s'il exprime des impressions vraiment personnelles; car, dans chacune des âmes qui la reçoivent, la vérité redevient nouvelle. Où il y eut nécessité, il ne peut y avoir audace, et le rôle d'écho, même d'écho vivant et sympathique, ne peut passer pour téméraire.

IV.

SUR LES PENSÉES DE PASCAL*.

En étudiant les *Pensées* de Pascal, il ne faut pas nous attacher à l'idée d'une apologétique en forme. Dans son état actuel, ce volume est un long et sublime aparté, un drame dans lequel un seul acteur est en scène, mais auquel les péripéties ne manquent pas. Aucun livre plus subjectif et à la fois moins égoïste. Ce sont des confessions : ce ne sont pas celles d'un Augustin ; mais ce sont les confessions successives d'un pénitent de la pensée, qui révèle ses agitations du sein même de ses agitations; car l'écho de ce tumulte intérieur se prolonge dans son souvenir et presque dans son âme.

Nous l'avons déjà dit : ce livre ne pouvait paraître tel que nous le possédons. Le style en eût été modifié, le plan aussi, la pensée même n'y est pas définitive. Pascal semble n'avoir pas décrit tout son

---

* On a trouvé parmi les papiers de M. Vinet la plus grande partie de cette leçon écrite de sa main ; mais on n'a que des notes au lieu des premières pages. Il a fallu recourir aux cahiers des auditeurs du Cours et les comparer entre eux pour remplir cette lacune du manuscrit. Elle ne porte heureusement que sur de courtes observations destinées à lier entre elles des citations étendues. Nous devions avertir le lecteur ; nous lui dirons aussi où commence le texte de l'auteur.

orbite. Il n'est pas rare de trouver des oscillations, des contradictions dans les *Pensées*. Le livre porte un caractère problématique; c'est un véritable monument égyptien, où bien des hiéroglyphes sont encore à déchiffrer, et dans lequel des lettres ont quelquefois été prises pour des mots. En cherchant à le résumer, nous ne pourrons suivre l'ordre des matières que d'une manière générale et sans nous attacher aux particularités (1).

L'idée-mère de cette apologie c'est de partir de l'homme pour arriver à Dieu. On pouvait partir de Dieu pour arriver à l'homme; prendre la religion chrétienne comme un fait, l'expliquer ensuite comme beaucoup d'autres l'ont entrepris. Mais la nature de Pascal, ses expériences, l'histoire de son âme, lui commandaient une autre méthode. D'instinct, il était comme obligé d'adopter celle qu'il a choisie; puis il avait pu se dire que la religion est ou le complément, ou la réparation de la nature humaine. L'objet donc de la religion est l'homme; elle est un secours à sa misère. Cherchons avec Pascal si cette misère est réelle, si ce secours est nécessaire. Se supposant pour lecteurs des hommes qui, par système, ne veulent pas s'informer de la religion, il est naturel qu'il parle de Dieu au nom de l'humanité. Il résultera de ce plan quelque chose de dramatique. On oblige un public indifférent à s'intéresser; on le jette dans l'angoisse, pour lui révéler le remède.

---

(1) Les citations et renvois se rapporteront à l'édition de M. Faugère.

Pascal s'adresse aux athées. Dans le siècle suivant, on ne l'eût plus fait; on ne l'eût pas cru nécessaire : il y avait des incrédules, des déistes, mais pas d'athées. A l'époque de Pascal, le mot était juste. Il y avait, d'un côté, les hommes attachés à la religion de leur pays, et de l'autre, les athées au vrai sens. Vous figurez-vous le caractère des esprits à l'époque où Pascal parut? La disposition des esprits se trouve nettement exprimée dans la littérature d'alors. Le genre guindé, la noblesse enflée de Balzac, les héros de Corneille, ses héroïnes surtout, Emilie, Cléopâtre, Viriate, nous manifestent quelque chose d'excessif, d'hyperbolique, d'emporté, sinon dans la vie, du moins dans les idées et les caractères. Ces nuances morales et intellectuelles, qui se sont montrées plus tard, n'existaient pas; il n'y avait que des couleurs tranchées. Cela se reproduit dans toutes les sphères. En religion, vous verrez des hommes zélés, ou par prévention, ou par conviction; puis, à côté d'eux, des impies, des *libertins*, comme on les nomma au dix-huitième siècle, des athées pratiques, plutôt que spéculatifs : il n'y a pas de milieu. C'est à ces hommes que Pascal avait affaire. Son livre est dirigé contre eux, mais non dans un esprit de haine ou d'aigreur.

« Commencer, dit-il, par plaindre les incrédules :
« Ils sont assez misérables par leur condition. Il ne
« les faudrait injurier qu'au cas que cela servît;
« mais cela leur nuit. » (II, 387.)

« Plaindre les athées qui cherchent ; car ne sont-

« ils pas assez malheureux ?—Invectiver contre ceux
« qui en font vanité. » (II, 19.)

Dès le début, il attaque ceux-ci, mais d'une manière grave. Dans une page admirable, il peint, avec une vivacité sans pareille, l'indifférent :

« Quel sujet de vanité de se voir dans des obscu-
« rités impénétrables, et comment se peut-il faire
« que ce raisonnement-ci se passe dans un homme
« raisonnable :

« Je ne sais qui m'a mis au monde, ni ce que
« c'est que le monde, ni que moi-même. Je suis
« dans une ignorance terrible de toutes choses. Je
« ne sais ce que c'est que mon corps, que mes sens,
« que mon âme et cette partie même de moi qui
« pense ce que je dis, qui fait réflexion sur tout et
« sur elle-même, et ne se connaît non plus que le
« reste. Je vois ces effroyables espaces de l'univers
« qui m'enferment, et je me trouve attaché à un
« coin de cette vaste étendue, sans que je sache pour-
« quoi je suis plutôt placé en ce lieu qu'en un autre,
« ni pourquoi ce peu de temps qui m'est donné à
« vivre m'est assigné à ce point plutôt qu'en un
« autre de toute l'éternité qui m'a précédé, et de
« toute celle qui me suit.

« Je ne vois que des infinités de toutes parts, qui
« m'enferment comme un atome, et comme une
« ombre qui ne dure qu'un instant sans retour.

« Tout ce que je connais est que je dois bientôt
« mourir ; mais ce que j'ignore le plus, est cette
« mort même que je ne saurais éviter.

« Comme je ne sais d'où je viens, aussi je ne sais
« où je vais ; et je sais seulement qu'en sortant de ce
« monde je tombe pour jamais, ou dans le néant, ou
« dans les mains d'un Dieu irrité, sans savoir à la-
« quelle de ces deux conditions je dois être éternel-
« lement en partage. Voilà mon état, plein de mi-
« sère, de faiblesse, d'obscurité. Et de tout cela je
« conclus que je dois donc passer tous les jours de
« ma vie sans songer à chercher ce qui doit m'ar-
« river. Peut-être que je pourrais trouver quelque
« éclaircissement dans mes doutes ; mais je n'en
« veux pas prendre la peine, ni faire un pas pour le
« chercher ; et après, en traitant avec mépris ceux
« qui se travailleront de ce soin, je veux aller sans
« prévoyance et sans crainte tenter un si grand
« événement, et me laisser mollement conduire à la
« mort, dans l'incertitude de l'éternité de ma con-
« dition future. » (II, 9-10.)

Le principe de cette conduite lui paraît si contraire à la raison, qu'il pense qu'il y a là-dedans de l'affectation :

« Il faut qu'il y ait un étrange renversement dans
« la nature de l'homme pour faire gloire d'être dans
« cet état dans lequel il semble incroyable qu'une
« seule personne puisse être. Cependant l'expérience
« m'en fait voir en si grand nombre que cela serait
« surprenant, si nous ne savions que la plupart de
« ceux qui s'en mêlent se contrefont et ne sont pas
« tels en effet. Ce sont des gens qui ont ouï dire que
« les belles manières du monde consistent à faire

« ainsi l'emporté. C'est ce qu'ils appellent avoir se-
« coué le joug, et qu'ils essayent d'imiter. Mais il ne
« serait pas difficile de leur faire entendre combien
« ils s'abusent en cherchant par là de l'estime. Ce
« n'est pas le moyen d'en acquérir, je dis même
« parmi les personnes du monde qui jugent sai-
« nement des choses, et qui savent que la seule
« voie d'y réussir est de se faire paraître honnête,
« fidèle, judicieux et capable de servir utilement son
« ami; parce que les hommes n'aiment naturelle-
« ment que ce qui leur peut être utile. Or, quel
« avantage y a-t-il pour nous à ouïr dire à un
« homme, qui nous dit qu'il a donc secoué le joug,
« qu'il ne croit pas qu'il y ait un Dieu qui veille sur
« ses actions; qu'il se considère comme seul maître
« de sa conduite et qu'il ne pense en rendre compte
« qu'à soi-même? Pense-t-il nous avoir portés par
« là à avoir désormais bien de la confiance en lui, et
« à en attendre des consolations, des conseils et des
« secours dans tous les besoins de la vie? Préten-
« dent-ils nous avoir bien réjouis, de nous dire
« qu'ils tiennent que notre âme n'est qu'un peu de
« vent et de fumée, et encore de nous le dire d'un
« ton de voix fier et content? Est-ce donc une chose
« à dire gaiement? et n'est-ce pas une chose à dire
« tristement au contraire, comme la chose du monde
« la plus triste? » (II, 11-12.)

Il conclut enfin par ces mots :

« ... Il n'y a que deux sortes de personnes qu'on
« puisse appeler raisonnables : ou ceux qui servent

« Dieu de tout leur cœur parce qu'ils le connaissent,
« ou ceux qui le cherchent de tout leur cœur parce
« qu'ils ne le connaissent pas. » (II, 13.)

« Ceux qui le cherchent en gémissant, » comme il dit ailleurs; et c'est ce qu'il fait lui-même: il cherche en gémissant avec eux et pour eux. Son livre est un long gémissement. Faisons avec lui l'autopsie de l'homme intellectuel et moral.

Le livre est divisé en deux parties, dont la première traite de la misère de l'homme sans Dieu, ou jusqu'à ce qu'il ait trouvé Dieu; et la seconde, de la félicité de l'homme avec Dieu.

Plan simple, mais immensément grand. Pascal semble éprouver une âpre volupté à tourner son regard vers la première partie.

La misère de l'homme se compose de trois misères, de trois besoins profonds et non satisfaits : le besoin de vérité, le besoin de bonheur, le besoin de justice sont toujours inassouvis chez lui; ou plutôt c'est une triple vérité dont il est privé : trois vérités sont perdues depuis la chute, ou la vérité sous trois modes; car la vérité n'est pas seulement la correspondance d'une idée avec un fait, mais encore la correspondance d'un fait avec une idée. « N'y a-t-il
« point, dit Pascal lui-même, une vérité substan-
« tielle, voyant tant de choses vraies qui ne sont
« pas la vérité même? » (II, 164.) Le bonheur, sous ce rapport, est aussi la vérité.

Relativement à la *vérité* en elle-même, ou plutôt à la *faculté de connaître,* Pascal déclare que « l'homme

« n'est qu'un sujet plein d'erreur, naturelle et inef-
« façable sans la grâce. Rien ne lui montre la vérité,
« tout l'abuse. » La raison aura son tour; mais Pascal commence par la ménager et s'attaque à diverses circonstances qui nous empêchent de découvrir la vérité. L'imagination d'abord, ou les *images*, puis notre sensibilité, notre goût, notre penchant, tout concourt à nos illusions. Les images nous trompent, mais nous voulons être trompés par elles. Le monde extérieur est tout fondé sur ces déceptions.

« Nos magistrats, dit Pascal, ont bien connu ce
« mystère. Leurs robes rouges, leurs hermines dont
« ils s'emmaillottent en chats fourrés, les palais où
« ils jugent, les fleurs de lis, tout cet appareil au-
« guste était fort nécessaire : et si les médecins n'a-
« vaient des soutanes et des mules, et que les doc-
« teurs n'eussent des bonnets carrés, et des robes
« trop amples de quatre parties, jamais ils n'auraient
« dupé le monde, qui ne peut résister à cette mon-
« tre si authentique... S'ils avaient la véritable jus-
« tice, si les médecins avaient le vrai art de guérir, ils
« n'auraient que faire de bonnets carrés : la majesté
« de ces sciences serait assez vénérable d'elle-même...
« Nous ne pouvons pas seulement voir un avocat
« en soutane et le bonnet en tête, sans une opinion
« avantageuse de sa suffisance. » (II, 50-52.)

De même que l'imagination nous prévient, la nouveauté nous surprend également. Les maladies, l'intérêt, les distractions accidentelles obscurcissent encore notre intelligence.

« L'esprit de ce souverain juge du monde n'est
« pas si indépendant, qu'il ne soit sujet à être
« troublé par le premier tintamarre qui se fait au-
« tour de lui. Il ne faut pas le bruit d'un canon pour
« empêcher ses pensées : il ne faut que le bruit
« d'une girouette ou d'une poulie. Ne vous étonnez
« pas s'il ne raisonne pas bien à présent; une mou-
« che bourdonne à ses oreilles : c'en est assez pour
« le rendre incapable de bon conseil. » (II, 53-54.)

De tous les ennemis de la vérité, il n'en est point
de plus redoutable que l'amour-propre.

« Ce malheur (de ne pas entendre la vérité) est
« sans doute plus grand et plus ordinaire dans les
« plus grandes fortunes; mais les moindres n'en sont
« pas exemptes, parce qu'il y a toujours quelque in-
« térêt à se faire aimer des hommes. Ainsi la vie
« humaine n'est qu'une illusion perpétuelle; on ne
« fait que s'entre-tromper et s'entre-flatter... L'u-
« nion qui est entre les hommes n'est fondée que sur
« cette mutuelle tromperie. » (II, 60.)

Tel est le chapitre intitulé : *Des puissances trompeuses.*

Dans un autre (*Disproportion de l'homme;* Pascal l'avait d'abord intitulé : *Incapacité*) il traite de la disproportion de l'homme avec l'univers, du désespoir qui le saisit en face de deux infinis, l'un au-dessus, l'autre au-dessous de lui : tout le perd et le jette dans ce que Pascal appelle *incapacité de connaître.*

« Qu'il considère une fois la nature sérieusement

« et à loisir, qu'il se regarde aussi soi-même et juge
« s'il a quelque proportion avec elle.

« ... Que l'homme contemple donc la nature en-
« tière dans sa haute et pleine majesté; qu'il éloigne
« sa vue des objets bas qui l'environnent; qu'il re-
« garde cette éclatante lumière mise comme une
« lampe éternelle pour éclairer l'univers; que la
« terre lui paraisse comme un point, au prix du
« vaste tour que cet astre décrit; et qu'il s'étonne
« de ce que ce vaste tour lui-même n'est qu'un
« point très délicat à l'égard de celui que les astres,
« qui roulent dans le firmament, embrassent. Mais
« si notre vue s'arrête là, que l'imagination passe
« outre : elle se lassera plutôt de concevoir que la
« nature de fournir. Tout ce monde visible n'est
« qu'un trait imperceptible dans l'ample sein de la
« nature. Nulle idée n'en approche. Nous avons
« beau enfler nos conceptions au delà des espaces
« imaginables : nous n'enfantons que des atomes,
« au prix de la réalité des choses. C'est une sphère
« infinie dont le centre est partout, la circonférence
« nulle part. Enfin c'est le plus grand caractère sen-
« sible de la toute-puissance de Dieu, que notre
« imagination se perde dans cette pensée.

« Que l'homme étant revenu à soi, considère ce
« qu'il est au prix de ce qui est; qu'il se regarde
« comme égaré dans ce canton détourné de la nature;
« et que de ce petit cachot où il se trouve logé, j'en-
« tends l'univers, il apprenne à estimer la terre, les
« royaumes, les villes et soi-même son juste prix...

« Mais pour lui présenter un autre prodige aussi
« étonnant, qu'il recherche dans ce qu'il connaît
« les choses les plus délicates. Qu'un ciron lui offre
« dans la petitesse de son corps des parties incom-
« parablement plus petites, des jambes avec des
« jointures, des veines dans ces jambes, du sang
« dans ces veines, des humeurs dans ce sang, des
« gouttes dans ces humeurs, des vapeurs dans ces
« gouttes ; que divisant encore ces dernières cho-
« ses, il épuise ses forces en ces conceptions, et que
« le dernier objet où il peut arriver soit maintenant
« celui de notre discours ; il pensera peut-être que
« c'est là l'extrême petitesse de la nature. Je veux
« lui faire voir là-dedans un abîme nouveau. Je lui
« veux peindre non-seulement l'univers visible,
« mais l'immensité qu'on peut concevoir de la na-
« ture, dans l'enceinte de ce raccourci d'atome.
« Qu'il y voie une infinité d'univers dont chacun a
« son firmament, ses planètes, sa terre, en la même
« proportion que le monde visible ; dans cette terre,
« des animaux, et enfin des cirons dans lesquels il
« retrouvera ce que les premiers ont donné ; et trou-
« vant encore dans les autres la même chose, sans
« fin et sans repos, qu'il se perde dans ces mer-
« veilles aussi étonnantes dans leur petitesse que
« les autres par leur étendue...

« Qui se considérera de la sorte s'effrayera de
« soi-même, et se considérant soutenu dans la masse
« que la nature lui a donnée, entre ces deux abîmes
« de l'infini et du néant, il tremblera dans la vue de

« ces merveilles; et je crois que sa curiosité se
« changeant en admiration, il sera plus disposé à
« les contempler en silence qu'à les rechercher avec
« présomption.

« Car enfin qu'est-ce que l'homme dans la na-
« ture? Un néant à l'égard de l'infini, un tout à
« l'égard du néant : un milieu entre rien et tout.
« Infiniment éloigné de comprendre les extrêmes, la
« fin des choses et leur principe sont pour lui invin-
« ciblement cachés dans un secret impénétrable,
« également incapable de voir le néant d'où il est
« tiré et l'infini où il est englouti.

« ..... Ce que nous avons d'être nous dérobe la
« connaissance des premiers principes qui naissent
« du néant, et le peu que nous avons d'être nous ca-
« che la vue de l'infini....

« Voilà notre être véritable. C'est ce qui nous
« rend incapables de savoir certainement et d'igno-
« rer absolument. » (II, 63-71.)

De plus, notre connaissance est relative; nous ne pouvons connaître le tout sans connaître les parties, ni les parties sans le tout; d'où il suit que nous ne connaissons ni l'un ni l'autre. De même que nous sommes embarrassés entre les deux infinis, nous sommes embarrassés entre les deux mondes de l'esprit et du corps. Nous les mêlons, nous les confondons sans cesse. « Nous sommes composés, dit « Pascal, de deux natures opposées et de divers « genres: d'âme et de corps. » (II, 73.) Nous tenons le milieu entre deux mondes, la matière pure,

10

l'esprit pur. « Au lieu de recevoir les idées de ces
« choses pures, nous les teignons de nos qualités et
« empreignons notre être composé en toutes les cho-
« ses simples que nous contemplons. » (II, 74.)

Pascal conclut de tout cela notre incapacité de connaître, et il ajoute la considération plus délicate, que le désespoir de ne pouvoir découvrir l'infini n'est pas à la portée de tout le monde.

Quant au besoin non satisfait du bonheur, il faut nous entendre sur ce dernier mot. Il y a deux sortes de bonheur, l'un désintéressé, l'autre égoïste, l'un dans l'âme, l'autre dans les choses. Pascal se préoccupe peu du bonheur objectif. Il est pessimiste, mais il ne faut pas chercher dans son pessimisme un catalogue de nos maux. Le bonheur qu'il recherche doit se répandre du dedans au dehors; il le prend dans l'âme et s'y attache d'un amour tout intellectuel. En un mot, c'est, pour lui, du contentement qu'il s'agit. Dans ce sens, le bonheur est une partie de l'ordre, et son absence dans l'homme est, aux yeux de Pascal, une nouvelle preuve du désordre de sa condition. Il s'applique d'abord à décrire notre inquiétude. Dans toute condition, heureux ou malheureux, l'homme est inquiet. Pascal explique par là le besoin que nous avons de nous agiter pour nous tirer de nous-mêmes. C'est là l'objet du chapitre intitulé : *Divertissement*.

« Quand je m'y suis mis quelquefois à considérer
« les diverses agitations des hommes et les périls et

« les peines où ils s'exposent, dans la cour, dans la
« guerre, d'où naissent tant de querelles, de pas-
« sions, d'entreprises hardies et souvent mauvaises,
« j'ai dit souvent que tout le malheur des hommes
« vient d'une seule chose qui est de ne savoir pas
« demeurer en repos dans une chambre....

« Mais quand j'ai pensé de plus près et qu'après
« avoir trouvé la cause de tous nos malheurs, j'ai
« voulu en découvrir la raison ; j'ai trouvé qu'il y en
« a une bien effective qui consiste dans le malheur
« naturel de notre condition faible et mortelle, et
« si misérable que rien ne peut nous consoler, lors-
« que nous y pensons de près...

« ..... De là vient que les hommes aiment tant le
« bruit et le remuement ; de là vient que la prison
« est un supplice si horrible ; de là vient que le
« plaisir de la solitude est une chose incompréhen-
« sible. Et c'est enfin le plus grand sujet de félicité
« de la condition des rois de ce qu'on essaye sans
« cesse à les divertir et à leur procurer toutes sortes
« de plaisirs.

« ..... Ils ont un instinct secret qui les porte à
« chercher le divertissement et l'occupation au de-
« hors, qui vient du ressentiment de leurs misères
« continuelles ; et ils ont un autre instinct secret,
« qui reste de la grandeur de notre première na-
« ture, qui leur fait connaître que le bonheur n'est en
« effet que dans le repos et non pas dans le tumulte ;
« et de ces deux instincts contraires il se forme en
« eux un projet confus, qui se cache à leur vue dans

« le fond de leur âme, qui les porte à tendre au re-
« pos par l'agitation et à se figurer toujours que la
« satisfaction qu'ils n'ont point leur arrivera, si, en
« surmontant quelques difficultés qu'ils envisagent,
« ils peuvent s'ouvrir par là la porte du repos.

« Ainsi s'écoule toute la vie. On cherche le repos
« en combattant quelques obstacles; et si on les a
« surmontés, le repos devient insupportable. Car,
« ou l'on pense aux misères qu'on a, ou à celles qui
« nous menacent. Et quand on se verrait même as-
« sez à l'abri de toutes parts, l'ennui, de son auto-
« rité privée, ne laisserait pas de sortir au fond du
« cœur où il a des racines naturelles, et de remplir
« l'esprit de son venin. » (II, 34-35.)

« Si l'homme était heureux, il le serait d'autant
« plus qu'il serait moins diverti, comme les saints
« et Dieu. »

« ..... La seule chose qui nous console de nos
« misères est le divertissement, et cependant c'est
« la plus grande de nos misères. » (II, 40.)

Pascal s'occupe ensuite du bonheur objectif, de celui qui nous vient du dehors et des circonstances. Les hommes n'ont pas même l'idée du vrai bien, quoiqu'ils en aient un besoin implacable et inextinguible. Ce que les plus sages ont entrevu à cet égard est bien peu de chose.

« Tous les hommes recherchent d'être heureux :
« cela est sans exception. Quelques différents moyens
« qu'ils y emploient, ils tendent tous à ce but. Ce
« qui fait que les uns vont à la guerre et que les au-

« tres n'y vont pas, est ce même désir qui est dans
« tous les deux, accompagné de différentes vues. La
« volonté ne fait jamais la moindre démarche que
« vers cet objet. C'est le motif de toutes les actions
« de tous les hommes, jusqu'à ceux qui vont se
« pendre.

« Et cependant depuis un si grand nombre d'an-
« nées jamais personne sans la foi n'est arrivé à ce
« point où tous visent continuellement. Tous se
« plaignent, princes, sujets; nobles, roturiers;
« vieux, jeunes; forts, faibles; savants, ignorants;
« sains, malades; de tous pays, de tous les temps;
« de tous âges et de toutes conditions.

« Une épreuve si longue, si continuelle et si uni-
« forme, devrait bien nous convaincre de notre im-
« puissance d'arriver au bien par nos efforts : mais
« l'exemple ne nous instruit point. Il n'est jamais si
« parfaitement semblable, qu'il n'y ait quelque dé-
« licate différence; et c'est de là que nous attendons
« que notre attente ne sera pas déçue en cette oc-
« casion comme en l'autre. Et ainsi le présent ne
« nous satisfaisant jamais, l'expérience nous pipe
« et de malheur en malheur nous mène jusqu'à la
« mort qui en est un comble éternel. » (II, 121-122.)

« D'autres ont considéré qu'il est nécessaire que
« le bien universel que tous les hommes désirent ne
« soit dans aucune des choses particulières qui ne
« peuvent être possédées que par un seul, et qui
« étant partagées affligent plus leur possesseur, par
« le manque de la partie qu'il n'a pas, qu'elles ne le

« contentent par la jouissance de celle qui lui ap-
« partient. Ils ont compris que le vrai bien devait
« être tel que tous pussent le posséder à la fois sans
« diminution et sans envie, et que personne ne le
« pût perdre contre son gré. ». (II, 123.)

* La justice, c'est-à-dire la vérité dans la société, est le troisième besoin que l'homme trouve au dedans de soi, et qui n'obtient pas de satisfaction. Le mot est là, et par sa présence atteste l'existence de la chose ; mais l'homme en reste à cette notion abstraite, qui demeure pour ainsi dire suspendue en l'air, ne se posant nulle part. Car si nous savons ce que c'est que la justice, nous ne savons pas ce qui est juste. Les idées du juste et de l'injuste varient avec les temps, varient avec les lieux. « Un méridien
« (sur ce sujet) décide de la vérité ; en peu d'années
« de possession, les lois fondamentales changent ; le
« droit a ses époques. L'entrée de Saturne au Lion
« nous marque l'origine d'un tel crime. Plaisante
« justice qu'une rivière borne ! Vérité au deçà des
« Pyrénées, erreur au delà. » (II, 126.)

Cette extrême diversité ne permet pas à l'auteur d'admettre une science naturelle du juste. On parle beaucoup de principes naturels ; mais qu'est-ce donc, s'écrie-t-il, « qu'est-ce que nos principes na-
« turels, sinon nos principes accoutumés ? » (II, 134.)
L'homme n'en appelle pas sans raison à la nature ; et ce mot, comme celui de *justice*, a sans doute un sens ; car s'il n'en avait point, il n'existerait pas ;

---

* Ici commence la reproduction du manuscrit laissé par M. Vinet.

mais « la *vraie nature* étant perdue (pour l'homme)
« tout devient sa nature, » (II, 131.) tout lui tient
lieu de nature. « La coutume est une seconde na-
« ture qui détruit la première. Pourquoi la cou-
« tume n'est-elle pas naturelle? J'ai bien peur que
« cette nature ne soit elle-même qu'une première
« coutume, comme la coutume est une seconde na-
« ture. » (II, 132.)

De cette impossibilité de trouver des principes
évidents, des principes que tout le monde avoue, il
résulte que « les seules règles universelles seront
« les lois du pays aux (dans les) choses ordinaires,
« et la pluralité aux (dans les) autres ; » (II, 134.)
ce qui veut dire que dans les choses que la loi ne
peut prévoir, le fait accidentel de la majorité fera
loi, et que la loi réglera tout le reste.

Et que sera cette loi elle-même, que Bossuet, parlant des républiques de la Grèce, a magnifiquement
définie : « la raison reconnue par tout le peuple » ?
Ce sera la force. « Sans doute, dit Pascal, l'égalité
« des biens, » par où il entend probablement l'égalité des avantages sociaux, « est juste; mais, ne pou-
« vant faire qu'il soit force d'obéir à la justice, on a
« fait qu'il soit juste d'obéir à la force; ne pouvant
« fortifier la justice, on a justifié la force, afin que
« le juste et le fort fussent ensemble, et que la paix
« fût, qui est le souverain bien. » (II, 134, 135.)

Ce dernier passage, peu d'accord peut-être avec
les précédents, semble indiquer que la notion du
juste est moins étrangère à l'esprit des hommes que

la volonté d'être juste n'est étrangère à leur volonté. Les consciences, dans le fond, s'accordent; les égoïsmes ne s'accordent jamais. Cela étant, il a fallu ériger la force en droit, pour avoir un point de départ, une date; et c'est de quoi, de guerre lasse, on est tacitement convenu. « Que l'on a bien fait, « s'écrie Pascal avec une admiration passablement « ironique, de distinguer les hommes par l'exté- « rieur, plutôt que par les qualités intérieures! « Qui passera de nous deux? qui cédera la place à « l'autre? le moins habile? Mais je suis aussi ha- « bile que lui. Il faudra se battre sur cela. Il a qua- « tre laquais, et je n'en ai qu'un; cela est visible; « il n'y a qu'à compter : c'est à moi à céder, et je « suis un sot si je conteste. Nous voilà en paix par « ce moyen; ce qui est le plus grand des biens. » (I, 184.)

Et ailleurs : « Les choses du monde les plus dé- « raisonnables deviennent les plus raisonnables à « cause du déréglement des hommes. Qu'y a-t-il de « moins raisonnable que de choisir pour gouverner « un État le premier fils d'une reine? » D'une reine, et non d'un roi, afin que rien ne manque à l'épigramme. « L'on ne choisit pas pour gouverner un « bateau celui des voyageurs qui est de meilleure « maison : cette loi serait ridicule et injuste. Mais « parce qu'ils le sont et le seront toujours, elle de- « vient raisonnable et juste; car qui choisira-t-on? « Le plus vertueux et le plus habile? Nous voilà in- « continent aux mains : chacun prétend être ce plus

« vertueux et ce plus habile. Attachons donc cette
« qualité à quelque chose d'incontestable. C'est le
« fils aîné du roi. Cela est net, il n'y a point de dis-
« pute. La raison ne peut mieux faire, car la guerre
« civile est le plus grand des maux. » (I, 177.)

On sent bien ce que vaut, dans la pensée de Pascal, ce mot de *raisonnable*. Il s'agit, sous le nom de raison, d'*expédience* tout simplement; mais ce qui n'est raisonnable que de cette façon-là va le devenir dans un sens bien supérieur, pour qui se placera au point de vue du christianisme. C'est Pascal qui va nous le dire dans le passage suivant :

« Gradation : Le peuple honore les personnes de
« grande naissance. Les demi-habiles les méprisent,
« disant que la naissance n'est pas un avantage de
« la personne, mais du hasard. Les habiles les ho-
« norent, non par la pensée du peuple, mais par la
« pensée de derrière (plus réfléchie, plus profonde).
« Les dévots qui ont plus de zèle que de science,
« les méprisent malgré cette considération qui les
« fait honorer par les habiles, parce qu'ils en ju-
« gent par une nouvelle lumière que la piété leur
« donne. Mais les chrétiens parfaits les honorent
« par une autre lumière supérieure. » (I, 248.)

Ce qui ne signifie pas que la grandeur des grands soit juste en soi ; elle reste ce qu'elle est ; ce que les chrétiens parfaits honorent chez les grands, ce n'est pas eux, mais apparemment la providence éternelle de Celui qui les a faits grands.

Et après tout cela, la justice ou la vérité sociale

est tellement un de nos besoins que l'injustice, pour se maintenir, a besoin de passer pour juste. Ce même peuple, qui prend « l'antiquité des lois « comme une preuve de leur vérité, » et qui, sur ce pied, leur prête obéissance, « est sujet à se « révolter dès qu'on lui montre qu'elles ne valent « rien. » (II, 131.) C'est Pascal qui parle, Messieurs, et c'est encore lui qui ajoute : « et cela « peut se faire voir de toutes (qu'elles ne valent « rien) en les regardant d'un certain côté. » De quel côté? Pascal ne le dit pas.

Voilà la politique de notre auteur. De ces considérations-là, on peut très-bien sans doute passer de plain-pied à la misère de l'homme; car ceci, je pense, en est une. Mais notre misère se concluant assez de tout ce que Pascal a déjà dit, il ne reste plus qu'à la balancer par notre grandeur. C'est ce que fait Pascal dans un chapitre d'une incomparable beauté. L'homme, au sein de sa misère, est grand parce qu'il ne confond pas sa misère avec soi-même, parce qu'il ne consent pas à descendre au niveau de sa misère, en un mot parce qu'il veut être grand. « Malgré la vue de toutes nos misères qui nous tou- « chent, qui nous tiennent à la gorge, nous avons, « dit Pascal, un instinct que nous ne pouvons ré- « primer, qui nous élève. » (II, 81.) Que dis-je? l'homme n'est pas grand seulement parce qu'il se connaît grand, mais parce qu'il se connaît misérable. « La grandeur de l'homme est grande, dit Pascal,

« en ce qu'il se connaît misérable : c'est être misé-
« rable (à la vérité) que de se connaître misérable ;
« mais c'est être grand que de connaître qu'on est
« misérable. » (II, 82.) Qu'est-ce donc qui est grand
dans l'un et l'autre cas ; ce n'est pas particuliè-
rement de connaître qu'on est grand, ni particu-
lièrement de connaître qu'on est misérable : c'est de
connaître. Or, connaître, c'est penser. C'est donc la
pensée qui fait la grandeur de l'homme. Et la raison,
qui est l'instrument de la pensée, la raison, si dé-
gradée, selon Pascal, qu'elle n'est plus *raisonnable*,
(II, 125) est l'élément constitutif, la base de notre
grandeur. Elle est souvent *sotte*, cette pensée ; mais
c'est la pensée. « Qu'elle est basse par ses défauts !
« mais qu'elle est grande par sa nature ! » car c'est
elle qui fait l'être de l'homme. « Il fallait qu'elle eût
« d'étranges défauts, pour être méprisable. » (II, 85.)
L'homme en est profondément convaincu ; preuve
en soit son amour pour la gloire. « Car, quelque
« possession qu'il ait sur la terre, quelque santé et
« commodité essentielle qu'il ait, il n'est pas satis-
« fait s'il n'est dans l'estime des hommes. Il estime
« si grande la raison de l'homme, que, quelque
« avantage qu'il ait sur la terre, s'il n'est placé avan-
« tageusement aussi dans la raison de l'homme, il
« n'est pas content. » (II, 80.)

Voilà ce qui balance ses misères, voilà ce qui
empêche qu'elles ne le détruisent. « L'homme n'est
« qu'un roseau le plus faible de la nature, mais c'est
« un roseau pensant. Il ne faut pas que l'univers

« entier s'arme pour l'écraser. Une vapeur, une
« goutte d'eau, suffit pour le tuer. Mais quand l'u-
« nivers l'écraserait, l'homme serait encore plus
« noble que ce qui le tue, parce qu'il sait qu'il
« meurt; et l'avantage que l'univers a sur lui, l'u-
« nivers n'en sait rien. — Toute notre dignité con-
« siste donc en la pensée. C'est de là qu'il faut nous
« relever, non de l'espace et de la durée que nous
« ne saurions remplir. Travaillons donc à bien
« penser : voilà le principe de la morale. » (II, 84.)

Ce dernier mot, si inattendu, jaillit comme un éclair à la fin de ce passage. La morale est donc plus haute que la pensée, et la pensée n'a toute sa grandeur qu'en tant qu'elle est le principe de la morale. Nous nous en souviendrons.

Mais si nous nous connaissons grands par cela même que nous nous sentons misérables, la connaissance de notre misère nous apporte une autre lumière. Nous ne nous sentirions pas misérables si nous l'avions toujours été. « Qui se trouve malheu-
« reux de n'être pas roi, sinon un roi dépossédé?
« Trouvait-on Paul-Emile malheureux de n'être plus
« consul? Au contraire, tout le monde trouvait
« qu'il était heureux de l'avoir été, parce que sa
« condition n'était pas de l'être toujours. Mais on
« trouvait Persée si malheureux de n'être plus roi,
« parce que sa condition était de l'être toujours. »
(II, 82.) — « Toutes ces misères de l'homme (c'est-à-dire toute la souffrance que lui cause le triple besoin dont Pascal nous a parlé), « prouvent sa grandeur.

« Ce sont misères de grand seigneur, misères d'un
« roi dépossédé. » (II, 82.)

« Que l'homme maintenant s'estime son prix. Qu'il
« s'aime, car il a en lui une nature capable de bien ;
« mais qu'il n'aime pas pour cela les bassesses qui
« y sont. Qu'il se méprise, parce que cette capacité
« est vide ; mais qu'il ne méprise pas pour cela cette
« capacité naturelle. Qu'il se haïsse, qu'il s'aime : il
« a en lui la capacité de connaître la vérité et d'être
« heureux ; mais il n'a point de vérité, ou constante,
« ou satisfaisante. » (II, 90.) « Le seul qui la connaît
« sera-t-il le seul malheureux ! » (II, 118.)

Cette vérité « constante ou satisfaisante, » où la chercher !

Les philosophes se présentent.

Après une discussion approfondie, Pascal récuse les stoïciens et les épicuriens, dont les premiers n'ont connu que la grandeur, et les seconds que la misère de l'homme. « Les uns, dit-il, ont voulu re-
« noncer aux passions et devenir dieux ; les autres
« ont voulu renoncer à la raison et devenir bête
« brute (1). (II, 91.)

Entre toutes les sectes philosophiques une seule mérite d'être écoutée, ou du moins nous force à l'écouter. C'est la secte des pyrrhoniens.

Pour bien comprendre cet étrange morceau, il faut se rendre compte de la situation d'esprit de

---

(1) Ange et bête.

Pascal. C'est un incompréhensible mélange de mépris et de terreur.

On dirait, à voir le début, que le ton général sera celui du mépris.

« J'écrirai ici, dit Pascal, mes pensées sans ordre, « et non pas peut-être dans une confusion sans des-« sein : c'est le véritable ordre, et qui marquera « toujours mon objet par le désordre même. — Je « ferais trop d'honneur à mon sujet, si je le traitais « avec ordre, puisque je veux montrer qu'il en est « incapable. » (II, 96.)

Ce désordre, qui devait être un signe de dédain, cette espèce de roulis du navire où l'auteur nous embarque avec lui sur l'océan du doute, inspire aux malheureux passagers plus d'épouvante que de mépris.

Le point de départ, la donnée de tout le chapitre est ceci : « L'homme est fait pour connaître la vérité; « il la désire ardemment, il la cherche; et cependant, « quand il tâche de la saisir, il s'éblouit et se con-« fond de telle sorte, qu'il donne sujet de lui en « disputer la possession. *C'est ce qui a fait naître* « les deux sectes de pyrrhoniens et de dogmatistes, « dont les uns ont voulu ravir à l'homme toute con-« naissance de la vérité, et les autres tâchent de la « lui assurer; mais chacun avec des raisons si peu « vraisemblables, qu'elles augmentent la confusion « et l'embarras de l'homme, lorsqu'il n'a point d'au-« tre lumière que celle qu'il trouve dans sa nature. » (II, 100.)

Ils ne peuvent donc se renverser l'un l'autre; le dogmatisme est fort parce qu'il a pour lui la nature ou une sorte de nécessité intérieure; le pyrrhonisme est fort de la faiblesse logique de son rival, mais il n'est fort que par là :

« Nous avons, dit l'auteur, une impuissance de « prouver, invincible à tout le dogmatisme. Nous « avons une idée de la vérité, invincible à tout le « pyrrhonisme. » (II, 99.) Mais au fond « le pyr- « rhonisme est le vrai; » (II, 100.) c'est Pascal qui parle ainsi, et, pendant plusieurs pages, vous le verrez se faire, avec une sorte d'entraînement, l'avocat ou l'organe du pyrrhonisme, dont il reproduit les arguments les plus connus. « L'unique fort des « dogmatistes, ajoute-t-il, est qu'en parlant de bonne « foi et sincèrement, on ne peut douter des principes « naturels. Contre quoi les pyrrhoniens opposent « l'incertitude de notre origine qui enferme celle de « notre nature; à quoi les dogmatistes sont encore « à répondre depuis que le monde dure. » (II, 102.)

Tout ce qu'il y a à répondre, c'est que si la raison donne raison aux pyrrhoniens, « la nature les con- « fond; » la nature, dit Pascal, « soutient la raison « impuissante, et l'empêche d'extravaguer à ce point. » (II, 103.) Ainsi nous trouvons bien dans notre raison un obstacle au dogmatisme; mais nous trouvons dans notre nature une opposition absolue au pyrrhonisme. Bon gré, mal gré, nous affirmons, nous dogmatisons, nous croyons.

C'est très-bien pour la pratique et pour vivre;

mais en théorie la difficulté reste tout entière. Pascal ne s'en tient pas, contre le pyrrhonisme, à cette *fin de non-recevoir* sommaire et hautaine. Il descend sur le terrain de la discussion, et prétend que le pyrrhonisme tire la plus grande partie de sa force d'une pétition de principe. Le pyrrhonisme défie notre raison de prouver les principes, mais c'est qu'au fait cela ne la regarde pas. Autant vaudrait nier à un homme qu'il souffre ou qu'il jouit jusqu'à ce qu'il l'ait prouvé. Cette négation vaudrait exactement celle du tailleur de M. Jourdain dans le *Bourgeois-gentilhomme*. Il faut bien que, de preuve en preuve, on remonte à un fait qui ne se prouve pas, fait qu'on affirme parce qu'on le sent. Rien ne servirait de dire que ce que nous appelons primitif n'est pas toujours primitif; car si nous sommes exposés, comme j'en conviens, à prendre le dérivé pour primitif, nous ne prendrons jamais le primitif pour dérivé. Il est parfaitement conforme à la raison de penser qu'il y a des vérités en deçà du raisonnement; il serait même déraisonnable (1) de le nier. Par ces vérités en deçà du raisonnement, nous n'entendons pas les mystères de l'essence divine, mais les vérités qu'une intuition immédiate ou que le *cœur*, comme dit Pascal, nous révèle. Le cœur est, aussi bien que la raison, un organe de la connaissance, et encore qu'il ne raisonne point, on ne voit pas pourquoi l'homme lui accorderait moins de confiance qu'à ces principes premiers de la raison, qui ne se prouvent pas, et

---

(1) Le mot *déraisonnable* est omis dans le manuscrit.

d'où tous les hommes, voire même les pyrrhoniens, partent pour prouver leurs systèmes. Les pyrrhoniens ne niant pas ces principes premiers de la logique, puisqu'ils s'en servent, n'ont pas le droit de nier les principes premiers en général. Et rien ne leur sert de dire que sous le nom de *cœur,* Pascal ramène ici la *nature.* Pourquoi pas? qu'importe le mot? Il s'agit toujours d'un fait primitif, qui s'affirme sans se prouver; nous le leur accordons volontiers. Ne fallait-il pas toujours que la raison eût un point de départ? Pouvait-elle être son point de départ à elle-même? Dans ce cas, nous ne serions pas des hommes, nous serions Dieu. Mais laissons, il en est temps, la parole à Pascal :

« Nous connaissons la vérité, non-seulement par
« la raison, mais encore par le cœur; c'est de cette
« dernière sorte que nous connaissons les premiers
« principes, et c'est en vain que le raisonnement,
« qui n'y a point de part, essaye de les combattre.
« Les pyrrhoniens, qui n'ont que cela pour objet,
« y travaillent inutilement. Nous savons que nous
« ne rêvons point, quelque impuissance où nous
« soyons de le prouver par raison; cette impuissance
« ne conclut autre chose que la faiblesse de notre
« raison, mais non pas l'incertitude de toutes nos
« connaissances, comme ils le prétendent. Car la
« connaissance des premiers principes, comme qu'il
« y a *espace, temps, mouvement, nombres,* est aussi
« ferme qu'aucune de celles que nos raisonnements
« nous donnent. Et c'est sur ces connaissances du

« cœur et de l'instinct qu'il faut que la raison s'ap-
« puie, et qu'elle y fonde tout son discours. Le
« cœur sent qu'il y a trois dimensions dans l'espace,
« et que les nombres sont infinis ; et la raison dé-
« montre ensuite qu'il n'y a point deux nombres
« carrés dont l'un soit double de l'autre. Les prin-
« cipes se sentent, les propositions se concluent ; et
« le tout avec certitude, quoique par différentes
« voies. Et il est aussi ridicule que la raison de-
« mande au cœur des preuves de ses premiers prin-
« cipes pour vouloir y consentir, qu'il serait ridicule
« que le cœur demandât à la raison un sentiment de
« toutes les propositions qu'elle démontre, pour
« vouloir les recevoir.

« Cette impuissance ne doit donc servir qu'à hu-
« milier la raison qui voudrait juger de tout ; mais
« non pas à combattre notre certitude, comme s'il
« n'y avait que la raison capable de nous instruire.
« Plût à Dieu que nous n'en eussions au contraire
« jamais besoin, et que nous connussions toutes
« choses par instinct et par sentiment ! Mais la na-
« ture nous a refusé ce bien, et elle ne nous a au
« contraire donné que très peu de connaissances
« de cette sorte ; toutes les autres ne peuvent être
« acquises que par le raisonnement. » (II, 108-109.)

Voilà, Messieurs, ou je me trompe fort, voilà sur
cette matière le dernier mot de Pascal. Et bien d'autres passages établissent, comme la dernière ligne de
celui-ci, sa confiance dans la raison comme instrument de certitude, et son éloignement pour l'*extrava-*

gance du pyrrhonisme. Ainsi vous l'entendrez dire:

« Si on choque les principes de la raison, notre « religion sera absurde et ridicule. » Ce sont deux excès également dangereux « d'exclure la raison, « de n'admettre que la raison. » (II, 348.) « Pour « ceux qui n'ont pas la religion par sentiment, « nous ne pouvons la leur procurer que par rai-« sonnement. » (II, 352.) « La conduite de Dieu « est de mettre la religion dans l'esprit par les « raisons et dans le cœur par la grâce. » (II, 178.)

Je ne crois pas m'abuser en disant que ces passages expriment la conviction de Pascal. Pour son compte personnel il n'était pas pyrrhonien; il regardait le pyrrhonisme comme une maladie de l'esprit humain, mais comme une maladie inhérente à l'homme, qui ne peut, dit-il, « ni fuir une de ces « sectes, ni subsister dans aucune. » (II, 104.) Cette maladie est une suite de notre déchéance. « Car, « s'écrie l'auteur, que conclure de toutes nos ob-« scurités, sinon notre indignité? » (II, 155.) « Il « faut que nous naissions coupables, ou Dieu se-« rait injuste. » (II, 144.)

« Connaissez donc, superbe, dit-il à l'homme, « quel paradoxe vous êtes à vous-même. Humiliez-« vous, raison impuissante; taisez-vous, nature im-« bécile; apprenez que l'homme passe infiniment « l'homme, et entendez de votre maître votre con-« dition véritable que vous ignorez. Ecoutez Dieu. « Car enfin, si l'homme n'avait jamais été corrompu, « il jouirait dans son innocence et de la vérité et de

« la félicité avec assurance. Et si l'homme n'avait
« jamais été que corrompu, il n'aurait aucune idée
« ni de la vérité ni de la béatitude. Mais, malheu-
« reux que nous sommes et plus que s'il n'y avait
« point de grandeur dans notre condition, nous
« avons une idée du bonheur et ne pouvons y arri-
« ver; nous sentons une image de la vérité, et ne
« possédons que le mensonge: incapables d'ignorer
« absolument et de savoir certainement, tant il est
« manifeste que nous avons été dans un degré de
« perfection dont nous sommes malheureusement
« déchus ! » (II, 104.)

Quoi qu'il en soit (car c'est là tout l'objet de ce chapitre), voilà, en matière de vérité et de bonheur, les philosophes récusés. Après tous leurs efforts, l'homme reste ce qu'il était, un objet de surprise et d'effroi, une déplorable énigme. « Quelle
« *chimère* est-ce donc que l'homme? Quelle nou-
« veauté, quel monstre, quel chaos, quel sujet
« de contradiction, quel prodige! Juge de toutes
« choses, imbécile ver de terre, dépositaire du vrai,
« cloaque d'incertitude et d'erreur, gloire et rebut
« de l'univers. (II, 103.) S'il se vante, je l'abaisse;
« s'il s'abaisse, je le vante; et le contredis toujours,
« jusqu'à ce qu'il comprenne qu'il est un monstre
« incompréhensible. » (II, 89.)

Laissons la philosophie, et voyons si la religion saura et pourra davantage. La religion naturelle, dont Pascal ne prononce pas le nom, mais dont il parle sans la nommer, n'est qu'une sorte de philosophie, qui prétend rattacher toutes ses idées à l'idée de Dieu, faisant tour à tour dépendre de lui et tendre vers lui toutes choses. Cette nouvelle philosophie, pas plus que les autres, n'obtient grâce aux yeux de Pascal. Elle nous adresse à Dieu ; intention louable, mais en même temps erreur profonde sur notre capacité naturelle. Car, ou l'homme ne se connaît pas, ou il se connaît. Or, « la belle « chose de crier à un homme qui ne se connaît pas, « qu'il aille de lui-même à Dieu ! Et la belle chose « de le dire à un homme qui se connaît ! » (II, 95.) Le premier n'y songera pas par orgueil, le second ne le voudra pas par découragement. En parlant aux philosophes qui veulent persuader à l'homme de se passer de Dieu, Pascal leur disait : « Si « l'homme n'est fait pour Dieu, pourquoi n'est-il « heureux qu'en Dieu ? » En parlant aux sectateurs de la religion naturelle, Pascal leur dit : « Si « l'homme est fait pour Dieu, pourquoi est-il si « contraire à Dieu ? » (II, 90.) Détruisez d'abord cette contrariété.

Voilà, sous un aspect, la faiblesse de cette philosophie. Sa faiblesse n'est pas moins évidente sous un autre rapport, celui de la connaissance de Dieu.

Elle prétend alléguer deux sortes de preuves de l'existence du premier Être, des preuves physiques et des preuves métaphysiques. Les preuves physiques, tirées du bel ordre de l'univers, impliquant un système optimiste, inspirent à Pascal un mépris qu'il ne dissimule pas. (II, 143.) Il ne fait guère

plus de cas des preuves métaphysiques, sur lesquelles il fait cette observation : « Les preuves de
« Dieu métaphysiques sont si éloignées du raisonnement des hommes et si impliquées, qu'elles
« frappent peu ; et quand cela servirait à quelques-
« uns, ce ne serait que pendant l'instant qu'ils
« voient cette démonstration ; mais, une heure après,
« ils craignent de s'être trompés. » (II, 114.)

Ces mots ne rappellent-ils pas ceux de Fontenelle dans l'éloge de Malebranche :

« Il y a assez d'apparence qu'à cet égard (à l'é-
« gard de l'édification) les idées métaphysiques se-
« ront toujours pour la plupart du monde comme
« la flamme de l'esprit de vin, qui est trop subtile
« pour brûler du bois. »

Mais il y a plus, ces preuves ne sont pas seulement insuffisantes, elles sont inutiles. « Je n'entre-
« prendrai pas ici, dit l'auteur, de prouver par des
« *raisons naturelles*, ou l'existence de Dieu, ou la Tri-
« nité, ou l'immortalité de l'âme, ni aucune des cho-
« ses de cette nature ; non-seulement parce que je
« ne me sentirais pas assez fort pour *trouver dans la*
« *nature* de quoi convaincre des athées endurcis,
« mais encore parce que cette connaissance, sans
« Jésus-Christ, est inutile et stérile. Quand un
« homme serait persuadé que les proportions des
« nombres sont des vérités immatérielles, éternelles,
« et dépendantes d'une première vérité en qui elles
« subsistent et qu'on appelle *Dieu*, je ne le trouve-
« rais pas beaucoup avancé pour son salut. » (II,115.)

L'auteur conclut ces considérations sur la religion naturelle par ces réflexions pleines de sérieux et de mélancolie :

« Je regarde de toutes parts, et ne vois partout
« qu'obscurité. La nature ne m'offre rien qui ne
« soit matière de doute et d'inquiétude. Si je n'y
« voyais rien qui marquât une Divinité, je me dé-
« terminerais à n'en rien croire. Si je voyais par-
« tout les marques d'un Créateur, je reposerais en
« paix dans la foi. Mais voyant trop pour nier et
« trop peu pour m'assurer, je suis dans un état à
« plaindre, et où j'ai souhaité cent fois que si un
« Dieu la soutient, elle le marquât sans équivoque ;
« et que si les marques qu'elle en donne sont trom-
« peuses, elle les supprimât tout à fait; qu'elle dît
« tout ou rien, afin que je visse quel parti je dois
« suivre. Au lieu qu'en l'état où je suis, ignorant
« ce que je suis et ce que je dois faire, je ne connais
« ni ma condition, ni mon devoir. Mon cœur tend
« tout entier à connaître où est le vrai bien, pour le
« suivre. Rien ne me serait trop cher pour l'éter-
« nité. » (II, 148.)

Laissons derrière nous toutes ces ruines, et marchons, sur les pas de Pascal, vers un édifice qui n'a pas été bâti de main d'homme.

Deux idées servent de base à cette seconde partie, où Pascal commence à affirmer après avoir tant nié, à édifier après avoir tant démoli.

Il faut nous résoudre à recevoir la vérité des mains de Dieu.

Nous ne la pouvons recevoir que par le cœur.

Ou plutôt ce sont là les deux conditions de succès dans la recherche à laquelle Pascal va se livrer. Qui se demandera à lui-même la vérité sur Dieu, ne la trouvera point; car s'il était capable de la trouver par lui-même, il ne l'aurait jamais perdue. Qui voudra, dans cette étude, faire usage de sa raison seule, et non de son cœur, ne comprendra point, ne connaîtra point, ou connaîtra inutilement.

Non-seulement le cœur est d'un grand usage dans cette recherche; mais, à lui seul, le cœur y suffit. Un grand nombre de passages reproduisent cette idée à laquelle Pascal attachait une grande importance, et qui constitue en grande partie l'originalité de cette apologie.

« Il y a trois moyens de croire : la raison, la cou-
« tume, l'inspiration (ou le cœur).... Il faut ouvrir
« son esprit aux preuves, s'y confirmer par la cou-
« tume; mais s'offrir par les humiliations aux inspi-
« rations, qui seules peuvent faire le vrai et salu-
« taire effet. » (II, 177.)

Pascal ira plus loin encore : « Ne vous étonnez
« pas, dira-t-il, de voir des personnes simples croire
« sans raisonnement. Dieu leur donne l'amour de
« soi et la haine d'eux-mêmes. Il incline leur cœur à
« croire. On ne croira jamais d'une créance utile et
« de foi, si Dieu n'incline le cœur ; et on croira dès
« qu'il l'inclinera. » (II, 177.) — Voilà le raisonnement suppléé par l'amour de Dieu et la haine de soi-même.

« Ceux que nous voyons chrétiens sans la con-
« naissance des prophéties et des preuves ne laissent
« pas d'en juger aussi bien que ceux qui ont cette
« connaissance : ils en jugent par le cœur, comme
« les autres en jugent par l'esprit. C'est Dieu lui-
« même qui les incline à croire; et ainsi ils sont
« très efficacement persuadés. » (II, 179.) — Ici, le
cœur supplée jusqu'à la connaissance des preuves.

« Ceux à qui Dieu a donné la religion par senti-
« ment de cœur sont bien heureux et bien persua-
« dés. Mais pour ceux qui ne l'ont pas, nous ne pou-
« vons la leur procurer que par raisonnement, en
« attendant que Dieu la leur imprime lui-même
« dans le cœur; sans quoi la foi est inutile pour le
« salut. » (II, 352.)

Ailleurs, et en moins de mots : « Voilà ce que
« c'est que la foi : Dieu sensible au cœur, non à la
« raison. » (II, 172.)

Pascal tire de tout ceci une leçon pratique que
vous me saurez gré de recueillir :

« La conduite de Dieu, qui dispose toutes choses
« avec douceur, est de mettre la religion dans l'es-
« prit par les raisons et dans le cœur par la grâce.
« Mais de la vouloir mettre dans l'esprit et dans le
« cœur par la force et par les menaces, ce n'est pas
« y mettre la religion, mais la terreur. » (II, 178.)

Arrivés là, Messieurs, représentez-vous un homme
que la religion, par ses caractères internes de vérité,
attire puissamment vers elle, mais qui, soit impuissance naturelle, soit manque de savoir, se sent in-

capable, et l'est en effet, de mettre, sur ce point, sa raison du parti de son cœur. Ou supposez encore un homme dont les preuves extérieures de la vérité du christianisme ont satisfait la raison, que sa raison, par conséquent, presse d'être chrétien, et qui ne peut le devenir. Deux situations connues et communes. Les uns et les autres, pour franchir ce dernier pas, qui vaut à lui seul la distance tout entière, n'ont qu'une seule chose à faire; Pascal nous l'a déjà dite : « s'offrir par les humiliations aux inspira-« tions; » (II, 177.) ce qu'il exprime ailleurs en termes moins éloquents, mais plus explicites :

« Je voudrais porter l'homme à être prêt et *dé-*« *gagé des passions* pour suivre la vérité où il la « trouvera; sachant combien sa connaissance s'est « obscurcie par les passions, je voudrais bien qu'il « haït en soi la concupiscence qui le détermine « d'elle-même, afin qu'elle ne l'aveuglât point pour « faire son choix, et qu'elle ne l'arrêtât point quand « il aura choisi. » (II, 90.)

Voilà, dans les deux cas que nous avons supposés, le solde de l'arriéré, le moyen de combler le déficit.

Mais Pascal s'arrête sur la première situation, celle où le cœur étant à peu près déterminé, l'intelligence est comme enchaînée dans une douloureuse incrédulité. C'est le sujet du morceau fameux (*Infini. Rien*, II, 167-169) où Pascal semble réduire une question de vérité à une question de simple calcul ou d'intérêt bien entendu. Je discuterai plus tard l'intention et le sens de ce morceau. Ici, je dirai simplement que l'admirable parole du Christ : « Celui qui voudra faire la volonté de mon Père connaîtra si ma doctrine vient de Dieu ou si je parle de mon chef, » trouve ici un commentaire et des développements dont elle eût pu se passer, et où l'audace et l'ardeur de l'esprit de Pascal se font trop sentir, mais dont, après tout, l'idée est juste et même philosophique. La pensée de Pascal peut se résumer dans ces mots que nous lisons ailleurs : « J'aurais bientôt quitté les plaisirs, disent-ils, si j'avais la foi. Et moi je vous dis : Vous auriez bientôt la foi si vous aviez quitté les plaisirs. Or, c'est à vous à commencer. Si je pouvais, je vous donnerais la foi. Je ne puis le faire, ni partant éprouver la vérité de ce que vous dites (que vous quitteriez les plaisirs). Mais vous pouvez bien quitter les plaisirs et éprouver si ce que je dis est vrai. » (II, 181.)

Aux raisonnements de l'esprit et aux inspirations du cœur, qui vous ont déterminé à croire, joignez, quand la foi vous aura été donnée, la coutume ou l'accoutumance. Faites concourir, selon l'expression de Pascal, l'*automate* à la conservation du bien que vous avez obtenu par l'usage de vos plus hautes facultés. « Il faut avoir recours à la coutume quand une fois l'esprit a vu où est la vérité, afin de nous abreuver et nous teindre de cette créance qui nous échappe à toute heure; car d'en avoir toujours les preuves présentes, c'est trop d'affaire. »

(II, 175.) Je pense que Pascal n'eût fait que compléter sa propre pensée en disant que s'il est une coutume propre à conserver la foi, c'est la coutume d'agir et de vivre selon cette foi ; car, ici du moins, la puissance se conserve par les moyens qui l'ont obtenue.

Le reste de l'ouvrage n'exige pas de notre part une analyse aussi détaillée : non pas que ce reste n'en soit digne ; mais il s'agissait pour moi, avant tout, de vous guider dans la lecture de la première partie ; la seconde est, sans comparaison, plus liée et plus claire.

L'auteur y traite d'abord des caractères de la vraie religion, qui doit, dit-il, nous inspirer à la fois l'estime et le mépris de nous-mêmes, (II, 141-142.) nous obliger à aimer Dieu, (II, 144.) et enfin, pour être dans notre vie un fait moral et un principe de moralité, offrir « assez de lumière pour « ceux qui ne désirent que de voir, et assez d'obs-« curité pour ceux qui ont une disposition con-« traire. » (II, 151.)

Abordant ensuite les religions positives, « il voit « des foisons de religions en plusieurs endroits du « monde, et dans tous les temps ; mais elles n'ont ni la « morale qui peut lui plaire, ni les preuves qui peu-« vent l'arrêter. »(II,185.) Alors il se met à considérer la religion chrétienne, fondée sur une religion précédente, dont il étudie, dans le point de vue de son dessein, l'histoire et les caractères. Il passe aux miracles, aux types, aux prophéties, et entre ainsi, mais à sa manière, dans les voies ordinaires de l'apologétique. Il y a peu de choses qui ne soient originales dans cette partie de l'ouvrage, dont le caractère général, bien conforme aux principes qu'il a posés plus haut, est de parler au cœur en parlant à l'esprit. Enfin l'auteur arrive au christianisme, ou, pour parler comme lui, à Jésus-Christ, l'objet des prophéties, le but des miracles, le sens intime de toute la religion juive, la fleur divine qui vient, en la solennelle saison, s'épanouir sur ce grand arbre planté près du berceau de l'humanité, et dont il a été la racine cachée avant d'en être la fleur découverte et odoriférante. Ce n'est qu'après avoir parlé de celui qui est l'objet et l'auteur de la religion chrétienne, qu'il traite de la religion chrétienne elle-même, comme corps de doctrine et de morale, et qu'il s'applique, par plusieurs considérations frappantes, à en faire ressortir l'excellence et la beauté. Je n'en citerai rien toutefois ; j'aime mieux vous transcrire la page immortelle où, à l'occasion de celui qui a réalisé sur la terre l'idée de la grandeur véritable, il nous fait parcourir avec lui l'échelle de toutes les grandeurs :

« La distance infinie des corps aux esprits figure
« la distance infiniment plus infinie des esprits à la
« charité ; car elle est surnaturelle.

« Tout l'éclat des grandeurs n'a point de lustre
« pour les gens qui sont dans les recherches de
« l'esprit.

« La grandeur des gens d'esprit est invisible, aux
« rois, aux riches, aux capitaines, à tous ces grands
« de chair.

« La grandeur de la sagesse, qui n'est nulle part
« sinon en Dieu, est invisible aux charnels et aux
« gens d'esprit. Ce sont trois ordres différents en
« genre.

« Les grands génies ont leur empire, leur éclat,
« leur grandeur, leur victoire et leur lustre; et n'ont
« nul besoin des grandeurs charnelles où elles
« n'ont pas de rapport. Ils sont vus non des yeux
« mais des esprits : c'est assez.

« Les saints ont leur empire, leur éclat, leur vic-
« toire, leur lustre; et n'ont nul besoin des gran-
« deurs charnelles ou spirituelles où elles n'ont nul
« rapport, car elles n'y ajoutent ni (n'y) ôtent. Ils sont
« vus de Dieu et des anges, et non des corps ni des
« esprits curieux : Dieu leur suffit.

« Archimède, sans éclat, serait en même véné-
« ration. Il n'a pas donné des batailles pour les
« yeux, mais il a fourni à tous les esprits ses inven-
« tions. O qu'il a éclaté aux esprits !

« Jésus-Christ, sans bien et sans aucune produc-
« tion au dehors de science, est (grand) dans son or-
« dre de sainteté. Il n'a point donné d'invention, il
« n'a point régné; mais il a été humble, patient,
« saint, saint, saint à Dieu, terrible aux démons, sans
« aucun péché. O qu'il est venu en grande pompe
« et en une prodigieuse magnificence aux yeux du
« cœur et qui voient la sagesse !

« Il eût été inutile à Archimède de faire le prince
« dans ses livres de géométrie, quoiqu'il le fût.

« Il eût été inutile à notre Seigneur Jésus-Christ,
« pour éclater dans son règne de sainteté, de venir
« en roi; mais il est bien venu avec l'éclat de son
« ordre.

« ..... Il y en a qui ne peuvent admirer que les
« grandeurs charnelles, comme s'il n'y en avait pas
« de spirituelles; et d'autres qui n'admirent que
« les spirituelles, comme s'il n'y en avait pas d'in-
« finiment plus hautes dans la sagesse.

« Tous les corps, le firmament, les étoiles, la
« terre et ses royaumes ne valent pas le moindre
« des esprits; car il connaît tout cela, et soi; et les
« corps, rien.

« Tous les corps ensemble, et tous les esprits en-
« semble, et toutes leurs productions ne valent pas
« le moindre mouvement de charité; cela est d'un
« ordre infiniment plus élevé.

« De tous les corps ensemble on ne saurait en
« faire réussir une petite pensée : cela est impossi-
« ble, et d'un autre ordre.

« De tous les corps et esprits on n'en saurait ti-
« rer un mouvement de vraie charité : cela est im-
« possible et d'un autre ordre surnaturel. » (II, 330-
333.)

Il est difficile de démêler, parmi les *Pensées diverses* de Pascal, celles qui appartiennent à son
dessein principal; mais elles y conviennent si elles
n'y appartiennent pas. C'est la même vue de la con-

dition humaine et le même altier dédain pour tout ce que le monde admire. Qui ne reconnaîtrait, au ton comme à la pensée, le Pascal de l'Apologie dans les passages suivants :

« Les sciences ont deux extrémités qui se tou-
« chent : la première est la pure ignorance natu-
« relle où se trouvent tous les hommes en naissant.
« L'autre extrémité est celle où arrivent les gran-
« des âmes qui ayant parcouru tout ce que les
« hommes peuvent savoir, trouvent qu'*ils* ne savent
« rien et se rencontrent en cette même ignorance
« d'où ils étaient partis. Mais c'est une ignorance
« savante qui se connaît. Ceux d'entre deux qui
« sont sortis de l'ignorance naturelle et n'ont pu
« arriver à l'autre, ont quelque teinture de cette
« science suffisante et font les entendus. Ceux-là
« troublent le monde et jugent mal de tout. » (I, 180.)

« Le dernier acte est sanglant, quelque belle que
« soit la comédie en tout le reste. On jette enfin de
« la terre sur la tête, et en voilà pour jamais. »
(I, 214.) Vous vous rappelez le commentaire de M. de Chateaubriand : « Comme ce dernier mot est
« effrayant ! On voit d'abord la *comédie*, et puis la
« *terre*, et puis l'*éternité*. La négligence avec la-
« quelle la phrase est jetée, montre tout le peu de
« valeur de la vie. Quelle amère indifférence dans cette courte et froide histoire de l'homme ! »

« Peu de chose nous console, parce que peu de
« chose nous afflige. » (I, 215.)

Que de fois n'a-t-on pas cité les pensées que voici :

« Cromwell allait ravager toute la chrétienté : la
« famille royale était perdue, et la sienne à jamais
« puissante, sans un petit grain de sable qui se
« mit dans son uretère; Rome même allait trembler
« sous lui. Mais ce petit gravier s'étant mis là, il est
« mort, sa famille abaissée, tout en paix et le roi
« rétabli. » (I, 185.)

« Qui voudra connaître à plein la vanité de
« l'homme, n'a qu'à considérer les causes et les
« effets de l'amour... Le nez de Cléopâtre, s'il eût
« été plus court, toute la face de la terre aurait
« changé. » (I, 207.)

Nous voici sur le terrain de Voltaire, dont on connaît le goût pour ce rapprochement des petites causes et des grands effets. Le point de vue religieux peut seul élever au-dessus d'elle-même cette antithèse frivole. Pour Voltaire, en deçà ni au delà du fait qu'il aime à relever, il n'y a rien. Pascal, en le relevant, obéit peut-être à un secret besoin d'humilier l'homme; mais sans doute que sa pensée intime se résume dans ce mot d'un prophète :
« Eternel, j'ai connu que la voie de l'homme ne
« dépend pas de lui. »

L'homme est certainement plus maltraité, et de main de maître, dans ces maximes, où Pascal semble anticiper sur La Rochefoucauld et sur La Bruyère :

« Nous ne nous soutenons pas dans la vertu par
« notre propre force, mais par le contrepoids de
« deux vices opposés, comme nous demeurons de-

« bout entre deux vents contraires : ôtez un de ces
« vices, nous tombons dans l'autre. » (I, 209.)

La vertu serait donc l'équilibre des vices. La Rochefoucauld n'a jamais été plus amer, et sans doute il ne l'est nulle part autant que l'est Pascal dans cette pensée, où l'emportement se fait sentir :

« Tous les hommes se haïssent naturellement
« l'un l'autre. On s'est servi comme on a pu de la
« concupiscence (de l'égoïsme) pour la faire servir
« au bien public; mais ce n'est que feinte et une
« fausse image de la charité. Car au fond ce n'est
« que haine. » (I, 225.)

« L'homme est ainsi fait, dit encore Pascal, qu'à
« force de lui dire qu'il est un sot, il le croit; et à
« force de se le dire à soi-même, on se le fait
« croire. » (I, 218.)

« La raison nous commande bien plus impérieu-
« sement qu'un maître : car en désobéissant à l'un
« on est malheureux, et en désobéissant à l'autre
« on est un sot. » (I, 212.)

Rien n'empêche de croire que Pascal a beaucoup redouté la dernière de ces deux infortunes.

Au total, on ne peut disconvenir que Pascal n'ait, dans cette partie de son livre comme dans les autres,

« Poussé jusqu'à l'excès sa mordante hyperbole. »

J'aime mieux, je l'avoue, arrêter vos regards sur des pensées où la passion a moins de part, et la philosophie beaucoup plus. C'est bien la philosophie en effet qui réclame les aperçus lumineux et vastes que Pascal a déposés dans les passages suivants :

« Tout notre raisonnement se réduit à céder au « sentiment. » (I, 224.)

« Rien n'est simple de ce qui s'offre à l'âme, et « l'âme ne s'offre jamais simple à aucun sujet. » (I, 191.)

« Je sais un peu ce que c'est (que l'ordre), et « combien peu de gens l'entendent. La mathémati-« que le garde, mais elle est inutile en sa profon-« deur. » (II, 389.)

« Les raisons qui étant vues de loin semblent « borner notre vue, quand on y est arrivé ne la bor-« nent plus : on commence à voir au delà. » (I, 215.)

Malgré tout le scandale qu'on a bien voulu prendre de cette autre pensée : « Il faut avoir une pen-« sée de derrière, et juger de tout par là, en parlant « cependant comme le peuple, » (I, 220.) j'oserai dire qu'elle me paraît fort juste, sauf la forme, dont encore Pascal n'est pas responsable. D'un homme à l'autre, la vérité n'est une que dans le sentiment qu'on en a ; mais il y en aurait autant de formules qu'il y a d'esprits, si l'instrument, je veux dire le langage, pouvait s'y prêter, et si la finesse de la conception égalait dans chacun la délicatesse de l'impression. Il faut donc bien que chacun ait sa formule, ou sa pensée de derrière la tête ; mais il faut en même temps qu'il parle comme le peuple, ce qui ne veut pas dire qu'il trahira sa propre pensée, mais seulement qu'il se réduira, dans le langage, à la formule moins savante, moins profonde, moins philosophique, qui est à la portée et à l'usage de tous. Ce n'est point l'ésotérisme des philosophies antiques, ni l'opposition de deux sens dont l'un amuse l'imagination tandis que l'autre occupe et nourrit la pensée. Ce sont deux langues : celle du penseur et celle du simple homme; mais c'est une seule et même pensée.

Les *Pensées sur l'éloquence et le style* ont été, fort convenablement, mises à part. Il n'était personne qui ne désirât voir réunis les éléments de la théorie que Pascal a appliquée dans ses écrits avec une si rare supériorité. La théorie et la pratique chez Pascal se traduisent réciproquement avec la dernière exactitude. Appliquer l'âme toute nue à la vérité toute nue, c'est ce qu'a fait Pascal, et c'est ce qu'il demande à l'écrivain. Rien, pas même le cristal le plus transparent, entre l'auteur et son sujet, c'est, en deux mots, toute sa rhétorique. En d'autres termes, être écrivain sans faire profession de l'être, être homme plutôt qu'écrivain, vivre d'abord, et puis laisser sa vie se répandre dans ses paroles, voilà tout l'art. Il s'agit moins de revêtir la vérité que de la dépouiller, d'enlever avec soin tout ce qui, à un titre quelconque, voudrait s'interposer entre nous et elle. « Quand on voit le style naturel, « on est tout étonné et ravi; car on s'attendait de « voir un auteur, et on trouve un homme. Au lieu « que ceux qui ont le goût bon et qui en voyant

« un livre croient trouver un homme, sont tout
« surpris de trouver un auteur. » (I, 249.)

Pascal n'est pas moins excellent lorsque, de cette vérité intrinsèque du style, il passe à cette autre vérité qu'on est convenu d'appeler l'éloquence ; car l'éloquence n'est jamais que vérité. Si, dans le premier cas, la vérité consiste dans le rapport intime de la parole avec la pensée, elle suppose, dans le second, un rapport non moins intime de l'âme qui parle avec l'âme qui écoute. Je ne transcrirai pas un passage si connu ; ceux qui se le rappellent conviendront sans doute que le principe générateur de l'éloquence ne pouvait être défini avec plus de simplicité et de force. Pascal n'a traité, n'a touché même aucun sujet sans l'avoir en quelque sorte interdit à tout le monde : les plus habiles, après lui, semblent réduits à l'*à peu près*, tant sa pensée serre étroitement l'objet, tant son expression serre étroitement sa pensée. Et quand on réfléchit qu'il a dédaigné presque constamment l'emploi du langage figuré, qui vient à notre secours après le langage propre, de même absolument que la musique après la parole, on ne peut assez admirer tant de force. Tout ce qui est figure chez d'autres est mouvement chez lui, et la passion est le seul ornement de son style.

Par la simplicité mâle de sa diction, Pascal semblait avoir pris parti, en littérature, pour les anciens contre les modernes ; mais le fait est qu'il y songeait peu. Il n'avait, je crois, guère pratiqué les anciens, et au delà des principes très généraux qu'il a posés dans ses *Pensées sur l'éloquence et le style*, les questions littéraires n'existaient pas pour lui. Bien plus *réaliste* qu'*humaniste* en éducation, il n'est pas au nombre des écrivains qui font autorité en faveur des études classiques, et c'est beaucoup s'il ne les eût pas désavouées. Peut-être ce grand écrivain, qui, après avoir inventé les mathématiques, inventa l'art d'écrire, faisait-il en cette matière délicate trop peu de compte de la tradition et trop peu de cas des modèles. Peut-être ce grand esprit qui comprenait tant de choses ne s'était-il pas donné la peine de tout comprendre. Je crains qu'il n'ait guère plus goûté la bonne que la mauvaise poésie, et que tout, chez les poëtes, n'ait été pour lui *fatal laurier* et *bel astre*. Il est rare, il est peut-être impossible d'être à la fois immense et proportionné. A plus d'un égard, Pascal ne fut qu'immense. Sous d'autres rapports, qui sont les plus importants, c'est la proportion précisément qui le distingue et qui le rend éminent.

V.

DE LA THÉOLOGIE DU LIVRE DES PENSÉES.

—

Nous avons parcouru à grands pas et mesuré du regard l'espace où de grandes ruines (car de quel autre nom les appeler?) nous révèlent un grand dessein. Dirons-nous la signification de chacun de ces pans de mur, de chacune de ces colonnes? Savons-nous, de toutes ces constructions, ce qui devait rester debout, ce que l'architecte eût renversé? Savons-nous même si tous ces matériaux appartenaient à un même dessein? La forme générale que prend dans notre esprit ce monument inachevé est-elle au moins conforme à la pensée du grand homme qui l'éleva de ses mains mourantes? Laissons l'artiste érudit reconstruire à Tadmor le temple du soleil : son espoir est moins téméraire peut-être que le nôtre ne le serait. Tout nous interdit les affirmations trop absolues, tout nous commande la réserve. Elle présidera, je l'espère, aux observations qu'il nous reste à vous présenter sur cette partie si importante du livre de Pascal. Convaincu que l'auteur, en bien des endroits de son ouvrage, est lui-même à la recherche de sa pensée, et que plusieurs de ses affirmations se traduiraient fort justement en interrogations, nous hasarderions trop à vouloir additionner, pour ainsi dire, la certitude avec le doute, le définitif avec le provisoire, et qui sait? le *oui* peut-être avec le *non*. La langue même de Pascal nous impose des précautions. C'est peut-être un glossaire à la main qu'il conviendrait d'aborder cette lecture. La langue de Pascal lui est singulièrement propre. Un écrivain qui oppose le *jugement* à l'*esprit*, qui désigne sous le nom de *cœur* toute espèce d'intuition, qui prend habituellement *raison* dans le sens de *raisonnement*, *spirituel* dans le sens d'*intellectuel*, *abstrait* dans le sens d'*objectif*, peut facilement induire en erreur ou déconcerter ses lecteurs, surtout des lecteurs du dix-neuvième siècle. Puisqu'il est tant question de pyrrhonisme dans le livre et au sujet du livre de Pascal, disons qu'un peu de pyrrhonisme est de saison dans la lecture de Pascal. Pour ma part, je me déclare pyrrhonien à l'endroit de plusieurs passages du livre des *Pensées*. Je n'affirmerai donc qu'où je pourrai le faire avec sécurité. Mais enfin tout n'est pas problématique ou obscur dans cet ouvrage fameux. On n'y reconnaît pas seulement des tendances très déterminées, mais des convictions très distinctes. La discussion peut s'y prendre, la critique y a ses entrées. Qu'elle y entre donc, mais avec respect et modestie. Quand il serait constant que Pascal a mal pensé de Descartes et médit de M. Cousin (et l'on ne peut guère le nier), ce ne serait pas une raison de traiter légèrement un aussi grand homme.

L'idée qui sert de base à l'apologie de Pascal n'était pas ni ne pouvait être absolument nouvelle. Plus d'un avant lui avait trouvé dans les mystères et dans les misères de la condition humaine un préjugé en faveur de l'Evangile, ou tout au moins en faveur de l'idée d'une révélation. Le besoin de lumière et d'espérance, qui jette les hommes au-devant de toutes les religions, précipita nos ancêtres, horriblement malheureux, à la rencontre de l'Evangile. Pour un grand nombre d'infortunés, soit de la classe lettrée, soit de la foule ignorante, l'adoption du christianisme fut un dernier essai, tenté à bon escient par les uns, et par les autres à l'aveugle. Provisoirement, un besoin est une preuve. Il n'avait guère examiné sans doute, ce guerrier de la Northumbrie, qui, vers le milieu du sixième siècle, vota en ces termes, si l'on en croit M. Thierry, en faveur de la nouvelle doctrine :

« Tu te souviens peut-être, ô roi, d'une chose qui
« arrive parfois dans les jours d'hiver lorsque tu es
« assis à table avec tes capitaines et tes hommes
« d'armes, qu'un bon feu est allumé, que ta salle est
« bien chaude, mais qu'il pleut, neige et vente au
« dehors. Vient un petit oiseau, qui traverse la salle
« à tire-d'aile, entrant par une porte, sortant par
« l'autre ; l'instant de ce trajet est pour lui plein de
« douceur ; il ne sent plus ni pluie ni orage ; mais

« cet instant est rapide; l'oiseau fuit en un clin
« d'œil, et de l'hiver il repasse dans l'hiver. Telle
« me semble la vie des hommes sur la terre, et sa
« durée d'un moment, comparée à la longueur du
« temps qui la précède et qui la suit. Ce temps est
« ténébreux et incommode pour nous. Il nous tour-
« mente par l'impossibilité de le connaître. Si donc
« la nouvelle doctrine peut nous en apprendre quel-
« que chose d'un peu certain, elle mérite que nous
« la suivions. »

Sans plus d'examen, nous disent les chroniques, le nouveau culte fut voté aux acclamations du peuple. L'examen, l'expérience, cet examen involontaire, vinrent après; on avait cru par le simple besoin de croire, on sut plus tard pourquoi l'on avait cru. Quelques-unes des plus remarquables pages de la première partie des *Pensées* ne sont que le développement de cet agréable apologue du compagnon d'Edwin : le Saxon, le barbare, n'avait été frappé que de la partie la plus immatérielle et la moins immédiate du malheur de notre condition. Toutefois l'idée de préluder à l'apologie du christianisme par une étude approfondie de toutes nos misères, appartient à Pascal. Augustin et Tertullien avaient pris pour point d'appui les malheurs de la société contemporaine et l'impuissance du polythéisme. Ils avaient fait de l'histoire, Pascal fit de l'histoire naturelle. Je ne puis dire que Charron lui en ait donné l'exemple. D'abord, Charron n'a parlé que de notre incapacité de connaître, et n'en a pas écrit dans le point de vue de Pascal. Charron se donne pour un apologiste du christianisme, et il ne l'est point : ébranler les bases de la croyance en général, c'est ébranler d'un même coup les bases de la croyance chrétienne. Etait-ce son but? Je n'ai jamais pu m'empêcher de le croire. Quoi qu'il en soit, Charron et ses pareils ne sont que des esprits subtils, froids, indifférents : Pascal est un homme, touché de l'infortune de sa race; et s'il s'exagère cette infortune (ce qui, dans son point de vue, n'est guère possible), ce n'est pas du moins à plaisir : il n'élargit la plaie que pour mieux la guérir. Cette humanité de la pensée et du cœur est peut-être ce que son livre a de plus caractéristique. C'est une compassion tendre et austère, où l'on sent du respect et une sorte de piété envers l'homme. Ce respect, cette piété reposent sur l'idée que l'homme est l'expression la plus intime de la pensée créatrice, l'émanation la plus directe de l'essence divine, et, à l'égard de la création, la clef de la voûte, qui tombe et s'écroule avec lui. Reconstruire la voûte autour de cette pierre, relevée et taillée à neuf par une main divine, telle est l'œuvre du christianisme, qui a pour objet la création tout entière, et non l'homme seulement, mais pourtant l'homme avant tout, puisque l'univers sans l'homme n'est rien, de même que l'homme n'est rien sans Dieu. C'est à tous les besoins, à tous les intérêts, à toutes les détresses de l'homme que Pascal s'adresse dans son livre; il en appelle de l'homme à l'homme lui-même. L'homme sans Dieu, l'homme avec Dieu, c'est tout le plan de l'ouvrage, qui n'est une apologie du christianisme qu'en tant que le christianisme c'est l'homme avec Dieu ; car la vérité intime du christianisme, je ne dis pas sa vérité formelle ou historique, n'est point autre chose. En tenant compte de toutes les sortes de preuves, Pascal, dans son apologie, s'attache à ce point principal et y ramène, y subordonne toutes les questions. Les chapitres les plus étrangers par leur titre à ce point de vue en font foi comme tous les autres ; une double psychologie, celle de Dieu et celle de l'homme, n'y fait jamais défaut. Dieu, dans sa nature divine, l'homme, dans sa nature humaine, sont incessamment considérés en regard l'un de l'autre.

Arrêtons-nous à l'un des termes du rapport, à l'*homme*.

La gloire de l'Evangile n'est pas seulement d'avoir divinisé la vérité, mais de l'avoir humanisée. Jésus-Christ est un Dieu et un homme ; il en est de même de sa doctrine. Elle est puisée à la fois dans les profondeurs de Dieu et dans les profondeurs de l'homme; elle touche, par ses deux extrémités, aux mystères de l'essence divine et aux mystères de la nature humaine : un seul et même mystère, à vrai dire; car la doctrine de l'homme et celle de Dieu sont deux lignes qui, s'inclinant l'une vers l'autre, finissent par se joindre et par se confondre au sommet de l'angle en un point unique et indivisible, où toute distinction échappe à l'œil, où toute analyse est impossible à l'esprit. Sans nier la dualité des termes, et sans annoncer d'autre intention que celle de déterminer le rapport qui est entre eux, les religions et les philosophies n'avaient su faire droit qu'à l'un des deux : leur doctrine était tour à tour ou toute pleine de Dieu à l'exclusion de l'homme, ou toute pleine de l'homme au préjudice de Dieu. L'union en Jésus-Christ de toute la plénitude de la divinité avec toute la plénitude de l'humanité, fut le programme ou le symbole, en même temps que l'appui et la substance, d'une doctrine nouvelle. Cette unité sans confusion, consommée à la fois dans l'idée et dans le fait, était le *fiat lux* d'une nouvelle genèse, l'organisation d'un second chaos enfanté par le péché; car une seconde fois, mais dans un sens spirituel, « la terre était sans forme et vide » comme à la veille du premier des jours.

Et remarquez bien que les deux éléments, humain et divin, ne sont pas les deux termes d'une antinomie, mais les deux hémisphères, ou, si vous l'aimez mieux, les deux pôles de la vérité. La vérité révélée n'est humaine que parce qu'elle est divine, n'est divine qu'à condition d'être humaine. Nous parlons ici au point de vue de l'homme, nous ne saurions nous placer à aucun autre. Il est certain que l'homme porte en soi le double besoin d'être tout à Dieu et d'être entièrement homme; rien ne peut le soustraire à l'empire de cette double nécessité; rien ne peut même la lui dissimuler absolument. La religion qui ne le donne pas tout à Dieu, ne répond pas à la première de ces lois intimes de son être, et par cela même, elle n'est pas humaine : la religion qui lui retranche l'humanité, l'enlève à Dieu en feignant de le lui rendre, et ainsi elle n'est plus divine par cela seul qu'elle n'est plus humaine. La religion est un rapport : la suppression d'un des deux termes le détruit. Quel que soit le terme qu'on supprime, il n'importe : ou Dieu n'existe plus pour l'homme, ou l'homme n'existe plus pour Dieu. La religion suppose Dieu dans la plénitude de sa divinité, l'homme dans la plénitude de son humanité; deux êtres, deux personnes, et non pas deux noms.

Toutes les hérésies qui sont nées au sein du christianisme, comme tous les systèmes conçus en dehors du christianisme, reviennent à diminuer l'homme ou à diminuer Dieu. La religion du cœur, la foi vivante, garde entre ces deux excès un admirable équilibre; la *théologie* a beaucoup de peine à ne pas incliner vers l'un ou vers l'autre. Pourquoi? parce qu'elle reste toujours à quelque distance du sommet de l'angle, sur l'un des côtés, au lieu que la foi vivante se tient au sommet, dans le mystère ou dans la vie, d'où elle domine les deux côtés ou les deux pentes de la vérité sans incliner vers aucune. La piété les réunit, par un procédé ineffable, dont elle ne se rend pas mieux compte que nous ne pouvons nous rendre compte de l'union de la pensée et de la matière dans notre existence, union ou conciliation que la vie réalise et manifeste incessamment. La théologie ou la science distingue, c'est son fait;

mais distinguer, c'est séparer par hypothèse, et à force de distinguer, on oublie de réunir. Les temps, d'ailleurs, lui font la loi ; tantôt elle se met au service de l'élément divin compromis, tantôt elle vole au secours de l'élément humain menacé, et elle surabonde dans le sens de la tâche particulière que les circonstances ou l'état des esprits lui imposent; elle diminue tour à tour la divinité et l'humanité, ou dans Dieu et dans l'homme, ou dans Jésus-Christ qui est pleinement l'un et l'autre. Les théologiens sont rares qui savent se garder de ces deux excès, et ceux qui savent s'en garder ne passent pas toujours, aux yeux du vulgaire, pour de vrais théologiens.

Cette lutte prend des noms très divers, qui ne peuvent, d'un cas à l'autre, en déguiser l'identité à des yeux attentifs : prédestination et liberté, dogme et morale, le témoignage de la Parole et celui de l'esprit. C'est, au point de vue religieux, la question, inépuisable en philosophie, du subjectif et de l'objectif, qui ne sont après tout que Dieu et l'homme. La philosophie n'a pas encore compris que l'incarnation du Verbe est la suprême et l'unique solution du problème qu'elle se pose. Pour le moment, elle est en instance auprès de la *raison impersonnelle*. Le chrétien croit à la raison personnelle tout à la fois et suprême, qui est Jésus-Christ.

A en juger par les apparences, la théologie a eu plus souvent affaire à la tendance qui cherche à diminuer la Divinité qu'à celle qui cherche à diminuer l'humanité. Excessive, de sa part, fut la réaction au terme de laquelle on a vu se donner la main, d'un air surpris et déconcerté, le supralapsarisme de Gomar et le quiétisme de Madame Guyon. Après ces luttes plus qu'infécondes entre de purs esprits, il était temps qu'il vînt un homme. La gloire de Pascal est d'avoir été homme dans la théologie; la gloire d'avoir été *honnête homme* en polémique et en littérature n'est que le diminutif de celle-là. Ce n'était pas un docteur, mais un homme, qui pouvait apporter en théologie la doctrine des *deux contraires*, doctrine pleine de mystère et de lumière, qui se réduit à cette proposition : Que la vie, que toute vie, est la combinaison de deux éléments opposés, et même contradictoires pour notre faiblesse, et que hors de cette combinaison, la vie ou la *vérité substantielle* nous échappe absolument. Cet homme, faisant de la théologie en homme, ce fut Pascal. Le complément de sa doctrine ne se fit pas attendre. Il comprit, il fit concevoir que ce n'était pas dans la tête, mais dans le cœur de l'homme, que les parties belligérantes pouvaient se donner rendez-vous pour traiter de la paix. Et il inaugura, ou bien plutôt il tira de l'Evangile, pour la produire à nos yeux sous la forme qui était propre à son génie et convenable à son temps, cette belle doctrine de la connaissance et de la compréhension des vérités divines par le cœur, qui est la pensée dominante et la clef de son apologétique.

Le cœur! l'intuition, la conscience intime de la

vérité religieuse, immédiatement saisie comme le sont les principes premiers! Thèse hardie et sublime qu'un bien plus grand que Pascal avait professée avant lui, dans cette mémorable injonction : « Croyez « à ma parole, sinon croyez aux œuvres que je fais. » La vérité a ses titres en elle-même; elle est sa preuve à elle-même; elle se démontre en se montrant : et le cœur est le miroir de la vérité; mais ce miroir, mal posé, ne réfléchit pas la lumière, jusqu'à ce qu'une main divine l'ait tourné du côté du soleil; le cœur a besoin d'être *incliné;* ce qui reçoit en nous la vérité, ce qui au-dedans de nous connaît, croit et aime, ce n'est pas le cœur tel qu'il est, c'est le cœur *incliné*, et tout d'abord le cœur humilié, le cœur s'of- « frant par l'humiliation aux inspirations, » (II, 177.) comme s'exprime Pascal lui-même. Pascal ici annonce l'avénement, proclame l'autorité, mesure l'empire du Saint-Esprit : le christianisme considéré dans l'homme, c'est le témoignage, c'est le règne du Saint-Esprit. Le divin et l'humain se rencontrent ici dans une glorieuse et ineffable unité.

En proclamant la toute-suffisance du cœur en matière de foi et de salut, Pascal est parti, je le reconnais, sinon du même point, du moins des mêmes rivages que les partisans de l'autorité. Nous l'avons vu arguer, contre les incrédules, de l'incapacité, non absolue, mais relative, de la raison humaine. Mais tandis que de cette incapacité, relative ou absolue, ceux-ci concluent à l'autorité d'un corps, Pascal conclut à celle de l'évidence intime ou de l'intuition procurée par le Saint-Esprit; en d'autres termes, il nous renvoie, de notre raison naturelle, au témoignage de notre cœur, illuminé par le Saint-Esprit. Il y a toujours une autorité, celle de la parole écrite ou du livre de Dieu, qui est à l'Esprit de Dieu ce que la substance est à la qualité ou l'organisme à la vie; mais quelque utilité qu'il puisse y avoir, dans un intérêt général, à ce que la science prouve, à sa manière, l'autorité du livre, il suffit que le livre ou la parole *existe;* il suffit qu'une rencontre ait été ménagée entre la vérité et le cœur de l'homme. Et remarquez que ce qui est propre à l'auteur des *Pensées,* ce n'est pas d'avoir dit que cette rencontre doit avoir lieu; car quiconque ne prêche pas, sous le nom de foi, un avilissement volontaire ou un suicide de l'esprit et du cœur, quiconque veut retrouver dans la foi ce « consentement de soi-même à soi-« même, » dont Pascal a fait un des caractères de la foi, sera, sur ce point, d'accord avec lui. Ce qui le distingue de ceux qui ont avoué qu'il faut finir par là, c'est d'avoir prétendu qu'on peut commencer par là, et que ce fait, à lui seul, constitue la foi qui sauve. Entre Pascal et Lamennais la différence est capitale, immense. Nous ne disons pas encore (cela viendra plus tard) que Pascal n'a point, comme Lamennais, enfoncé les racines de sa démonstration dans le terrain du pyrrhonisme : chez lui, la foi ne se conclut point du doute absolu; il savait trop bien que du doute absolu on ne peut rien conclure. Il a seulement prétendu constater l'impuissance de la raison et de la nature en matière de religion ; mais au lieu de nous adresser, comme Lamennais, à l'Eglise, il nous adresse au Saint-Esprit. Il y a deux manières, en effet, de concevoir le christianisme : ou comme le règne de l'autorité visible, ou comme le règne du Saint-Esprit. Le premier de ces systèmes n'exclut pas, il est vrai, le Saint-Esprit, mais le lie, ou ne lui permet point de souffler où il veut ; le second le remet en possession de sa liberté souveraine et toute divine. Le premier le monopolise en quelque sorte, le second fait de ses divines influences l'héritage et le bien de tous. Le premier dit : L'Eglise est enseignée de Dieu, croyez ce qu'elle croit ; le second dit : Vous êtes tous enseignés de Dieu. Dans le premier système, l'Eglise est une autorité ; dans le second, c'est un secours.

Au jugement de quelques personnes, tout ceci est du rationalisme ; pour d'autres, c'est du mysticisme pur : à nos yeux, c'est tout simplement l'Evangile ; mais pour nous placer dans le point de vue et parler le langage de l'accusation, nous dirons, sans croire abuser des mots, que cette doctrine est du *spiritualisme*. L'Evangile ne peut être que spiritualiste, et il ne l'est qu'à cette condition : toute autre le dépouille de ce caractère ; car toute autre nie en principe ce que Jésus-Christ a constitué à si grands frais, les rapports immédiats de l'homme avec Dieu, la liberté glorieuse des enfants de Dieu, ou, pour parler un langage moins élevé, l'individualité religieuse.

Il en est de l'âme engagée dans la vie de la religion ou dans celle de la pensée, comme du navire lancé sur les flots, et cherchant, à travers l'Océan, les rivages d'un nouveau monde. Cet Océan, c'est la société, religieuse ou civile. Elle nous porte comme l'Océan, masse fluide sur laquelle le navire trace des sillons à son gré et ne prend pied nulle part. L'Océan porte le navire, mais l'Océan peut l'engloutir, et l'engloutit quelquefois. La société nous engloutit plus souvent encore, mais enfin elle nous porte et nous ne pouvons arriver sans être portés par elle; car elle est semblable à l'Océan, qui, moins fluide que l'air et moins dense que la terre, nous cède justement assez et nous résiste justement assez pour soutenir, sans l'entraver, notre marche vers la vérité. Notre but n'est pas au fond de l'abîme, il est aux limites de l'Océan. En sillonnant ces eaux profondes, gardons-nous de disparaître dans leurs profondeurs. C'est assez de céder à l'élément qui nous soutient la carène de notre navire. On peut sombrer sur l'Océan de la société comme sur l'Océan de notre globe, et il n'est pas besoin de dire sur lequel des deux les naufrages sont plus fréquents. Le navire que chacun de nous est chargé de gouverner et de sauver, c'est l'individualité, ou la liberté morale. Elle ne se sauve, au point de vue religieux, que dans le système du pur Evangile.

La doctrine de Pascal sur la foi du cœur, ou pour mieux dire sur la foi par le Saint-Esprit, a une portée et des conséquences que Pascal lui-même peut n'avoir pas mesurées. Pour nous en faire une idée, plaçons-nous un moment au point de vue du système de l'autorité visible, ou de l'Eglise-autorité.

Avant de s'imposer, il faut que cette autorité se légitime. Il faut, avant de juger, qu'elle se soumette à être jugée. Plus tard, elle nous dira ce que nous devons croire : elle ne saurait débuter par nous enjoindre de croire en elle. Elle sera tout ; mais avant d'être tout, elle n'est rien. Il faut d'abord la reconnaître. Elle produit ses titres, on les examine ; ses pouvoirs, on les vérifie. Qui est-ce qui examine ? qui est-ce qui vérifie ? Sans aucun doute, les individus ; car le corps ou la communauté qu'ils doivent constituer n'existe pas encore, et les individus, dans cette enquête préliminaire, ne sauraient déléguer ; l'individualité n'a pas encore le droit d'abdiquer. L'acceptation d'une autorité quelconque est nécessairement un fait de liberté.

Sur cela, je prie qu'on cherche à se faire une idée de la tâche imposée à l'individu. On peut distinguer deux cas. Ou l'individu croit d'avance, et d'une manière générale, à la vérité du christianisme, ou il n'y croit point encore, et n'aborde la question qu'avec le simple besoin et peut-être le désir de croire. Dans le premier cas, il ira du christianisme à l'Eglise, dans le second, de l'Eglise au christianisme ; mais dans les deux cas, il faut arriver jusqu'à l'Eglise, jusqu'à l'autorité visible : il faut se prouver à soi-même cette autorité. Dans l'un et l'autre cas, la tâche est immense. Exégèse, histoire, métaphysique, il faut tout remuer, tout approfondir. Il faut le faire avec les instruments d'une dialectique savante et d'une critique rigoureuse. Combien de gens en sont capables, je l'ignore; mais ce que je sais, et ce dont tout le monde conviendra, c'est que c'est une très-faible, une imperceptible minorité. Mais enfin, la tâche dont cette minorité seule est capable, est imposée à tous, et nul ne peut déléguer. Si jamais l'autorité fut nécessaire, désirable, c'est à ce moment même, où l'autorité n'existe pas encore. Par quoi donc, dans cette recherche, ô vous tous, simples et ignorants, remplacerez-vous la science que vous n'avez pas, le temps même qui vous manque, et l'autorité qui, forcément, se récuse et vous refuse son appui? Par le cœur, direz-vous sans doute; mais comme le cœur n'est pas une autorité à moins que le Saint-Esprit ne l'incline, ce sera le cœur incliné par le Saint-Esprit, ce sera le Saint-Esprit lui-même, ou, ce qui est la même chose, la Vérité parlant directement au cœur; et vous ne voulez, vous ne pouvez pas croire que le Saint-Esprit se refuse à vos besoins aidés de vos supplications. Vous voilà hors de peine, et je vous en félicite, car vous n'en pouviez sortir autrement.

Mais si le Saint-Esprit, ou la Vérité même, a pu parler directement à votre cœur, si du moins vous reconnaissez qu'il le peut, la conséquence est assez claire. Ce qu'il peut une fois, il le pourra toujours. Ce qu'il peut sur un point, il le pourra sur d'autres. Son pouvoir n'est pas limité, pourquoi le serait son vouloir? Ceci frappera surtout ceux qui, avant de connaître s'il y a une autorité, et où est cette autorité, ont été tellement enseignés de Dieu, qu'ils ont déjà cette foi vivante, qui est proprement une vue intérieure des vérités du salut, une communion du cœur avec la vérité, une vie encore plus qu'une vue. A ceux-là qu'importent les intermédiaires? Et comment douteront-ils, après avoir vu, si je puis m'exprimer ainsi, la vérité faire admirablement ses affaires elle-même, qu'elle ne puisse les faire encore à l'avenir et toujours?

Les divergences, non-seulement entre les hommes en général, mais entre les personnes qu'ils ont lieu de croire placées comme eux-mêmes sous la discipline de l'Esprit de Dieu, ne leur seront pas un sujet de doute, et ne les dégoûteront pas de la liberté évangélique. Ces divergences qu'expliquent la faiblesse humaine et les circonstances extérieures, ne peuvent leur enlever la conscience de l'unité essentielle et profonde qui règne entre tous ceux qui sont sous la conduite du même Esprit de Dieu, et ils se rappellent ces paroles précieuses d'un apôtre : « Si « vous pensez autrement que nous, Dieu vous fera « connaître ce qui en est. En attendant, suivons la « même règle dans les choses à la connaissance des- « quelles nous sommes parvenus, et soyons unis en- « semble. » (Phil. III, 15, 16.) Et du même œil qui leur fait découvrir tant d'unité dans ces diversités, ils découvrent la diversité dans l'unité dont on voudrait leur faire envie ; ils savent à quel prix a été obtenu ce fantôme d'unité, et jugent que, si rien ne doit coûter pour avoir la vie, la mort se paye toujours trop cher.

Nous n'en sommes encore qu'aux préliminaires de la théologie de Pascal. Il serait bien intéressant de chercher dans cette théologie ce même caractère d'humanité qui nous a frappé dès l'abord. Je me contenterai, Messieurs, de l'avoir signalé à votre attention et recommandé à votre étude. Vous ne manquerez pas de remarquer combien la théologie de Pascal est originale, je veux dire à quel point elle lui appartient. Je ne prétends rien exagérer. J'ai déjà reconnu ailleurs qu'en dépit de sa vigoureuse individualité, Pascal avait subi l'influence de son temps. Sa disposition au scepticisme ne s'explique nullement par son caractère, et ne s'explique qu'à moitié par la nature de ses études de prédilection. Ses lectures et la tendance générale de l'époque y sont aussi pour quelque chose. Sa dogmatique non plus ne lui appartient pas dans un sens absolu. Il ne l'a pas construite, après coup et à lui seul, la Bible à la main. Il trouve établie une tradition générale, et dans celle-ci une tradition plus particulière. Il naît à la foi chrétienne, ou, pour mieux dire, à la vie chrétienne, dans un milieu qu'on peut appeler le catholicisme janséniste, et cette tradition lui imprime ce que la tradition imprime aux plus indépendants, la forme. Il devient, il restera chrétien sous cette forme-là. Il est né dans la secte romaine, et dans une secte de cette secte, le jansénisme : il y mourra.

Nous sommes tous sectaires; et ce qui importe le plus, ce n'est pas de ne point l'être, mais de dominer spirituellement la secte dont nous faisons partie, de faire primer le fond sur la forme. Nous n'y parvenons guère qu'au moyen de quelque inconséquence, ou, pour trancher le mot, de quelque grosse contradiction; car toute secte renferme un élément d'erreur, et nous ne dominons l'erreur que par la vérité. Telle est notre destinée à tous; c'est toujours la fable de Deucalion : vous voyez des corps humains engagés dans le sol par une de leurs extrémités; ce qui importe, c'est que la tête soit dehors. Je n'ai nulle envie de faire l'éloge des sectes; mais enfin, dans notre infirmité actuelle, la forme ou la secte est à la vérité ce que notre chair, pesante et corruptible, est à l'esprit qui habite avec elle, une poudre qui doit retourner dans la poudre d'où elle a été tirée, tandis que l'esprit retournera au Dieu qui l'a donné, et qui, dans une économie nouvelle et meilleure, lui prépare un corps nouveau et meilleur.

Pascal fut sectaire comme nous le sommes tous; mais sans se séparer de la secte à laquelle on peut dire qu'il appartenait, il la surpassa; le fond, chez lui, l'emporta sur la forme; l'esprit domina le corps. Voulez-vous que je le dise, il en fut de même à quelque degré de tous ceux qui, partageant avec lui les mêmes vues particulières, étaient unis par le cœur au principe vivant de la vérité : tous, en cela, se surpassaient eux-mêmes, et n'étaient liés à leur secte que par les parties inférieures de leur esprit. Mais pour l'indépendance, l'ingénuité de la pensée, aucun n'est comparable à Pascal, soit qu'il énonce des vues que ses amis auraient désavouées, et qu'en effet ils ont, plus d'une fois, désavouées en les supprimant, soit qu'il enrichisse leur théologie de points de vue hardis et nouveaux, soit enfin qu'il frappe une seconde fois leurs propres idées au coin profond de son génie, et plus encore à celui de son âme (*propriè communia*).

Rapprocher, fondre l'une dans l'autre la théologie et la religion, la spéculation et le sentiment, c'est peut-être ce qui caractérise le plus vivement Pascal dans la partie positive de sa démonstration. Aussi cette apologie est-elle toute pleine de l'apologiste, je veux dire de ses impressions ; car le livre, d'ailleurs, n'est ni égoïste, ni égotiste au plus faible degré. Pascal n'eût pas pu dire, au moins n'eût-il pas dit dans le même sens que Montaigne : « Je me suis présenté « moi-même à moi pour argument et pour object ; je « n'ai pas plus faict mon livre que mon livre m'a faict : « livre consubstantiel à son aucteur, membre de « ma vie. » Rien n'eût plus répugné à Pascal que ce qui lui déplaisait le plus dans Montaigne, l'abondance des détails personnels et des confidences domestiques ; soit fierté, soit humilité, Pascal ne parlait point de soi. Son livre est subjectif plutôt que personnel. Ce n'est point la vérité abstraite qu'il nous déclare, mais la vérité recueillie dans un cœur d'homme, la vérité complétée, réalisée par ses effets moraux, la vérité dans cette incarnation dont l'incarnation du Verbe a été le gage et le fondement. C'est ici qu'on peut dire avec vérité : La voix n'est tout entière que dans l'écho. Prétendre que toute théologie, que toute apologétique soit un drame ou une confession, ce serait aller beaucoup trop loin ; mais combien ne serait-il pas regrettable qu'elle ne le fût jamais! Est-on assez instructif, assez clair quand on n'est pas touchant? Et combien une personne n'est-elle pas plus touchante qu'une idée, quelque touchante que cette idée puisse être!

Ce caractère de personnalité, mais de personnalité toute spirituelle, se reconnaît, se fait sentir à toutes les pages du livre; il l'accentue partout d'une manière plus ou moins vive; mais quelquefois l'émotion se mêle à la pensée au point d'en détourner le cours, et de nous faire présumer que plusieurs de ces mouvements auraient été supprimés dans une rédaction définitive. En voici un exemple assez remarquable :

« ... Je trouve d'effectif que, depuis que la mémoire
« des hommes dure, il est annoncé constamment
« aux hommes qu'ils sont dans une corruption uni-
« verselle, mais qu'il viendra un réparateur.

« Que ce n'est pas un homme qui le dit, mais une
« infinité d'hommes et un peuple entier durant qua-
« tre mille ans, prophétisant et fait exprès. — Ces
« livres dispersés durant quatre cents ans.

« Ainsi je tends les bras à mon libérateur, qui,
« ayant été prédit durant quatre mille ans, est venu
« souffrir et mourir pour moi sur la terre dans les

« temps et dans toutes les circonstances qui en ont
« été prédites ; et, par sa grâce, j'attends la mort en
« paix, dans l'espérance de lui être éternellement
« uni ; et je vis cependant avec joie, soit dans les
« biens qu'il lui plaît de me donner, soit dans les
« maux qu'il m'envoie pour mon bien, et qu'il m'a
« appris à souffrir par son exemple. » (II, 197.)

« J'aime la pauvreté, parce que Jésus-Christ l'a
« aimée. J'aime les biens, parce qu'ils donnent le
« moyen d'en assister les misérables. Je garde fidélité
« à tout le monde. Je ne rends pas le mal à ceux qui
« m'en font ; mais je leur souhaite une condition
« pareille à la mienne, où l'on ne reçoit pas de mal
« ni de bien de la part des hommes. J'essaye d'être
« juste, véritable, sincère et fidèle à tous les hom-
« mes ; et j'ai une tendresse de cœur pour ceux que
« Dieu m'a unis plus étroitement ; et soit que je sois
« seul, ou à la vue des hommes, j'ai en toutes mes
« actions la vue de Dieu qui doit les juger, et à qui
« je les ai toutes consacrées.

« Voilà quels sont mes sentiments ; et je bénis
« tous les jours de ma vie mon Rédempteur qui les
« a mis en moi, et qui, d'un homme plein de fai-
« blesse, de misère, de concupiscence, d'orgueil et
« d'ambition, a fait un homme exempt de tous ces
« maux par la force de sa grâce à laquelle toute la
« gloire en est due, n'ayant de moi que la misère et
« l'erreur. » (I, 243.)

Il est presque inutile que je cite le dialogue si
connu qui se termine par ces mots :

« Ce discours me transporte, me ravit.

« — Si ce discours vous plaît et vous semble fort,
« sachez qu'il est fait par un homme qui s'est mis
« à genoux auparavant et après, pour prier cet Etre
« infini et sans parties, auquel il soumet tout le
« sien, de se soumettre aussi le vôtre pour votre
« propre bien et pour sa gloire; et qu'ainsi la force
« s'accorde avec cette bassesse. » (II, 169.)

C'était peut-être pour ménager un plus libre cours à ces effusions d'un cœur touché, non moins que dans le but d'être plus dramatique et plus agressif, que Pascal, qui s'était si bien trouvé de l'emploi du style épistolaire dans sa querelle avec les Jésuites, avait résolu (ses manuscrits en font foi) de donner à son apologie la forme d'une correspondance.

Ce livre de théologie est donc ce que les livres de théologie ne sont pas toujours, un livre de piété, et presque un ouvrage ascétique. Mais c'est pourtant aussi, dans le vrai sens du mot, un livre de théologie. Essayerai-je de dire quelle théologie il enseigne? Janséniste dans sa base, il a pris de la dogmatique janséniste la fleur, ou, si l'on veut, le plus pur froment. La grâce souveraine de Dieu y est sans cesse adorée, et surtout bénie, et jamais peut-être on ne lui rendit des hommages dont la liberté humaine eût moins à se plaindre ou à s'effaroucher. Il y a un mystère d'élection, puisqu'il y a des élus; mais Jésus-Christ est mort pour tous les hommes, tous les hommes ont été rachetés; il n'y a de décidément insondable que l'amour de Dieu; cet amour a seul sa cause en lui-même; car, au jour suprême, les réprouvés trouveront dans leur raison la justification de la sentence qui les condamne, et les élus seront seuls étonnés du décret qui les béatifie. La grâce n'est pas un fait isolé, mais une perpétuelle effusion, une circulation de vie entre les membres, c'est-à-dire les esprits créés, et la tête, qui est Dieu, père des esprits. Au sens spirituel, comme au sens temporel, la créature est incessamment créée. Le nom de cette vie divine est la charité : Dieu communique sa charité, qui est sa vie. Comme nous devenons membres de Dieu, nous devenons membres les uns des autres, mais membres volontaires et par un fait de volonté incessamment renouvelé. Nous ne sommes absorbés ni dans le Chef, ni dans l'ensemble; car l'amour n'est pas moins le triomphe de la personnalité que le moyen et la consommation de l'unité. Instruit par l'Evangile de sa misère et de sa grandeur, l'homme apprend de l'Evangile à s'aimer et à se haïr. Il puise aussi dans l'Evangile la haine et l'amour de la mort, que l'homme naturel hait injustement dans un sens et n'aime point assez dans un autre. Il apprend également, sans donner dans l'impiété du dualisme, à reconnaître dans la nature les traces d'un bon et d'un mauvais principe; mais le second de ces deux principes, c'est lui. Il comprend que tout, dans la nature, ne soit pas rigueur et châtiment; car nous eussions été trop violemment tentés au blasphème : mais il comprend mieux, dans les conditions morales où le péché nous a plongés, la souffrance que le plaisir ; et la maladie lui paraît l'état naturel de l'homme pécheur.

On a reproché à cette théologie beaucoup de tristesse. Il est vrai que le portrait de l'homme et le tableau de sa condition ne sont point flattés dans le livre des *Pensées*. Est-ce mélancolie naturelle? Est-ce jansénisme? Quoi qu'on en pense, il nous importe peu. Ce qui pour nous est constant, et ce qu'il nous paraît bien difficile de nier, c'est que saint Paul, saint Jean, et leur Maître avant eux, n'ont parlé de l'homme ni de la destinée humaine en termes plus avantageux que l'a fait Pascal dans ses *Pensées*. Ceci n'a besoin ni de développement ni de preuves. Si quelqu'un soutenait que l'Evangile n'est pas pessimiste, nous renonçons à lui répondre, et nous lui permettons de faire de notre silence tel usage que de raison. Nous remarquons seulement que l'homme est pessimiste, si le christianisme ne l'est pas. L'homme ne hait point qu'on lui parle du malheur de sa condition. En détail et d'une heure à l'autre nous sommes tous pessimistes, et l'on aurait peine à nous surprendre en flagrant délit de contentement. Madame de la Vallière, dans sa solitude claustrale, disait à des visiteurs : « Je ne suis pas aise, je « suis contente. » Nous ne sommes, au fond et à l'ordinaire, ni aises, ni contents. En théorie, et pour le compte de l'univers, nous trouvons que tout ne va point trop mal, et pessimistes de fait, nous nous indignons contre les pessimistes (1). La thèse de l'optimisme a de zélés défenseurs, et à bon droit dans un certain sens. Pascal lui-même était optimiste dans le sens auquel nous faisons allusion. Il croyait, comme nous, à la perfectibilité, au progrès; mais le bonheur auquel il avait foi comme nous était, à ses yeux, un bonheur superficiel, relatif, et il croyait, en revanche, à un malheur profond, radical, universel de la nature humaine; malheur dont la partie impalpable et immatérielle est à ses yeux le vrai malheur. La douleur de Pascal est tout intellectuelle et morale. Les désordres et les calamités de ce monde affligent surtout sa pensée. C'est pour lui un scandale, plutôt qu'un sujet de plainte. Je ne vous renvoie pas à ces pages singulières sur le *divertissement* et sur les *puissances trompeuses* où le sublime et le grotesque se coudoient; je ne veux vous rendre attentifs qu'à ce magnifique et célèbre morceau sur la *disproportion* de l'homme. Là, le malheur de l'homme est de ne savoir où trouver sa place, et de se sentir à la fois néant à l'égard de l'infini, infini à l'égard du néant. L'infini et le néant, ces deux infinis, accablent sa pensée, et il marche les yeux fermés entre ces deux abîmes, aimant mieux encore être aveugle qu'ébloui. C'est dans l'infini qu'est la raison et le sens du fini, et l'infini nous est inaccessible. Nous ne savons rien d'absolu : c'est ne rien savoir; et toute notre science n'est qu'une

---

(1) C'est selon les temps. Colin d'Harleville risqua de payer de sa vie une profession très-indirecte d'optimisme.

« ignorance savante », qui consiste, selon l'expression de cet ancien philosophe, « à savoir que nous « ne savons pas. » Si Pascal a prétendu compter ceci au nombre de nos malheurs, c'est bien le cas de dire, en empruntant son hardi langage : « Misères « de grand seigneur ! » Ce passage, dont la destination n'est pas bien certaine, est, au reste, peu nécessaire pour prouver la tendance toute spiritualiste de sa pensée et le caractère élevé de son pessimisme.

Mais si la vraie religion est pessimiste, le pessimisme n'est pas toute la religion; il faut qu'elle aboutisse au contentement et même à la joie. On l'a nié de celle de Pascal. Cette négation aurait plus de poids si ceux qui l'ont proférée pouvaient être soupçonnés de savoir ce que c'est que la joie chrétienne, née du sein des larmes, et qui, jusqu'à la fin, en est toute trempée. Ils sont aux antipodes de Pascal, et voient un autre ciel, si en effet ils voient un ciel. Ce n'est ni des impressions, ni des goûts que Pascal aurait disputé avec eux; car on ne dispute point de ces choses-là. Il leur accorderait d'ailleurs volontiers que la joie chrétienne, qui n'exclut pas la gaieté, n'est pas absolument gaie; que le bonheur chrétien, pris dans son essence, n'est pas sans mélancolie, et que, né dans une tristesse sublime, il aime à remonter vers son origine. Tous les grands penseurs chrétiens ont mérité le même reproche que Pascal; ceux qui ne l'ont pas mérité passent, à bon droit, pour avoir affadi le christianisme. Le jansénisme ici n'est pas tout seul en cause : le jésuite Bourdaloue, le sulpicien Fénelon, Massillon l'oratorien, Bossuet enfin, leur oracle à tous, n'ont point, au pied de la croix, reçu d'autres leçons, et n'en ont point donné d'autres. Le procès est donc avec tous ces grands hommes, avec tous les grands écrivains du christianisme ; Pascal, au besoin, se retirerait derrière eux, et nous nous retirons derrière Pascal.

Ceci ne nous oblige pas à justifier toutes les paroles ou âpres ou exclusives qui peuvent lui être échappées. Nous adoptons, en adoptant Pascal, le chrétien, et non le sectaire. Toute réforme est exclusive, et le jansénisme réformait. Il n'était d'ailleurs pas impunément catholique, et la religion du catholique oscille sans cesse entre un sensualisme subtil et un ascétisme outré. L'ascétisme janséniste portait sur ce que la vie humaine a de plus primitif et de plus innocent. Il niait, autant qu'il était en lui, la famille, et Pascal, sur ce point, n'est que trop janséniste. En cela moins *homme* qu'il ne prétendait l'être, et qu'il ne voulait qu'on le fût. M. Reuchlin remarque avec étonnement que la *famille* n'est pas même nommée dans le livre des *Pensées*. Pascal se reprochait sa tendresse pour ses proches, s'interdisait avec eux les moindres caresses, et cherchait à leur substituer dans son cœur la grande famille du genre humain. Il semblait que toutes les relations passagères fussent indignes de l'intérêt, des regards mêmes du chrétien. Cette vue peu évangélique dut le fortifier dans son indifférence pour la société civile ; mais cette indifférence prenait sa source dans un scepticisme que l'étude aurait peut-être guéri. Le dédain de Pascal pour l'histoire et pour les livres porte ici quelques fruits amers. A l'école de son ami Domat, il eût appris, j'aime à le croire, qu'il y a une vérité sociale, et que cette vérité, dont au reste il a reconnu l'existence dans la XIV⁰ Provinciale, se dégage péniblement, mais incessamment, du chaos où nos passions l'ont ensevelie, et gagne insensiblement du terrain dans les sociétés progressives. Le premier anneau manquera toujours, et c'est pourquoi la chaîne traîne à terre; on ne peut, avec sûreté, partir que de Dieu, et nous partons de nous-mêmes, soit que nous proclamions, au lieu du droit divin de la raison éternelle, le droit divin du hasard, ou le droit divin du nombre; mais parce que Dieu ne nous a pas complètement abandonnés, et parce que la nécessité a des rapports secrets avec la vérité, la vérité, qui est, en matière sociale, l'honnêteté, la justice et la liberté, la vérité, à laquelle les individus savent trop bien se soustraire, soumet peu à peu la société à ses lois divines, que l'Evangile d'ailleurs a promulguées avec une autorité toute nouvelle. A force de mépriser l'institution sociale, à force d'admirer ce bon sens populaire, qui tient quittes de bon sens les institutions et les lois, Pascal joue le jeu des anarchistes, pour lesquels il professe d'ailleurs la haine la plus décidée. La foi au progrès social est une garantie d'ordre non moins que de progrès. Ce qu'on a appelé l'athéisme politique est dans sa sphère, très inférieure sans doute, ce qu'est dans une autre sphère l'athéisme religieux.

VI.

SUR LE PYRRHONISME DE PASCAL
ET SUR SA RELIGION PERSONNELLE.

—

Le pyrrhonisme de Pascal, ou du moins ce qu'il a plu d'appeler ainsi, a essuyé beaucoup d'attaques. Si l'on entend le pyrrhonisme au sens rigoureux, comme négation des principes premiers (et c'est ainsi que Pascal le définit) Pascal n'était point pyrrhonien; car il a défendu, contre cette secte, l'existence des principes premiers. Mais il faut convenir que ce n'est qu'après s'être tellement identifié avec les principaux arguments du pyrrhonisme, qu'il était permis de croire à la complicité de Pascal avec cette secte, que, toutefois, il appelle *extravagante*. Il faut convenir encore que, dans le chapitre sur la justice, il parle encore une fois le langage pyrrhonien, et cette fois sans se rétracter, lorsqu'il se demande si nos principes naturels en fait de justice sont autre chose que nos principes accoutumés, et si la nature ne serait point, tout simplement, une première coutume. On peut supposer, à la vérité, que les principes dont il nous parle ne sont pas les notions premières du juste et de l'injuste, mais des règles secondaires, qui, certainement, varient d'une contrée à l'autre; mais la distinction n'est pas exprimée, et l'on a pu se prévaloir de ce silence. Quant à moi, je pense que, préoccupé du désir d'humilier la raison, Pascal n'a pas apporté dans cette première ébauche d'un travail dont rien peut-être n'aurait été conservé, toute l'exactitude et tous les scrupules d'expression que cette matière demandait plus que toute autre. Il n'a pas toujours mesuré ses coups, et la longue habitude qu'il avait avec Montaigne, qu'il cite ou transcrit à tout moment, avait donné à son esprit une pente à laquelle il ne résistait pas toujours. L'époque tournait au pyrrhonisme, et l'on n'a peut-être pas assez remarqué que l'œuvre de Descartes fut une réaction du doute méthodique contre ce doute sans règle et sans frein dont les livres étaient remplis. Que Pascal eût contracté dans la culture des sciences exactes et des sciences d'observation une habitude de rigueur qui le rendait moins sensible aux démonstrations d'un autre ordre; en d'autres termes, que la géométrie l'eût disposé au scepticisme, il est aisé de le concevoir. Puis, c'était une idée assez générale parmi les chrétiens savants, que le pyrrhonisme était utile à la religion; Pascal lui-même l'a dit, dans ce sens, il est vrai, qu'un grand bien peut sortir d'un grand mal ; mais enfin, c'était déjà trop, c'était déjà une erreur que de croire une aussi grande erreur profitable à la vérité; et d'une manière ou d'une autre, Pascal me semble y être tombé.

D'autres, moins grands que lui sans doute, y sont tombés de nos jours; mais Pascal, s'il errait, n'errait que sur le fait, et ils ont erré sur le droit. Ils ont fait plus que de croire à l'utilité relative du pyrrhonisme, ils l'ont hautement professé, et ont prétendu donner pour base à la foi chrétienne le sable mouvant du doute absolu. Du doute absolu ils ont prétendu conclure au dogmatisme absolu. Sur quoi je dirai en peu de mots toute ma pensée. De même que « je suis un effronté qui prêche la pudeur », je hais « à l'égal des portes de l'enfer » le pyrrhonisme qui dogmatise. La conclusion qu'il se permet, quelle qu'elle soit, est exorbitante, monstrueuse, car c'est une conclusion; sa foi n'est, à le bien prendre, qu'un coup de désespoir, un accident, une catastrophe; entre le pyrrhonisme et la foi, il y a tout un infini. C'est une étrange témérité que de commencer par briser tous les degrés de l'échelle par où l'on prétend se hisser au faîte; c'est une étrange insolence que de vouloir prouver quoi que ce soit après avoir anéanti tous les éléments de la preuve. Les modernes pyrrhoniens, dogmatistes au fond du cœur, ont inventé et mis en réserve un élément de certitude, un seul, le consentement universel; mais cet élément même, ils n'ont pu l'obtenir qu'en faisant usage de tous les autres, et par conséquent en les supposant tous. Je n'ai pas besoin, après cela, de chercher avec quel succès ils ont constaté, sur un point quelconque, le consentement universel. Je ne cherche pas si leur système, inventé, disent-ils, dans l'intérêt du christianisme, n'est pas un démenti donné à cette religion, qui a fait de la vérité le secret du petit nombre, et pour tous les autres une folie. Je ne cherche pas enfin si la doctrine du consentement universel n'est pas l'attaque la plus meurtrière, quoique la plus indirecte, à la dignité de l'homme, à la sainteté de Dieu, à la morale même. Encélade écrasé sous sa montagne fumante en dit plus que je n'en pourrais dire. Le pyrrhonisme s'est jugé lui-même.

M. Reuchlin a dit que Pascal, s'élevant sur les épaules de Montaigne pour atteindre plus sûrement les ennemis de la religion, a donné une preuve frappante de l'appui que la foi peut trouver chez ses ennemis naturels, l'incrédulité et le scepticisme, et il les compare à ces démons qui, dans l'architecture du moyen âge, soutiennent, pour ainsi dire, l'élan hardi de la voûte du temple vers cette autre voûte qui est le ciel. Passe pour les démons de pierre; mais Pascal n'eût sciemment appelé aucun des suppôts du mensonge au secours de la vérité. Tout en convenant que le pyrrhonisme avait servi à la religion, il le désavouait; un pyrrhonien, à son avis, était un *extravagant;* mais comment se serait-il dispensé de nous montrer vers quels dangers nous précipite, ou à quels dangers nous abandonne la logique, « cette chose aveugle », ainsi que l'appelait récemment un célèbre écrivain, ou dont les deux yeux sont crevés quand l'âme et l'intuition immédiate ne concourent pas avec elle ? C'est à cette intuition immédiate, comme à une information certaine, que Pascal nous renvoie dans le paragraphe sur le *cœur*, que je vous ai lu avant-hier, et que j'ai cru pouvoir appeler le *dernier mot* de Pascal (1). Il l'est en effet, et comment ne le serait-il pas ? Il est évidemment une réponse aux arguments pyrrhoniens qui sont répandus dans le livre des *Pensées*. Il l'est d'intention, cela est manifeste, et personne ne croira, au rebours, que c'est une objection contre le pyrrhonisme, à laquelle les idées pyrrhoniennes répandues dans le livre doivent servir de réponse : je dis même qu'à quelque place que Pascal l'eût mis, avant ou après les arguments pyrrhoniens, la teneur de ce paragraphe en découvre l'intention : c'est une réponse,

---

(1) « Nous connaissons la vérité, non-seulement par la raison, mais encore par le cœur ; c'est de cette dernière sorte que nous connaissons les premiers principes, et c'est en vain que le raisonnement, qui n'y a point de part, essaye de les combattre. Les pyrrhoniens, qui n'ont que cela pour objet, y travaillent inutilement. Nous savons que nous ne rêvons point, quelque impuissance où nous soyons de le prouver par raison ; cette impuissance ne conclut autre chose que la faiblesse de notre raison, mais non pas l'incertitude de toutes nos connaissances, comme ils le prétendent. Car la connaissance des premiers principes, comme qu'il y a *espace, temps, mouvement, nombres*, est aussi ferme qu'aucune de celles que nos raisonnements nous donnent. Et c'est sur ces connaissances du cœur et de l'instinct qu'il faut que la raison s'appuie, et qu'elle y fonde tout son discours. Le cœur sent qu'il y a trois dimensions dans l'espace, et que les nombres sont infinis ; et la raison démontre ensuite qu'il n'y a point deux nombres carrés dont l'un soit double de l'autre. Les principes se sentent, les propositions se concluent ; et le tout avec certitude, quoique par différentes voies. Et il est aussi ridicule que la raison demande au cœur des preuves de ses premiers principes pour vouloir y consentir, qu'il serait ridicule que le cœur demandât à la raison un sentiment de toutes les propositions qu'elle démontre, pour vouloir les recevoir. » (II, 108.)

et une réponse définitive. Je n'ai pas à prouver maintenant que la réponse est bonne; je la crois excellente; mais tout le monde en jugera selon ses lumières; il me suffit que c'est une réponse, et que, par cette réponse, Pascal estime avoir sauvé ce qu'il appelle les principes premiers, c'est-à-dire les premiers éléments sur lesquels la pensée opère. Tout est là, Messieurs; car quant au raisonnement ou à la logique, Pascal y croit; mille et mille passages l'attestent; il suffirait, au besoin, de ceux que j'ai cités. Il suffirait d'un seul, de celui où Pascal fait consister la dignité de l'homme dans la pensée, qui n'est autre chose que le moyen ou l'organe de la connaissance. Mais en même temps il est très-vrai que Pascal a fait une rude guerre à la raison humaine, qu'il taxe d'impuissance, puisqu'elle ignore ce qu'il lui importerait le plus de connaître, et d'insolence puisqu'elle prétend tout savoir et tout comprendre. Cette impuissance l'afflige, cette insolence l'irrite, et dans la vivacité de ses sentiments, il s'emporte à exagérer sa propre pensée, et glisse plus d'une fois vers le pyrrhonisme. Cette espèce d'emportement de la pensée se marque suffisamment et fait bien pressentir la possibilité de quelques excès dans le passage suivant :

« La raison est bien assez raisonnable pour avouer
« qu'elle n'a pu encore trouver rien de ferme; mais
« elle ne désespère pas encore d'y arriver; au con-
« traire elle est aussi ardente que jamais dans cette
« recherche et suppose d'avoir en soi les forces né-

« cessaires pour cette conquête. *Il faut donc l'ache-*
« *ver*, et après avoir examiné ses puissances dans
« leurs effets, reconnaissons-les en elles-mêmes;
« voyons si elle a quelques forces et quelques prises
« capables de saisir la vérité. » (H, 125.)

On ne sent pas ici l'homme qui se réprime, mais plutôt l'homme qui s'échauffe dans la lutte. Pascal, dans ces fragments, où l'on ne saurait trop répéter qu'il cherche sa pensée encore plus qu'il ne la formule, a jeté tout son feu; il a surabondé dans le sens des objections qu'on peut faire à la raison humaine; tout, pendant quelques moments, lui était bon, pourvu qu'il obligeât la raison à crier merci; de là, dans son livre, des assertions périlleuses, des contradictions; mais eût-il été, ce que nous n'accordons pas, plus fort dans ce qu'il allègue en faveur du pyrrhonisme que dans ce qu'il allègue contre cette secte, nous n'en disons pas moins que, personnellement, il n'est point pyrrhonien; eût-il mal défendu sa cause, on voit clairement que le pyrrhonisme n'est point sa cause; je vous prie d'envisager, Messieurs, que c'est là le point important, capital, puisque, encore que Pascal eût mal défendu le dogmatisme, s'il est dogmatiste, cela suffit pour écarter absolument l'idée que le pyrrhonisme l'ait jeté dans la religion, et que sa conversion n'ait été, comme quelques-uns l'ont pensé, que le naufrage de sa raison.

Il est une chose qu'on oublie trop : c'est que la foi à l'Évangile implique peu de foi aux enseignements de la raison pure. L'Evangile ne se donne pas comme une lumière plus vive ajoutée à nos lumières naturelles, mais comme un flambeau qui vient dissiper nos ténèbres, comme le jour succédant à la nuit. Il ne suppose pas seulement, il déclare que tous les hommes étaient égarés, et qu'il n'y en avait point d'intelligent, non pas même un seul. Personne ne croit à l'Evangile sans croire qu'avant l'Evangile l'humanité était dans la nuit, et dans une nuit d'autant plus dangereuse qu'elle était, de loin en loin, sillonnée d'éclairs qui encourageaient l'homme à se mettre en route, tandis qu'une nuit plus profonde, plus impénétrable, l'eût contraint à l'immobilité et retenu loin des abîmes. Chose remarquable, et qu'il ne faut pas omettre : l'Evangile, par sa lumière, exerce une vertu rétroactive sur nos ténèbres passées ; il nous les rend visibles ; celui qui, avant d'être chrétien, se croyait sûr de beaucoup de choses, apprend dès lors ce que valait cette certitude, en quelque sorte gratuite et anticipée ; il devient sceptique après coup, non dans le présent, mais dans le passé : encore une manière de solder l'arriéré. Il ne s'agit donc ici que d'une question de plus ou de moins : le christianisme nous trouve ou nous rend sceptiques à l'égard de beaucoup de choses : quelles sont ces choses ? c'est la question. Ce qui n'en est pas une, c'est que la foi chrétienne ne conduit pas plus au pyrrhonisme qu'elle ne peut en procéder. En nous réduisant dans ces termes, nous dirons une chose qui ne paraîtra singulière qu'au premier instant : on dit que le scepticisme a fait Pascal chrétien ; il serait peut-être plus vrai de dire que le christianisme l'a rendu sceptique.

Mais Pascal, dit-on, a douté de l'existence de Dieu ; il a dit que, selon les lumières de la nature, on ne peut savoir certainement ni ce que Dieu est, ni s'il est ; à plus forte raison a-t-il douté de l'immortalité de l'âme, qui n'a d'appui solide que dans la croyance en un Dieu.

Il faut commencer ici par écarter la question du pyrrhonisme. Quelque idée qu'on se fasse du scepticisme en cette matière, ou de l'athéisme même, un athée, en tant qu'athée, n'est pas pyrrhonien. Il est bien pis, direz-vous ; ou bien, direz-vous encore, quand on fait tant que d'être athée, autant vaut pousser plus loin, et se plonger dans un pyrrhonisme absolu. Je n'en crois rien, mais je le suppose ; il me suffit d'avoir mis, dans cette affaire, le pyrrhonisme hors de cause.

Je ne veux pas non plus examiner à fond si Pascal était réellement sceptique à l'égard de l'existence de Dieu. Si vous vouliez absolument connaître ma pensée sur ce sujet, je vous dirais que je crois que Pascal, abstraction faite des lumières du christianisme, croyait à l'existence d'un Dieu et à l'ensemble des dogmes qui constituent ce qu'on appelle la religion naturelle. Mais je ne puis vous le prouver rigoureusement, et ce qui, en revanche, est certain, c'est qu'il a déclaré ne trouver ni dans la nature, ni dans la métaphysique des raisons assez fortes pour convaincre des athées endurcis. Mettons la chose au pis : Pascal était athée.

S'il l'était, ce fut un malheur. S'il l'était, nous pouvons nous en étonner. Toutefois, il est juste de placer ici quelques observations, qui, sans servir d'excuse à une si prodigieuse erreur, expliquent sa présence dans le monde.

Savoir qu'une chose est, sans savoir ce qu'elle est, fort souvent c'est ne rien savoir. Séparée de son mode, l'existence n'est qu'un mot. Et selon le mode qu'on lui assigne, une existence est quelque chose ou n'est rien. Croire à l'existence de Dieu, sans se faire des attributs de Dieu aucune idée, ce serait croire au mot de *Dieu* plutôt qu'à l'existence de Dieu. Croire à l'existence de Dieu, et ne pas croire à la personnalité, à la souveraineté, à la justice de Dieu, décidément ce n'est pas croire en Dieu. Croire à l'existence de Dieu, et hésiter sur ses attributs essentiels, c'est hésiter sur l'existence même de Dieu. Enfin croire en Dieu, et se trouver incapable d'en tirer aucune conséquence pratique, c'est, si vous le voulez, croire en Dieu, mais c'est être sans Dieu. Sur ce pied, vous serez peut-être obligés de convenir que la croyance en Dieu, une croyance ferme, énergique, réelle, n'est pas tout à fait aussi commune qu'on le pense.

Seconde observation. Nous croyons à l'existence de Dieu. Nous y croyons d'une foi réelle, ferme, énergique. Mais qui sommes-nous, nous qui y croyons de la sorte, sinon des disciples volontaires ou involontaires du christianisme; car le christianisme en a des deux espèces ? Quelles étaient avant le christianisme, quelles sont encore, en dehors du christianisme, les notions communes sur cet important sujet? Si nous pouvions nous-mêmes nous séparer un instant des impressions que nous avons reçues du christianisme, et nous interdire, sur ce sujet, toutes autres informations que celles de la nature et de la raison pure, à quoi se réduiraient nos certitudes, quelle serait la fermeté ou la netteté de nos convictions en matière de religion naturelle? En saurions-nous, sur ces matières, plus que n'en savaient les philosophes de l'antiquité? Et que savaient-ils?

Troisième observation. Les vérités de cet ordre ont été, selon M. Cousin, admirablement prouvées. Par qui? par des hommes élevés à l'école du christianisme. Mais, quoi qu'il en soit, ils ont dû les prouver. Si leurs démonstrations sont admirables, cela signifie sans doute qu'ils y ont déployé une grande puissance, qui suppose nécessairement une grande résistance. Il a donc fallu les prouver, ces vérités, et les prouver à grands renforts d'arguments. Quelle humiliation! Il a fallu prouver à l'homme, je dis à l'homme le plus érudit, le mieux organisé, qu'il ne s'était pas créé lui-même, et que la volonté, l'intelligence, la faculté d'aimer qu'il trouve en lui, attestent l'existence d'une intelligence, d'une volonté, d'un amour suprêmes! Quand ces choses ont besoin d'être prouvées, les prouve-t-on jamais bien? Je veux dire: les rend-on évidentes, actuelles? Et quelque forte que soit cette preuve, produit-elle jamais l'effet de nous rendre l'objet présent, prochain et sensible? Et s'il ne l'est pas, je veux dire, si elle ne nous met pas Dieu dans le cœur, ne trouverons-nous pas trop aisément dans les fascinations d'une dialectique abstraite (car la dialectique a aussi ses fascinations), mille moyens de nous soustraire à cette vérité, ou, si vous le voulez, de nous la dérober à nous-mêmes? La logique n'est-elle jamais aux prises avec la logique, et peut-on sûrement prévoir un terme à cette lutte, si le bon sens du cœur n'intervient pas comme arbitre? Et le cœur a-t-il toujours du bon sens? Le cœur souvent ne fait-il pas défaut?

Pesez bien tout ceci, vous qui parlez de l'athéisme de Pascal. Il n'était point ce que vous pensez. Cet athéisme n'était autre chose que le sentiment profond de l'insuffisance où est la raison, sans le secours du cœur, de se procurer à elle-même, je ne dis pas la certitude abstraite de l'existence d'un Dieu, mais la connaissance de ce Dieu, la possession de ce Dieu. Je dis la possession, parce que, selon Pascal, on ne connaît pas Dieu si on ne le possède; que, du moins, la connaissance de Dieu sans la possession de Dieu est inutile et stérile. Quand vous auriez réussi à convaincre Pascal que l'homme est capable d'une certaine connaissance de Dieu, il aurait ajouté: « Qu'importe? Hors de Jésus-Christ, cette connais- « sance est illusoire et vaine! Paul disait aux Ephé- « siens, à la vue du temple de Diane et des statues

« de mille divinités : Vous êtes sans Dieu ! Je le dis
« à l'humanité, je le dis aux sectateurs de la religion
« naturelle ; car aussi bien leur Dieu n'est qu'une
« idole ! » Que cette exclamation révolte ceux qui
croient à la suffisance de la religion naturelle, rien
de plus simple; la seule chose qui étonne, c'est qu'ils
croient à cette suffisance; mais qu'elle indigne ceux
qui, comme M. Cousin, font profession de croire
au christianisme, c'est ce qui me passe. Qu'est-ce
que le christianisme, à ce compte-là ? Voudrait-on
bien nous le dire ? Voudrait-on nous rendre raison
de ce qu'il renferme de tragique et, j'ose dire, de
violent ?

Je veux maintenant qu'on ne tienne aucun compte
des observations qui précèdent, et qu'on s'obstine à
voir dans Pascal un athée ? Que prétend on conclure
de là ?

Que c'est le *désespoir* qui l'a jeté dans le christianisme ? Croit-on nous effrayer beaucoup par cette
conclusion ? Que signifie ce mot de désespoir ? Rien
autre que le sentiment profond de l'insuffisance de
l'athéisme. Vraiment, à la manière dont on nous
parle de l'athéisme, ce désespoir n'a rien d'étonnant. Mais veut-on en conclure que, s'étant mal
trouvé de l'athéisme, Pascal n'a pas eu le droit de
devenir chrétien, et qu'un christianisme qui a pris
racine dans la douleur d'être athée n'est pas un
christianisme de bon aloi ? La conclusion serait
étrange. Tout passage d'une doctrine à l'autre, en
matière de religion ou même de philosophie, serait

par là même irrégulier, nul et non avenu aux yeux de la raison.

Car veuillez considérer que ce n'est guère que dans les sciences mathématiques ou d'observation, que le passage d'une doctrine à l'autre serait légitime à ce compte-là, et encore ne le serait-il pas toujours. M. Schœnbein ne se trouvait pas malheureux, je pense, de croire, jusqu'à l'an dernier, que l'azote était un élément; cette conviction ne le mettait pas au désespoir; il ne soupirait pas après le moment de s'en voir dehors; son cœur et ses besoins intérieurs ne le poussaient pas vers la doctrine selon laquelle l'azote lui-même est susceptible de décomposition. Si l'on peut supposer le cas où une doctrine de ce genre est désirée avant d'être prouvée, cela tient à des circonstances étrangères au sujet, et c'est une exception. Mais cette exception est la règle, le fait constant, en religion, en politique et, plus ou moins, en philosophie. Toutes ces choses atteignent l'homme au fond et le touchent au vif. Ce n'est pas par son esprit seulement, mais par son cœur qu'il aspire, en ces matières, à la vérité, à la certitude. Des opinions de ce genre peuvent le rendre heureux ou malheureux. S'il s'y trouve malheureux, il vise ailleurs. *Oculis errantibus..... quæsivit lucem*, et trop souvent il faut ajouter : *ingemuitque repertâ*. L'athéisme, vous le dites comme nous, est une doctrine infortunée, et l'impression qu'en reçoivent certaines âmes peut aisément s'exalter jusqu'au désespoir. Elles désirent que la vérité soit ailleurs, et c'est de ce côté que leurs regards et leurs études se portent. Mais vous arrivez, vous, inflexible défenseur de la loyauté scientifique, et vous dites : Halte-là ! Un résultat désiré est un résultat nul. Point de recherche, puisque le cœur est de la partie. C'est avec la raison seule qu'il faut chercher. Un parfait désintéressement, une indifférence suprême, sont des conditions de rigueur. Êtes-vous bien indifférent, bien sec, bien mort, vous pouvez examiner. Le bois vert donne de la fumée.

La conséquence est assez claire. Quiconque a commencé par le désespoir, ou du moins par la douleur, est incapable d'examiner, et n'en a pas même le droit. N'ayez point de désir, ou restez où vous êtes. Jésus-Christ en savait moins que ces philosophes, lui qui convoqua ses disciples autour de lui au nom du bonheur. Le mot de bonheur est le premier qui sortit de sa bouche : ce devait être le dernier. Que faire, puisqu'enfin il est impossible d'aborder des questions de religion sans y mettre son cœur? Que faire, si nous ne pouvons pas prouver qu'un examen loyal peut suivre un vif désir?

Remarquez-le bien : ce ne sont pas les souffrances de l'intelligence qui font qu'on se trouve si mal dans l'athéisme : le seul mécontentement de l'esprit ne suffirait pas à nous en faire sortir : un peu d'incertitude ou d'obscurité sur une question purement spéculative ne rendrait pas si impatients les esprits d'une portée ordinaire. Et pourquoi s'ennuie-t-on des horizons plats de la religion naturelle? Ce n'est pas parce qu'ils sont plats, mais parce qu'ils sont stériles; le besoin de nourriture est plus impérieux que le besoin de pittoresque. Un grand nombre d'hommes se sont mis en route vers le christianisme, parce qu'ils étaient à jeun et comme affamés dans le déisme, et qu'après l'avoir brouté jusqu'à la racine, la faim les a fait crier après une autre pâture. Ils n'ont pas, dites-vous, le droit de chercher une autre nourriture parce qu'ils l'ont désirée. C'est-à-dire que, parce qu'ils ont faim, c'est une raison de mourir de faim. Ce raisonnement est au-dessus de notre portée. Nous comprenons mieux celui-ci : Mangez, puisque vous avez faim, mais ne mangez pas de poison. En d'autres termes : Nous ne pouvons pas vous empêcher de désirer, mais nous vous conjurons d'examiner.

Le désespoir tout seul ne fait pas des chrétiens, mais le désespoir peut ouvrir des voies vers la vérité. Le désir n'est pas un argument, mais il n'y a pas de mal que Dieu ait donné à la vérité la figure du bonheur. Il a enduit de miel les bords de la coupe salutaire : trouvez-vous par hasard qu'il eût dû y mettre du fiel? Vous l'auriez fait peut-être, âmes stoïques; mais Dieu n'est pas stoïcien. Non, dites-vous, ni fiel, ni miel; rien du tout. Philosophes, vous connaissez tout, excepté l'humanité; mais Dieu la connaît : laissez-le faire.

Est-ce que peut-être (car c'est quelquefois à ce qui ne se dit pas qu'il faut surtout répondre), est-ce que peut-être on aurait voulu que Pascal eût fait une halte dans la religion naturelle, au lieu de passer brusquement de l'athéisme au christianisme, ou, en quelque sorte, d'un extrême dans l'autre ? Il est possible que quelques-uns, d'athées qu'ils étaient, soient devenus déistes, et même qu'ils en soient restés là. Il en est d'autres pour lesquels, entre les deux extrêmes, il n'y a rien, et que le christianisme, dans ce qu'il a de spécial, a eu seul la force d'arracher aux étreintes de l'athéisme. La pause que vous leur demandez, ils n'ont pas été libres de la faire. Et après tout, pourquoi l'auraient-ils faite, s'ils n'ont pas trouvé dans les arguments et dans les principes du déisme de quoi satisfaire les besoins de leur esprit et de leur cœur, et si le christianisme, en revanche, y répondait pleinement? Si vous, qui leur faites cette objection, vous n'êtes pas chrétiens, vous pouvez les plaindre de s'être laissé emporter trop loin; mais, en les plaignant, vous pouvez les comprendre. Que si, au contraire, vous êtes chrétiens, comment se peut-il que vous leur fassiez cette objection? Car, si vous êtes devenus chrétiens, c'est que vous-mêmes vous n'avez pu vous contenter du théisme; c'est que cette position ne vous a point paru ou ne vous paraît point tenable, et que vous n'avez trouvé le véritable théisme, avec sa réalité, sa substance et sa vie, que dans le sein et sous la forme du christianisme. De quoi donc vous étonnez-vous? Ou quelle espèce de christianisme professez-vous, si vous pouvez vous étonner?

Au fond, Pascal l'a faite, cette pause qu'on lui demande. Il l'a faite par la pensée. Il a essayé de la religion naturelle, et a trouvé cette frêle embarcation incapable de porter l'humanité. La voyant sombrer sous ses pieds, il s'est hâté de passer sur un autre bord. C'est-à-dire que le théisme, comme l'athéisme, l'a désespéré. Toujours le désespoir, dites-vous. Mais finissons-en avec ce singulier reproche. Au fait, que j'aie commencé ou non par le désespoir, est-ce que cela vous regarde? est-ce que je vous en dois compte? Je ne vous devais, ou plutôt je ne me devais à moi-même que d'examiner. L'ai-je fait? voilà la question. Et pour revenir à Pascal, Pascal a-t-il examiné? Pascal a-t-il été convaincu? Pascal a-t-il été un chrétien de conviction? Ou Pascal s'est-il jeté dans la foi comme dans un ténébreux abîme? Sa conversion n'a-t-elle été autre chose que le suicide de sa raison?

Je m'en rapporte sur ce point à tous ceux qui ont lu les *Pensées*, à tous ceux qui connaissent la vie de Pascal. Ils nous diront si Pascal fut convaincu. Ils nous le diront encore mieux peut-être ceux qui lui doivent d'avoir une conviction; qu'ils soient, comme lui, partis du désespoir, ou qu'une curiosité sérieuse, mais calme, les ait attachés à la lecture de son Apologie.

Mais j'aurais tort de m'en tenir là. J'ai supposé Pascal athée, je l'ai supposé désespéré; et j'ai fait entendre que ce n'était pas seulement sa pensée, mais son cœur qui souffrait dans ces régions polaires du monde moral. Il faut m'arrêter sur ce point, puisque amis et ennemis ne s'y sont point assez arrêtés.

On ne veut voir dans Pascal que le désespoir de la pensée, les détresses d'une intelligence affamée de vérité, avide de connaître.

On se trompe si l'on croit que Pascal ne chercha dans le christianisme qu'un oreiller pour reposer sa tête fatiguée. Sa vie et ses écrits nous suggèrent un autre jugement. Pascal, écrivant une apologie, ou, si l'on veut, une démonstration du christianisme, a donné tant de place à la peinture des troubles de l'intelligence, qu'on a pu croire qu'il ne faisait que raconter son histoire, et que c'était là son histoire tout entière. Mais autre chose pourtant est son livre, si plein qu'il puisse être de lui, et autre chose sa vie. Qu'il ait haleté plus péniblement qu'un autre sous l'oppression du doute; que l'incertitude, comme telle, lui ait été plus insupportable qu'à beaucoup d'autres, et que le désir de connaître ait eu chez lui à peu près autant d'intensité que peut en avoir chez la plupart des hommes l'amour du bonheur, — je le veux. Mais Pascal connaissait de plus nobles besoins; son âme avait soif de justice plus encore que son esprit n'avait soif de connaissance : cela ouvre les yeux ou plutôt cela donne des yeux. Il eut, dès lors, pour s'assurer de la vérité de l'Evangile, un *sens* qui peut manquer aux plus habiles, aux mieux doués; il sut dès lors que la vérité et la vie ne sont pas deux choses, qu'il y a une vérité substantielle, et que celle-là seule est la vérité. Et c'est ainsi que lui furent enseignées « ces choses qui ne sont jamais montées au « cœur de l'homme, et que Dieu révèle à ceux qui

« l'aiment. » Il eut part à la bénédiction promise à tous ceux qui ont faim et soif de la justice.

Si Pascal s'est jeté dans un abîme, c'est dans celui de la sainteté; le *néant* qu'il a fui, c'est le péché; les ténèbres qui l'ont épouvanté, ce sont ces ténèbres de dehors, qui ne sont noires que de l'absence de Dieu. Il a vu la lumière là où il a vu la charité, et c'est dans la charité proprement qu'il a donné tête baissée. On le représente entraîné par le désespoir dans la foi comme dans un trou noir; je le vois irrésistiblement entraîné vers la beauté de Dieu.

Il ne suffit pas à un illustre écrivain que Pascal, à son avis, soit devenu chrétien pour en finir, et en quelque sorte par pis-aller; il ne veut pas même qu'il ait trouvé le repos dans sa foi. On nous parle couramment de « la foi inquiète et malheureuse qu'il « entreprend de communiquer à ses semblables. » Souhaitez-la, cette foi inquiète et malheureuse, à vous-mêmes et à tous ceux que vous aimez. C'est tout ce que je devrais dire; car, d'ailleurs, que répondre à une telle assertion? On attend les preuves; on attend de connaître les passages, les faits, où la foi de Pascal se montre inquiète et malheureuse; on n'a pas encore su les découvrir; on se tait jusqu'à ce que M. Cousin ait parlé. Il a parlé, Messieurs; il nous apprend qu'il échappe à l'auteur des *Pensées*, au milieu des accès de sa *dévotion convulsive*, des cris de misère et de désespoir. Cette dévotion convulsive, ce sont apparemment ces retours sur le passé, ces regrets, ces élans, ces tressaillements, ces prières peut-être, que nous avions pris pour les caractères accoutumés de cette sublime réaction de l'homme nouveau contre l'homme ancien : convulsions que tout cela. Quant à ces *cris*, vous êtes peut-être plus embarrassés, et vous demandez de quel endroit du livre on a pu les entendre sortir? Oh! quelle incroyable surdité, ou quelle oreille peu exercée! Quoi! n'avez-vous pas lu dans Pascal cette phrase étonnante : « Le silence éternel de ces espaces infinis « m'effraye? » (I, 224.) et cette autre : « Combien de « royaumes nous ignorent! » (I, 224.) et cette autre encore : « Que le cœur de l'homme est creux et « plein d'ordure! » (II, 31.) Cela est-il assez clair? Il n'y a vraiment ici qu'une chose claire : c'est l'empire de la préoccupation sur les meilleurs esprits. Et pourquoi donc Pascal, parlant comme homme, et non comme chrétien, exprimant les impressions qui sont naturelles à tous les esprits méditatifs que le christianisme n'a pas orientés, n'aurait-il pas dit qu'il ne pouvait supporter le silence éternel de ces espaces infinis? Le Dieu des chrétiens, le Dieu de Pascal anime de sa voix, peuple de sa présence cet infini muet dont Pascal nous parle ici avec une terreur si éloquente; voilà ce qui est admirable, voilà ce qu'il fallait dire. Pourquoi, dans le même point de vue, l'auteur des *Pensées* ne se serait-il pas écrié : « Combien de royaumes nous ignorent! » Laissez-le donc rabaisser à son aise cette créature que, tout à l'heure, il va grandir si prodigieusement à vos yeux ; car cet être chétif que les mondes ignorent,

Dieu le connaît et Dieu prend garde à lui. Pourquoi enfin Pascal aurait-il craint d'appeler *creux et plein d'ordure* ce cœur humain duquel un prophète a dit avec plus d'énergie que Pascal : « Le cœur de « l'homme est trompeur et désespérément malin par- « dessus toutes choses ? » De quel droit, quand il s'agit d'un livre dont l'auteur se place tour à tour dans les points de vue les plus divers, de quel droit s'emparer d'une phrase isolée, dont la destination est inconnue aussi bien que la date, pour prononcer que voilà l'état définitif de l'âme de son auteur et le résultat dernier de toute sa pensée ? Nous croyons nous souvenir que c'était quatre lignes que demandait un fameux politique pour faire pendre qui bon lui semblerait : il n'en faut qu'une à M. Cousin pour condamner la foi de Pascal.

Ce qui prête le plus à la critique, je dirai même au blâme, dans ce volume de Pascal, c'est le morceau désigné par l'auteur lui-même sous le titre d'*Infini-Rien*. Expliquer le titre, c'est rendre compte du morceau. A parier contre le christianisme, il y a l'*infini* à perdre si le christianisme est vrai, *rien* à perdre si le christianisme n'est pas vrai. Vous retrouverez chez La Bruyère la même idée sous une autre forme. Si Pascal et La Bruyère ont prétendu faire du choix entre la religion et l'incrédulité une pure affaire de calcul, assurément ils ont eu tort ; s'ils ont parlé de manière à se faire attribuer une idée pareille, ils ont eu tort encore ; et je crois qu'on ne peut les sauver absolument de ce dernier reproche. Mais il me paraît difficile qu'un homme convaincu du christianisme, et pressé du désir de rassembler tous les hommes sous le même abri, ne se voie pas, une fois ou une autre, entraîné vers des idées qui ne seront pas sans rapport avec celles de Pascal et de La Bruyère. Que perdez-vous, dira-t-il, à être chrétien? « Quel mal vous en arrivera-t-« il? Vous serez fidèle, honnête, humble, reconnais-« sant, bienfaisant, sincère ami, véritable. A la vé-« rité, vous ne serez point dans les plaisirs em-« pestés, dans la gloire, dans les délices. Mais n'en « aurez-vous point d'autres? Je vous dis que vous « y gagnerez en cette vie; (II, 170.) car nul n'est « heureux comme un vrai chrétien. » (II, 376.) Que perdez-vous donc à être chrétien? Rien du tout. Mais que perdez-vous à ne l'être pas, au cas que le christianisme soit vrai? L'infini.

On ne dira pas que ce raisonnement soit mauvais comme raisonnement; mais on demandera s'il est applicable *dans l'espèce*. Qu'il soit avantageux de croire, nous le voulons bien ; mais croit-on une chose parce qu'il est avantageux de la croire? On la croit parce qu'elle est vraie, ou parce qu'elle paraît vraie. Nous avons dit dans quelle situation il faut se représenter l'homme à qui Pascal a affaire dans le chapitre dont nous parlons. C'est un homme que son cœur porte vers l'Evangile, qui ne peut s'empêcher de voir dans l'Evangile le repos et la règle de sa vie, mais qui est arrêté sur le seuil, et depuis longtemps, par des doutes invincibles.

C'est à cet homme que Pascal s'adresse, et qu'il dit non pas de croire, mais d'agir comme s'il croyait, de vivre en chrétien avant de penser en chrétien. Il semble lui dire : Un élément de conviction vous échappe et n'est pas au pouvoir de votre raison, qui évidemment est à bout et n'y entend plus rien. Entrez, et vous verrez de dedans ce qu'on ne peut voir de dehors; pratiquez le christianisme et vous le connaîtrez. — Mais comment cela me mènera-t-il au christianisme? demande ce candidat du christianisme. — « Pour vous montrer que cela y mène, « lui répond Pascal, c'est que cela diminue les pas- « sions qui sont vos grands obstacles, etc. » (II, 169.) Un plus infaillible que Pascal avait donné le même conseil en des termes que nous vous avons rappelés (1). Il est vrai que, quand Pascal en vient au détail, il se sépare de son divin modèle; car Jésus-Christ n'aurait pas dit : Prenez de l'eau bénite, faites dire des messes. Jésus-Christ est plus sage que Pascal; il ne conseille comme épreuve que ce qui en soi-même est bon, obligatoire, ce qu'il faudrait faire alors même que le christianisme ne serait pas vrai. Pascal n'a pas si bien dit; mais, au fond, que voulait-il? Ce que voulait Jésus-Christ : régler la vie pour régler l'esprit. Jésus-Christ n'a pas dit non plus : « Naturellement, cela vous fera croire et « vous *abêtira*; » (II, 168.) car il n'eût pas voulu ajouter à la difficulté des choses par l'obscurité des

---

(1) « Si quelqu'un veut faire la volonté de Dieu, il connaîtra si ma doc- « trine vient de Dieu ou si je parle de mon chef. » (Jean VII, 17.)

mots ; mais la pensée sur laquelle Pascal a jeté comme un grossier haillon, cette expression étrange, Jésus-Christ lui-même, le divin docteur, l'eût certainement approuvée; elle est dans le fond même du christianisme, qui veut qu'on renonce à la sagesse du monde pour une sagesse plus haute, à la raison de la raison pour la raison de l'*esprit* ou de la conscience. Il faut, d'une certaine manière, devenir fou afin de devenir sage, c'est-à-dire, en nous exprimant plus simplement, qu'il faut que la raison s'humilie devant des choses qui n'étaient jamais montées au cœur de l'homme, et que Dieu a préparées à ceux qui l'aiment. L'amour ouvre l'esprit à des pensées si hautes, si nouvelles, qu'elles doivent paraître folie à ceux qui ne les acceptent pas.

VII.

LES PROVINCIALES DE PASCAL.

—

L'histoire des *Provinciales*, l'analyse de cet ouvrage, et de nombreuses citations, nous ont fourni les principaux éléments de l'appréciation sommaire que vous attendez sans doute au terme de cette étude. J'ai déjà, par plusieurs observations générales, anticipé sur cette conclusion. Je ne me ferai aucun scrupule de les reproduire, afin de rassembler sous un même regard tout ce qui appartient au même dessein (1).

Vous savez dans quel état Pascal trouva la langue et le style. La France, alors, faisait sa rhétorique, et préparait, en attendant qu'elle pensât, des formes pour sa pensée. J'avoue pourtant qu'il y avait déjà beaucoup d'esprit en circulation, et même de la pensée. Descartes avait déjà écrit, en fort beau français, un peu hellénique peut-être, le *Discours sur*

---

(1) Les jugements de Boileau, de Madame de Sévigné, de Voltaire, de M. Villemain, de M. Sainte-Beuve, ont été rappelés dans la précédente leçon. M. Vinet ne l'avait pas écrite ; il sera facile au lecteur d'y suppléer en recherchant dans les auteurs cités leur opinion sur les *Provinciales.*

la méthode. Mais outre qu'il faut bien convenir qu'en général la pensée et la parole faisaient leurs affaires à part et à l'insu l'une de l'autre, il manquait à cette langue déjà belle, mais d'une beauté froide, à cette Galatée, si j'ose ainsi la nommer, un Pygmalion dont l'ardeur lui communiquât la vie. La pensée fait beaucoup pour une langue, mais la passion davantage. De la passion seule elle peut recevoir le mouvement, la souplesse et, chose remarquable, la mesure même. Par elle seule, la statue imposante, colossale peut-être, devient un corps vivant, un être libre, qui se transporte partout où on lui dit d'aller. Je parle d'une passion partagée, d'une passion publique, ou faite pour le devenir ; car l'éloquence naît à la fois de la sympathie qu'on éprouve et de celle qu'on espère ; vous pouvez ajouter : de l'opposition qu'on prévoit sans la redouter, car il faut à l'éloquence des amis et des ennemis, et elle ne se passe guère plus des derniers que des premiers. Or, ce qui est nécessaire à l'orateur pour devenir éloquent, est également nécessaire à la langue d'un peuple pour devenir éloquente, je dis éloquente en elle-même, ou propre à l'éloquence. Il est indispensable que la passion ; une passion publique intervienne. Il lui faut des intérêts actuels, et des questions vivantes. Tous les perfectionnements qu'elle a pu recevoir jusque là sont nécessairement superficiels. Ses langes sont dorés peut-être, mais elle est garrottée dans ses langes ; ses mouvements sont pénibles et massifs ; on écrit déjà, mais on ne parle pas

encore; et cette forme du discours qui ne veut pas être de la poésie, et qui n'est pas non plus de la prose (s'il est vrai que l'empreinte de la réalité soit le vrai cachet de la prose), est, pour parler avec Bossuet, « un je ne sais quoi qui n'a de nom dans au-
« cune langue. »

L'auteur des *Provinciales* trouva une passion dans le public, et en y mêlant la sienne, il en précipita le cours. Il aida et fut aidé. Le flot plein et grondant de la passion publique accrut et entraîna la sienne; la sienne, plus sérieuse encore et plus puissante que celle du public, ajouta de l'ardeur à la préoccupation générale. Il ne doit pas nous être nécessaire de partager cette passion pour la comprendre; mais pourtant, à moins de reconnaître combien l'objet en était grave, nous ne la comprendrions pas. Un des torts les plus universels de chaque époque est de ne pas apprécier les préoccupations des temps qui ne sont plus. On parle des questions agitées dans les *Provinciales* comme de questions éteintes; mais elles ne le sont pas, et rien ne peut les éteindre. Il n'est même, dans le débat où Pascal jeta le poids de son génie et de sa conviction, rien qui ne soit intéressant pour toutes les époques. Le conflit du docteur Arnauld avec la Sorbonne, le jeu des passions et de l'intrigue au sein de cette corporation de théologiens, la passion populaire qu'on entend sourdement mugir autour de l'enceinte sacrée, cette minorité d'avance condamnée, qui, de l'aréopage doctoral, en appelle vivement et soudainement au public, érigé en cour d'appel pour la seconde fois depuis sa convocation par les réformateurs du seizième siècle; tout cela ne peut paraître indifférent qu'à ceux pour qui la Fronde, en revanche, est un événement sérieux et digne d'une minutieuse étude. Osons le dire : il ne s'est rien passé de plus grand dans le cours du dix-septième siècle. Les préoccupations du public de cette époque valaient bien pour le moins les nôtres. Et n'eussions-nous que les trois premières *Provinciales,* je ne parlerais pas autrement. Mais combien le terrain du débat ne fut-il pas élargi par l'illustre pamphlétaire! Croyez-en, sur la gravité réelle du débat, l'ensemble de sa polémique, et non pas quelques mots, où l'on reconnaît le tacticien habile plutôt que l'homme passionné. Quand il dit aux adversaires de Port-Royal : « Le principal artifice de « votre conduite est de faire croire qu'il y va de tout « en une affaire qui n'est de rien (1), » vous pouvez intérieurement lui répondre : Oui, il y va de tout, et c'est vous-même qui nous en avez convaincus. Vos premières lettres nous l'ont déjà fait soupçonner; mais combien plus les suivantes ! Pouvons-nous méconnaître, après vous avoir lu, que ce qui s'agite entre Port-Royal et ses adversaires, c'est seulement ceci : en matière ecclésiastique, la question du fait et du droit, c'est-à-dire les limites de l'infaillibilité du saint-siége; en théologie, la grâce; en morale, tout, nous voulons dire les principes et leurs applications?

(1) Lettre XVIII.

M. Villemain n'a pas tout dit, mais il a dit vrai, lorsqu'il a affirmé que « les solitaires de Port-Royal, « en paraissant ne discuter que des subtilités scholas- « tiques, représentaient la liberté de conscience, l'es- « prit d'examen, l'amour de la justice et de la vérité. » Au point de vue même de notre siècle, trop exclusivement préoccupé de liberté civile, la lutte de Port-Royal et de son immortel secrétaire, contre un ordre et contre un parti qui aspirait à gouverner l'Etat et qui sut y parvenir, est digne, même aujourd'hui, d'un vif intérêt. La tradition de la liberté, croyez-le bien, est perpétuelle comme celle de la vérité. Il n'est aucune époque où la liberté, qui est une des vérités de l'ordre social, n'ait eu ses représentants et ses témoins. Qu'importe de la forme et des applications? Les esprits sérieux du dix-septième siècle ne poursuivaient pas la même liberté que nous, ou, pour mieux dire, ils ne poursuivaient pas, comme nous, les garanties de la liberté; mais, comme nous, plus sérieusement peut-être, ils poursuivaient la liberté. Ils entraînaient la passion publique sur un terrain où elle ne les suivait, je veux bien le croire, que parce qu'elle n'en avait pas d'autre, et nous ne risquons pas beaucoup à supposer qu'entre des questions de théologie et des questions politiques, si le choix lui en eût été donné, le public, sans hésiter beaucoup, se fût attaché aux dernières. Quoi qu'il en soit, une seule arène était ouverte à la liberté, qui, dans tous les temps, a su s'en faire ouvrir une ou plusieurs. Le dix-septième siècle, si asservi, ce nous semble, s'exerçait du moins et se préparait à la liberté par la religion et la littérature, qui sont déjà deux libertés, et le gage de toutes les autres. Ces discussions religieuses que nous trouvons de trop dans le dix-septième siècle, ce développement littéraire, qui nous semble n'avoir servi qu'à la gloire de la nation, n'ont pas laissé d'acheminer la France vers la liberté. Port-Royal l'a plus avancée dans cette voie que la Fronde, et Louis XIV, en pensionnant Racine et Despréaux, pensionnait la liberté, dont le germe existe caché et se développe en silence dans toutes les applications élevées de l'esprit humain. Tous ces débats, tous ces travaux, en formant un public, préparaient un peuple; car le public est le précurseur du peuple.

Mais, pour convoquer ce public au nom de questions abstraites et même subtiles, il fallait deux choses. Il fallait, d'une part, les ériger en questions de morale; car la morale, surtout dans une société moderne, la morale est toujours populaire, et vous remarquerez, Messieurs, qu'aujourd'hui comme toujours, le peuple, obéissant au plus noble des instincts, ramène toutes les questions de politique à des questions de morale. Or, c'est bien à cette hauteur que l'auteur des *Provinciales* a élevé le débat. Il fallait encore autre chose, et je vais vous le faire entendre en vous rappelant ce passage de Pascal dans ses *Pensées* : « Il faut qu'on ne puisse dire (d'un « écrivain), ni il est mathématicien, ni prédicateur, « ni éloquent, mais il est *honnête homme*. » C'est précisément à quoi la plupart des écrivains du temps, même sur des sujets du domaine commun, avaient manqué jusqu'alors. Ce n'était pas qu'ils ne se piquassent d'être *honnêtes gens*; mais « le vrai *honnête* « *homme*, a dit Larochefoucauld, est celui qui ne « se pique de rien, » non, pas même d'être *honnête homme*. Pascal savait qu'il fallait l'être, et ne s'en piquait pas. Il sut, dans ses écrits, être *honnête homme*, c'est-à-dire selon le langage du temps, homme plutôt qu'écrivain, homme quoique écrivain, homme de la réalité, homme de la vie, je dirais volontiers homme du monde, en prenant cette expression dans le meilleur sens qu'elle puisse avoir. C'était alors, dans le domaine de la littérature, une grande nouveauté, une véritable invention. Et ce n'est pas une seule fois que Pascal en donna l'exemple : s'il fut honnête homme dans les *Provinciales*, il le fut aussi dans les *Pensées*; car cette apologie du christianisme est la première, parmi les apologies modernes, qui ait été écrite par un *honnête homme*. Au reste, vous le comprenez, honnête homme, pris dans le sens du dix-septième siècle, n'est pas le contraire d'honnête homme, pris dans le sens du nôtre. En Pascal, du moins, les deux acceptions se rejoignent admirablement. Ces *Provinciales*, si plaisantes et si vives, si admirables selon le monde, furent, dans l'intention de Pascal, une œuvre aussi sérieuse et peut-être aussi nécessaire que ses *Pensées*; il les écrivit au milieu des souffrances les plus aiguës et, pour ainsi dire, un pied sur le seuil du monde éternel. Ne s'y trouve-t-il rien de l'esprit du monde, rien de l'amertume du vieil homme? Je n'ose ni l'affirmer, ni le nier. Mais, plus près encore du tombeau, Pascal, adjuré en quelque sorte de se faire justice au sujet de cet écrit, répondait : « Si mes lettres « sont condamnées à Rome, ce que j'y condamne « est condamné dans le ciel. *Ad tuum, domine Jesu,* « *tribunal appello.* On me demande si je ne me re- « pens pas d'avoir fait les *Provinciales*. Je réponds « que bien loin de m'en repentir, si j'avais à les « faire présentement je les ferais encore plus « fortes (1).

Mais il s'agit, pour le moment, d'une autre espèce d'*honnêteté*. Celle dont nous parlons consiste seulement à rejeter le langage technique, les formules d'école, l'isotérisme, l'emphase ou les délicatesses du bel-esprit, à parler, en un mot, comme tout le monde et pour tout le monde. Et en effet, adressées à tout le monde, les *Provinciales* arrivèrent à leur adresse. Le succès en fut immense et populaire dès le début, et Pascal lui-même l'a constaté. « Vos deux « lettres, se fait-il écrire par le *provincial,* n'ont pas « été pour moi seul. Tout le monde les voit, tout « le monde les entend, tout le monde les croit. Elles « ne sont pas seulement estimées par les théologiens; « elles sont encore agréables aux gens du monde, « et intelligibles aux femmes mêmes. » Le public leur fit l'honneur qu'il fait aux ouvrages dont il a

---

(1) *Pensées de Pascal*, édition Faugère, I, 267 et 367.

souvent le nom à la bouche : il en abrégea le titre (1). Ce ne furent plus les *Lettres au Provincial* (2), mais les *Provinciales*, titre que Pascal lui-même a adopté. Il n'y a que deux nomenclateurs dans le monde : le peuple et la loi ; je ne dis pas lequel a le plus d'autorité.

Je ne sais s'il ne faut pas ajouter que Pascal, à son insu, flattait quelques instincts populaires, apparemment parce qu'il les portait en lui. Quand vous l'entendez s'écrier : « En vérité, le monde de-
« vient méfiant, et ne croit les choses que quand
« il les voit ; » quand il s'échappe à dire que « s'il y
« avait des observations constantes qui prouvassent
« que c'est la terre qui tourne autour du soleil,
« tous les hommes ensemble *(le pape compris),* ne
« l'empêcheraient pas de tourner, et ne s'empêche-
« raient pas de tourner aussi avec elle ; » l'observateur du Puy-de-Dôme, qu'on croyait bien loin, reparaît. Et n'en doutez pas, ces paroles, et d'autres semblables, ont fait, en se répandant, palpiter plus d'un cœur d'un plaisir étrange. Pascal, comme théologien, faisait ses réserves sans doute, et ménageait au chef de l'Eglise une sphère d'infaillibilité ; mais il a fait d'autres réserves en faveur des sens, du sens commun peut-être, en faveur des faits, en faveur de la science. Il n'en est pas moins catholi-

---

(1) Madame de Sévigné désigne quelque part le livre de la *Fréquente communion* sous le nom de la *Fréquente.*

(2) Ce titre même, que l'auteur n'aimait pas, fut de l'invention de l'imprimeur. C'est Pascal qui nous l'apprend.

que; mais il a interjeté, au nom de la liberté intellectuelle menacée, un *appel comme d'abus;* on lui en tiendra compte, on s'en souviendra ; et toute cette classe d'hommes qui ne croit que ce qu'elle voit, s'imaginera procéder de cet écrivain qui, dans ses *Pensées*, a quelquefois l'air de refuser à l'homme de croire même ce qu'il voit. M. Villemain a raison : l'esprit d'examen est une des choses dont Pascal, dans le livre des *Provinciales*, s'est fait le représentant.

Nous n'avons pas besoin d'en dire davantage pour faire comprendre quelle surprise charmante excita, dans le public, l'apparition des *petites lettres*. L'intérêt de quelques-unes a diminué; celui de plusieurs autres est durable, ou toujours prêt à renaître. « Vos maximes, dit Pascal à ses adversaires, « ont je ne sais quoi de divertissant qui réjouit tou- « jours le monde. » De nos jours, Pascal trouverait peut-être que l'odieux l'emporte sur le ridicule ; car à moins qu'il n'ait fait un choix et qu'il n'ait ménagé ses adversaires, ce que nous connaissons de la casuistique moderne fait moins éclater le rire qu'elle ne fait naître l'horreur. Mais il y avait ample matière à tous deux dans la curieuse bibliothèque dont le bon père que Pascal met en scène dès la cinquième lettre, décharge si obligeamment les rayons. Je ne suis point en mesure, Messieurs, de juger le jugement de Pascal (1), quoique je n'hésite

(1) Je renvoie, sur ce sujet, aux fines et judicieuses observations de M. Reuchlin dans sa *Vie de Pascal*.

pas à repousser avec indignation le mot connu de
M. de Maistre : « Depuis le *Menteur* de Corneille
« jusqu'aux *Menteuses* de Pascal. » Pascal remplit
ici l'office d'accusateur et non celui de juge ; les
Provinciales ne sont pas un rapport, mais un réquisitoire ; s'il est juste, il l'est comme un adversaire, comme un ennemi peut l'être, comme on peut
l'être envers ceux que l'on veut, justement peut-être, mais enfin que l'on veut détruire. Même dans
ce sens, est-il toujours juste ? L'est-il en rapportant
tout à la préméditation, au calcul, et jamais rien à
l'erreur ? Un jésuite même peut se tromper. Et lorsque, dans sa treizième lettre, Pascal nous représente les jésuites jetant dans le monde des moitiés
de maximes, moitiés innocentes, mais destinées à
se rejoindre en temps et lieu pour former par leur
réunion une monstrueuse erreur, ne vous paraît-il
pas conclure un peu trop rigoureusement du fait à
l'intention ? Je me suis adressé ces questions ; mais
après cela, il faut convenir que le plus habile ne
saurait faire à la fois deux choses si différentes que
le sont la polémique et l'histoire. Pascal, « ministre
« d'une grande vengeance, » pour nous servir une
fois de son langage, tient un glaive et non des balances ; et soit à cause de cela, soit parce qu'il est
catholique, tout un ordre de considérations a dû lui
demeurer étranger. Il n'est pas conduit à remarquer
que les jésuites ne sont que les parrains, et non les
véritables pères du système qui porte leur nom ; que
ce qu'on a, justement ou injustement, appelé le *jé-*

suitisme, date des premiers jours du monde; que l'art des interprétations, de la direction d'intention, et des réserves mentales, a été pratiqué de tout temps par les plus ignorants des mortels, et que, si le mot de *jésuite* avait le sens que les jansénistes lui eussent donné volontiers et qu'il a reçu d'un usage assez général, il faudrait dire que le cœur humain est naturellement jésuite. Qu'est-ce que le *probabilisme*, si ce n'est le nom extraordinaire de la chose du monde la plus ordinaire : le culte de l'opinion, la préférence donnée à l'autorité sur la conviction individuelle, aux personnes sur les idées, au hasard des rencontres sur les oracles de la conscience? L'esprit du temps, l'opinion publique, la marche des idées, qu'est-ce que tout cela, sinon le probabilisme encore, sous des noms modernes et populaires? Le probabilisme était sans nom lorsque Satan aborda nos premiers parents; mais Satan fut-il à leurs yeux autre chose qu'un *docteur grave*, bien capable, après tout, de *rendre son opinion probable?* Tout cela n'excuse pas Escobar, Molina, ni le père Bauny, s'ils ont, en effet, des suggestions infiniment diverses du malin, composé toute une morale; seulement l'honneur ou la honte de l'invention ne leur appartient en aucune façon.

Par une autre raison, Pascal aussi n'eût pas pu dire qu'une Eglise que son principe entraîne à tenir avant tout au nombre, et à s'adresser aux masses immédiatement, doit renoncer à deux choses à la fois : à former une unité vivante, et à maintenir, en théologie et en morale, les principes les plus élevés. Ce que Montesquieu a dit du gouvernement aristocratique, que son esprit est la modération, peut se dire, en un certain sens, de l'Eglise toute massive à laquelle appartenaient à la fois Pascal et ses adversaires. Des vérités sublimes ont pu être professées, de sublimes vertus ont pu être exercées par des hommes à elle; mais le sublime en rien n'est son fait, et il n'est pas d'angle un peu vif qu'elle n'ait plus ou moins amorti. Or, chaque idée, les circonstances aidant, doit arriver un jour à son expression complète, et se personnifier ou dans un corps ou dans un individu; et alors elle a l'air de se surmonter elle-même, tandis que tout simplement elle se met debout, d'assise qu'elle était. Ainsi a fait, au seizième siècle, l'idée romaine; les compagnons d'Ignace ont prolongé jusqu'à l'extrémité toutes les lignes commencées; en théologie, en morale, ils ont dit le dernier mot de leur Eglise; ou plutôt, ils lui ont révélé sa pensée, ou plutôt encore, ils lui ont révélé les inévitables conséquences de ses principes. L'Eglise s'en est émue; ses plus illustres docteurs ont protesté, ont désavoué; le catholicisme n'a voulu être ni jésuite, ni ultramontain : il est pourtant l'un et l'autre en germe, et je ne sais comment, sans se renier ou se détruire lui-même, il pourra jamais se défaire de ces incommodes et dangereuses excroissances.

Une observation se présente d'elle-même en lisant dans Pascal les extraits de la morale des casuistes.

Comme l'esprit humain se rabougrit dans le sophisme! mais, par-dessus tout, dans le sophisme religieux! Il n'y a pas de plus petits esprits que ceux qui abordent les grandes choses avec de petites pensées; au lieu d'y grandir, ils y décroissent; et sous ce rapport on peut dire que si nulle science n'est propre, autant que celle de la religion, à élever, à agrandir la pensée, nulle région scientifique ne nous offre, parmi les esprits qui l'habitent, des exemples aussi frappants, aussi complets, de niaiserie et de puérilité. Cela est, et cela doit être. La vérité, quand nous l'avons rapetissée, se venge en nous rapetissant.

Les citations que nous avons faites vous ont donné lieu d'apprécier ce qu'une lecture suivie vous fera sans doute admirer davantage : l'ingénieuse habileté de la composition. La marche générale du livre n'était pas préméditée et ne pouvait pas l'être, et si nous y admirons des péripéties vraiment dramatiques, un rhythme parfait, l'honneur en est à la situation et aux incidents pour le moins autant qu'à l'auteur. Mais dans chacune des parties distinctes dont l'ouvrage est composé, à quel degré n'est pas porté l'art des transitions et de la gradation! Art vraiment parfait, car, à une première lecture, on ne s'en aperçoit pas; mais la réflexion ne tarde pas à le découvrir, et c'est une autre jouissance. Je parle surtout des lettres où Pascal se fait endoctriner par le bon père jésuite; mais le mérite que je signale et que je recommande à votre étude est plus ou moins remarquable dans toutes.

Les deux séries de lettres dont la réunion compose le recueil des *Provinciales* diffèrent entre elles profondément, quoique également parfaites. C'est tour à tour, a-t-on dit souvent, Molière et Démosthène. L'éloge n'a rien d'exagéré. Le comique de Molière, dans ses plus excellents ouvrages, n'est pas meilleur que celui des premières *Provinciales*, et quand elles parurent, Molière n'existait pas (1). Ainsi que M. Villemain, « nous admirerions moins « les *Lettres provinciales* si elles n'étaient pas écrites « avant Molière. » Molière, en effet, a pu devoir quelque chose à Pascal, et il est même difficile d'en douter : Pascal n'a rien appris de Molière. Corneille, dans ses comédies, dont la meilleure a précédé de quatorze ans les pamphlets de Pascal, avait eu le mérite de mettre sur la scène la conversation des honnêtes gens; il avait été fort plaisant dans le *Menteur;* mais les *Menteuses*, pour parler le langage de M. de Maistre, ne doivent rien au *Menteur*. Si Pascal n'a pas inventé le comique, plus ancien en France que Corneille lui-même, Pascal en a donné le premier exemple au dix-septième siècle. Toutes les lettres comprises entre la quatrième et la onzième *Provinciales* sont, je ne dirai pas de parfaites comédies, mais des trésors et des modèles du plus excellent comique. Ce dont il faut admirer Pascal, c'est d'a-

(1) Il ne vint à Paris qu'en 1658, et n'avait donné avant cette époque que l'*Etourdi* et le *Dépit amoureux*. Les *Provinciales* sont de 1656.

voir, dans l'exécution de son dessein, préféré la comédie à la satire. Une satire aussi prolongée eût été monotone; on se lasse de la moquerie presque aussi vite que de la louange. Mais le comique, qui n'est autre chose que la révélation naïve d'un caractère par lui-même, quand il est bon, ne lasse point. Telle est la vertu du drame, et le charme, dirai-je, de la naïveté, car le comique est toujours naïf. Un personnage comique est celui qui ne veut point l'être, qui se trahit à son insu, et qui volontiers dirait comme Alceste, en voyant le rire éclater autour de lui et à son sujet :

« Par la sambleu, Messieurs, je ne croyais pas être
« Si plaisant que je suis. »

Le comique est la naïveté du péché.

L'hypocrite le plus consommé peut avoir des naïvetés qui le rendent comique, et c'est par là que Tartufe, je dis le personnage de Tartufe, s'est trouvé propre à la comédie. C'est dans le même sens que celles des *petites lettres* qui ont fait comparer leur auteur à l'auteur de Tartufe, sont essentiellement comiques. La malicieuse bonhomie et la feinte docilité du janséniste déguisé sont fort amusantes sans doute; mais ce qui est comique, c'est tout le personnage, tout le rôle du casuiste. J'ai essayé, dans ma précédente leçon, de décomposer ce caractère; j'ai fait mieux, je l'ai laissé se dessiner à vos yeux dans quelques-unes des pages de Pascal : je n'y reviendrai pas. Je me contenterai d'ajouter que le plaisir que donne la satire, même excellente, est en général d'une nature inférieure à celui que la comédie procure. Il y a dans ce dernier quelque chose de plus que de l'amusement, quelque chose même au-dessus de la satisfaction légitime, mais dangereuse, que peut donner la vue d'une punition nécessaire et méritée; le plaisir de la comédie, ou pour me restreindre dans l'exacte vérité, le plaisir que donne le comique proprement dit, est un plaisir poétique et intellectuel, je dirai même philosophique, si l'on veut. Mais nous n'oublierons pas que Pascal n'est point seulement comique, c'est-à-dire plaisant par le ridicule d'autrui, mais qu'il est fort plaisant pour son propre compte, et que, pour la finesse et le bon goût de la raillerie, c'est un modèle accompli qui n'avait pas eu de modèle. Il n'y a pas de gaîté plus franche et plus cordiale que celle de ce mélancolique, et il est peut-être une des preuves que le don des larmes et celui du rire ont une secrète parenté; mais il n'y a pas non plus de raillerie plus élégante que celle de ce solitaire : *l'honnête homme* reparaît partout, dans ce siècle qui fut, par excellence, celui des honnêtes gens. Jamais, ou presque jamais, il ne badine sur le mot; sa plaisanterie, comme celle de Madame de Sévigné, porte toujours sur les choses. Ce n'est pas, dit Boileau,

« Qu'une muse un peu fine
« Sur un mot en passant ne joue et ne badine; »

et Pascal se l'est permis une fois du moins (mais en

se mettant à l'abri derrière un académicien, ce qui n'est peut-être, après tout, qu'une malice surérogatoire) : « En qualité d'académicien, fait-il dire à ce « personnage, je condamnerais d'autorité, je banni- « rais, je proscrirais, peu s'en faut que je ne *die* « j'exterminerais de tout mon *pouvoir* ce *pouvoir* pro- « chain, qui fait tant de bruit pour rien. Le mal est « que notre pouvoir académique est un pouvoir fort « *éloigné* et borné. » Un jeu de mots plus caractérisé, et d'un goût peut-être moins sûr, se lit à la fin de la première lettre, mais seulement dans les anciennes éditions : « Je vous laisse dans la liberté de tenir pour « le mot de *prochain* ou non ; car j'aime trop mon « prochain pour le persécuter sous ce prétexte. » Comme je trouve encore ce badinage dans une édition des *Provinciales*, publiée en 1667 (cinq ans après la mort de Pascal), ce mot reste à sa charge et pèse de tout son poids sur sa conscience d'écrivain : elle n'en est pas, je pense, fort incommodée. Quoi qu'il en soit, le mot a disparu. Comme les amis qui l'ont supprimé n'avaient pas, apparemment, le goût meilleur que Pascal, il est permis de supposer qu'un scrupule d'une nature plus sérieuse leur commanda cette suppression.

Mais qu'est-ce que le goût le plus délicat peut trouver à redire dans des passages comme ceux-ci ? Le premier fait partie du *post-scriptum* de cette foudroyante philippique qu'on appelle la quatorzième provinciale. Que la gaîté, dans une âme sereine, est toujours prompte à renaître !

« .....Vous ne deviez pas lui faire désavouer une
« chose aussi publique qu'est le soufflet de Compiè-
« gne. Il est constant, mes pères, par l'aveu de l'of-
« fensé, qu'il a reçu sur sa joue un coup de la main
« d'un jésuite; et tout ce qu'ont pu faire vos amis
« a été de mettre en doute s'il l'a reçu de l'avant-
« main ou de l'arrière-main, et d'agiter la question
« si un coup de revers de la main sur la joue doit
« être appelé soufflet ou non. Je ne sais à qui il ap-
« partient d'en décider; mais je croirais cependant
« que c'est au moins un soufflet probable. Cela me
« met en sûreté de conscience. »

Ceci me paraît encore meilleur :

« Ho! ho! dit le père, vous ne riez plus. — Je
« vous confesse, lui dis-je, que ce soupçon que je
« me voulusse railler des choses saintes me serait
« bien sensible, comme il serait bien injuste. — Je
« ne le disais pas tout de bon, répartit le père; mais
« parlons plus sérieusement. — J'y suis tout disposé,
« si vous le voulez, mon père; *cela dépend de vous.* »

Il pourra paraître singulier de le dire; mais je le dirai toutefois : des deux rapprochements qu'on a faits de Pascal, l'un avec Molière, l'autre avec Démosthène, celui qui l'honore le plus est le premier. Dans le second de ces parallèles, c'est Démosthène à qui l'on fait honneur. Pour diminuer les périls de cette assertion, il est nécessaire de s'expliquer. Individuellement, et comme talent, l'auteur des *Provinciales* ne l'emporte peut-être pas sur l'auteur des *Philippiques*; mais si l'un n'est pas plus éloquent que l'autre, les choses, s'il est permis de parler ainsi, sont plus éloquentes chez Pascal que chez Démosthène. Il faut partir de ce principe : ce qui est éloquent dans les ouvrages éloquents, c'est la vérité; l'éloquence n'est que la vérité passionnée, c'est-à-dire la vérité dans sa plénitude, car la passion complète la vérité. Je parle, vous le comprenez, de vérités de l'ordre moral; mais qui songe à demander l'éloquence à des vérités d'un autre ordre? Où Démosthène lui-même a-t-il puisé son éloquence, si ce n'est dans les vérités morales? Qu'est-ce que ses mouvements oratoires les plus fameux, si ce n'est d'énergiques appels aux vérités de cet ordre? Il faut donc s'attendre qu'une éloquence qui les aura toutes à sa disposition, et dans leur plus parfaite pureté comme dans leur plus grande élévation, qu'une éloquence dont ces grandes idées ne seront pas seulement le point d'appui, mais l'objet même et la matière, sera, toutes choses d'ailleurs égales, la plus haute des éloquences. Nous pouvons, sans effort, nous associer aux émotions de Démosthène; mais tout notre cœur se laisse d'avance enlever aux émotions de Pascal dans la lettre sur l'amour de Dieu, et dans la lettre sur l'homicide. L'éloquence chrétienne, par où je n'entends point désigner celle de la chaire, mais l'éloquence des idées chrétiennes, a sans doute en elle-même quelque chose de substantiel et d'onctueux, propre à remplir l'âme entière, que toute autre éloquence, dût-elle porter le nom de Démosthène, ne remplira jamais qu'à moitié.

Nous manquerions de l'éloquence du talent, que nous aurions toujours l'éloquence des choses. Mais nous sommes obligés envers elle; elle ne nous dispense pas, elle nous fait plutôt une loi, d'être éloquents nous-mêmes. Car ce qui est éloquent d'une manière sensible et effective, ce n'est pas la vérité hors de nous, mais la vérité en nous; par conséquent, ainsi que je me suis exprimé tout à l'heure, la vérité passionnée.

D'autres ont dit, Messieurs, la logique passionnée. C'est quelque chose sans doute que cet adjectif, et cette définition l'emporte en vérité sur cette formule incomplète : « Etre éloquent, c'est savoir prouver. » Mais la logique n'est qu'une partie, la partie formelle et instrumentale, de la vérité. Toute vérité est logique, en tant que vérité; mais il y a une logique cachée dans le fond de la vérité, alors même qu'elle ne fait autre chose que s'affirmer ou se poser; et il y en a une autre, ostensible, avouée, actuelle pour ainsi dire, dont l'emploi compte pour beaucoup dans l'éloquence du *discours* : car discourir et raisonner sont termes synonymes. Cette logique a, ce me semble, atteint dans les *Provinciales* le degré de la perfection.

La logique du discours, dans les *Provinciales*, est remarquable par l'étroit enchaînement des anneaux, qu'aucun intervalle ne sépare, et qui forment un tout si continu, qu'on les dirait incorporés l'un dans l'autre. Dans les morceaux de discussion proprement dite, ou de déduction, chaque phrase, chaque

17

mot travaille pour la preuve, gravite vers le résultat : les molécules, avec la même force que les masses, obéissent à l'attraction, et aspirent vers le centre. Chemin faisant, et sans perdre temps, chaque idée se dessine, chaque objet se caractérise ; mais toutes semblent avoir entendu, comme l'humanité, le fameux mot de Bossuet : *Marche, marche!* et tout marche en effet, dans ces déductions ardentes et obstinées. Tout marche et rien ne se hâte. L'éloquence de Bossuet consiste souvent à omettre les idées intermédiaires et à franchir d'un coup d'aile tout l'espace qu'enferme l'horizon ; on dirait que l'éloquence de Pascal consiste à faire le contraire ; on le dirait, Messieurs, tant cette lenteur a de puissance. Dans ce progrès mesuré, mais imperturbable, l'argument grossit pour ainsi dire en avançant ; les aspects de l'idée se multiplient ; de nouvelles conséquences apparaissent ; des alternatives redoutables, des dilemmes foudroyants éclatent à l'improviste ; l'erreur, pressée à la rigueur par l'impitoyable logicien, rend goutte à goutte tout le poison dont elle est gonflée ; elle s'étonne, elle s'effraye d'elle-même ; on dirait que, comme au criminel mis à la gêne, outre l'aveu qu'on lui demandait, la douleur lui en arrache d'autres qu'on ne lui demandait pas. La réduction à l'absurde ou à l'odieux se trouve sans doute, quelles que soient les apparences, au terme de toute argumentation ; mais elle est flagrante, et souvent inopinée, dans la discussion des *Provinciales* ; et Pascal a mieux compris que personne l'utilité oratoire de la preuve surabondante, qui se fait forte de sa longueur, de ses délais, ou, si l'on veut, de ses sursis, comme, dans une autre sphère ou dans d'autres occasions, elle se fait forte d'une justice expéditive et sommaire (1).

Il ne suffit pas d'étudier la logique de Pascal dans les endroits où naturellement elle prend ses aises et règne sans partage : la logique, chez Pascal, se mêle à tout ; et ceci, plus encore que ce que nous venons de dire de son argumentation, forme le trait distinctif de son beau génie. Saurai-je ici me faire comprendre? Sous des traits plus ou moins voilés, la logique ou le raisonnement est partout dans la parole humaine ; la logique la plus délicate est la loi et fait la beauté des plus simples narrations ; la logique est au principe ou au fond des mouvements oratoires les plus impétueux ; et comment n'en serait-il pas ainsi, puisque nos mouvements les plus intimes, les plus instinctifs, sont mêlés de logique? Un bon mot est-il autre chose, bien souvent, qu'une saillie de logique? Les plus belles choses en tout genre sont l'expression ou subissent la loi d'une logique supérieure ; car la justesse et l'inexactitude ne sont pas les seules différences entre la logique

---

(1) Qu'on examine les déductions de Pascal : elles tiennent, à l'ordinaire, plus qu'elles n'ont promis ou qu'elles n'ont fait attendre. Où le terrain du débat s'agrandit à l'improviste, ou la conclusion première le mène à une conclusion plus haute, où, repoussant vivement une sortie de l'ennemi, il entre avec lui dans la place, et poursuit ceux qui le poursuivaient. C'est sa méthode et sa force, et les *Pensées*, comme les *Provinciales*, nous en fourniraient des exemples.

d'un homme et celle d'un autre : il y a une logique savante ou sublime comme il y a une logique vulgaire et superficielle. Elle est souvent inspirée ou suggérée par quelque chose qui vaut mieux qu'elle; et comme il y a des raisonnements solides, il y a des raisonnements touchants. La logique n'est pas antérieure à tout; avant elle, il y a les faits et les impressions que les faits produisent, quoique je ne veuille pas dire que la logique soit toujours étrangère aux impressions qui paraissent les plus naïves. Des faits et des impressions sublimes rendent la logique sublime; mais elle conserve son caractère et donne au discours non-seulement une forme, mais une énergie particulière. La logique est pour quelque chose sans doute dans l'effet de ces vers fameux de *Médée* :

> « Me peut-il bien trahir après tant de bienfaits?
> « M'ose-t-il bien quitter après tant de forfaits? »

Cela ne peut-il pas se traduire ainsi : Il oublie de deux choses l'une pour le moins : mes bienfaits ou nos crimes; car s'il se souvenait des premiers, comment pourrait-il me quitter? et s'il se souvenait des seconds, comment oserait-il me trahir?

Les vers que je viens de transcrire me font presque hésiter à puiser dans une source divine une autre preuve de ce que j'avance; hâtez-vous donc de les oublier, afin que j'ose vous rappeler que la logique est présente et manifeste dans quelques-unes des paroles les plus saisissantes du docteur par excellence. N'est-ce pas un raisonnement sublime, mais un raisonnement toutefois, qui nous frappe si vivement dans ce passage : « Et quant à la résurrec- « tion des morts, n'avez-vous point lu ce que Dieu « vous a dit : Je suis le Dieu d'Abraham, le Dieu « d'Isaac et le Dieu de Jacob? Dieu n'est point le « Dieu des morts, mais le Dieu des vivants. »

Ce que je veux dire maintenant, c'est que Pascal, dans les *Provinciales*, imprime le caractère de la logique à toutes les parties de son discours, à tous les détails de son style. Je vous prie, Messieurs, de parcourir le livre à cette seule intention ; vous me comprendrez alors, et vous verrez, j'ose le dire, à quel point j'ai raison. Il me suffirait d'ailleurs de vous rappeler ces dernières pages, que nous lûmes il y a peu de jours, de la quatorzième lettre de Pascal. Alors que la passion semble précipiter la course de son char, avec quelle fermeté ou plutôt avec quelle sévérité vigilante, la logique ne tient-elle pas les rênes, et avec quelle attention Pascal n'en ménage-t-il pas, jusque dans la forme, les plus extrêmes exigences? Dans les endroits les plus calmes, consacrés à la pure discussion, vous ne le trouverez pas plus scrupuleux, plus exact, que dans les moments d'ardeur. Et cependant vous vous sentez entraîné, et vous voyez les roues du char fumer. La logique se passionne, la passion reste logique.

Ces observations peuvent faire pressentir quelques-uns des caractères du style de Pascal. On sait ce que les rhéteurs du temps, à la tête desquels il est juste de placer Balzac, avaient fait du style, ou quel style ils avaient inventé. Ce style, qui trop souvent sonnait creux, avait acquis, par leurs soins, l'élégance, le nombre, et je ne sais quelle élasticité qui lui avait manqué jusqu'alors. Mais ce style n'est tout à fait adulte et viril que dans la prose de Pascal ; la logique et la passion ont fait les frais de cette transformation. Il ne faudrait pas s'imaginer néanmoins que Pascal ait été uniquement fils de ses œuvres, et qu'il n'ait rien dû à ses prédécesseurs. On ne le lirait pas longtemps sans s'apercevoir qu'il avait appris quelque chose à leur école, et je ne sais si l'on ne doit pas ajouter qu'il eût pu y gagner davantage encore. Rien sans doute d'aussi important, d'aussi essentiel que ce qu'il a, de son propre fonds, ajouté au fonds commun. Mais enfin ceux qui, en réfutant ses opinions, essayaient de réfuter son style, avaient raison quelquefois, quoique sur des points où ce n'était presque pas la peine d'avoir raison. Leurs remarques prouvent au moins combien l'oreille était devenue difficile ; et Pascal aurait beau dire, ce qui est si vrai, « qu'on « ne consulte que l'oreille parce qu'on manque de « cœur, » il n'en est pas moins vrai qu'il est bon de la consulter, et qu'il y manque quelquefois. Le P. Daniel était peut-être un peu sévère lorsqu'il reprenait, comme inélégante, cette phrase du début des *Provinciales* : « Tant d'assemblées d'une compa- « gnie aussi célèbre qu'est la faculté de théologie « de Paris, et où il s'est passé tant de choses si ex-

« traordinaires et si hors d'exemple, en font conce-
« voir une si haute idée, qu'on ne peut croire qu'il
« n'y en ait un sujet bien extraordinaire. » Mais eût-
il été trop rigoureux en adressant le même reproche à quelques autres phrases, comme celle-ci par
exemple : « Il est temps de rendre la réputation à
« tant de personnes calomniées; car quelle inno-
« cence peut être si généralement reconnue, qu'elle
« ne souffre quelque atteinte par les impostures si
« hardies d'une compagnie répandue par toute la
« terre, et qui, sous des habits religieux, couvre
« des âmes si irréligieuses, qu'ils commettent des
« crimes tels que la calomnie, non pas contre
« leurs maximes, mais selon leurs propres maxi-
« mes (1)? »

Des phrases comme celle-là, véritablement informes, pour ne pas dire difformes, ne sont point, dans
le livre des *Provinciales*, si rares qu'on le croirait
bien. Cela n'empêche pas que Pascal ne surpasse ses
devanciers dans les mérites mêmes qui leur sont
propres. Il est plus nombreux, plus périodique que
pas un d'eux, lorsqu'il s'en mêle; et je dirai qu'il
ne peut pas alors les égaler sans les surpasser, parce
que le mérite dont ils se sont piqués est complété
par les siens. On consulte mieux l'oreille lorsque,
en même temps, on consulte le cœur; le nombre
alors, l'harmonie ont un sens, et le plaisir qu'on en
reçoit, se combinant avec des émotions, en est plus

---

(1) Voyez quelques autres remarques du même genre dans l'*Éloge de Pascal*, par Condorcet.

vif et plus touchant. Vous savez, Messieurs, que lorsque Shakespeare s'émeut, il se met à parler en vers, et que Schiller, dans des moments pareils, ajoute à ses vers un rhythme plus marqué et l'ornement de la rime. Pascal, à sa manière, fait la même chose. Il n'est périodique et nombreux qu'à propos. C'est quand il est grave, touché, véhément, que son style devient musical. Il l'est alors tout autant que le caractère de la prose le comporte :

« Avant l'incarnation, on était obligé d'aimer
« Dieu; mais depuis que Dieu a tant aimé le monde
« qu'il lui a donné son fils unique, le monde, racheté
« par lui, sera déchargé de l'aimer! On ruine ce que
« dit saint Jean, que qui n'aime point demeure en
« la mort! Ainsi on rend dignes de jouir de Dieu
« dans l'éternité ceux qui n'ont jamais aimé Dieu en
« toute leur vie! Voilà le mystère d'iniquité ac-
« compli. »

« Cruels et lâches persécuteurs, faut-il donc que
« les cloîtres les plus retirés ne soient pas des asiles
« contre vos calomnies! Pendant que ces saintes
« vierges adorent nuit et jour Jésus-Christ au saint
« sacrement, selon leur institution, vous ne cessez
« nuit et jour de publier qu'elles ne croient pas
« qu'il soit ni dans l'Eucharistie, ni même à la droite
« de son Père, et vous les retranchez publiquement
« de l'Eglise, pendant qu'elles prient en secret pour
« vous et pour toute l'Eglise. Vous calomniez celles
« qui n'ont point d'oreilles pour vous ouïr, ni de
« bouche pour vous répondre, etc. »

Je supprime le reste de ce morceau, que nous avons déjà lu tout entier.

Vous qui connaissez Balzac et qui avez lu Fléchier, ces deux héros du style périodique, avez-vous découvert chez l'un ou chez l'autre une période plus belle que celle-ci?

« O grands vénérateurs de ce saint mystère, dont
« le zèle s'emploie à persécuter ceux qui l'honorent
« par tant de communions saintes, et à flatter ceux
« qui le déshonorent par tant de communions sacri-
« léges! qu'il est digne de ces défenseurs d'un si pur
« et si admirable sacrifice de faire environner la
« table de Jésus-Christ de pécheurs envieillis tout
« sortant de leur infamie, et de placer au milieu
« d'eux un prêtre que son confesseur même envoie
« de ses impudicités à l'autel, pour y offrir, en la
« place de Jésus-Christ, cette victime toute sainte
« au Dieu de sainteté, et la porter de ses mains souil-
« lées en ces bouches toutes souillées! »

Ce beau passage vous aura frappés sous un autre rapport, je veux dire par l'accumulation des antithèses. Cette figure, tout intellectuelle, est celle que Pascal emploie de prédilection, si ce n'est même exclusivement. Et l'un de mes auditeurs me faisait observer l'autre jour que les antithèses, chez Pascal, se redoublent et s'entrecroisent, opposant plusieurs mots à plusieurs mots, la phrase à la phrase, et souvent une série à la série inverse, avec la plus attentive exactitude. Vous en avez des exemples dans le morceau que je viens de vous lire; ou plutôt tout ce morceau en est composé. D'un côté les *vénérateurs* d'un *saint* mystère, et de l'autre ceux qui l'*honorent* par des communions *saintes;* ici un si *pur* et si *admirable* sacrifice, là des pécheurs envieillis tout sortant de leur *infamie;* une victime toute *sainte* et un Dieu de *sainteté;* des mains *souillées* et des bouches toutes *souillées*.

Vous verrez ailleurs (Lettre XIV) le monde des enfants de Dieu qui forme un corps dont Jésus-Christ est le chef et le roi, et le monde ennemi de Dieu, dont le diable est le chef et le roi; Jésus-Christ appelé le roi et le dieu du monde, parce qu'il a partout des sujets et des adorateurs, et le diable appelé aussi dans l'Écriture le prince du monde et le dieu de ce siècle, parce qu'il a partout des suppôts et des esclaves. Vous entendrez le langage de la ville de paix, qui s'appelle la Jérusalem mystique, et vous avez entendu le langage de la ville de trouble, que l'Ecriture appelle la spirituelle Sodome.

Les exemples, si nous les cherchions, se présenteraient en foule.

On a tant dit de mal de l'antithèse qu'on nous a dispensés d'en dire. Pascal en a médit plus spirituellement que personne, lorsqu'il a comparé « ceux « qui font des antithèses en forçant les mots à ceux « qui font de fausses fenêtres pour la symétrie. » Mais Pascal ne force pas les mots, et même ce n'est pas proprement les mots qu'il oppose aux mots, mais les idées aux idées. L'antithèse n'est qu'un jouet entre les mains de ce rhéteur (1) qui dit, en déplorant le trépas de Turenne : « Est-ce qu'après tant d'ac-« tions dignes de l'*immortalité*, il n'avait plus rien de « *mortel* à faire ? » Mais l'antithèse entre les mains de Pascal n'est pas un jouet; c'est une arme; et quelle arme, Messieurs! vous l'avez pu voir. C'est une épée à deux tranchants.

J'ai relevé le caractère tout intellectuel de l'antithèse. Ceci me conduit à parler plus généralement du style de Pascal. Toutes les beautés en sont intellectuelles ou morales; c'est dire qu'elles sont d'un genre sévère. Pascal a toujours la justesse et la force, la netteté et la profondeur; mais la métaphore pittoresque, l'image colorée dont les *Pensées* offrent quelques beaux exemples, est presque étrangère au style des *Provinciales*. On ne dira point sans doute à propos de ce style :

> « La nature marâtre, en ces affreux climats,
> « Ne produit, au lieu d'or, que du fer, des soldats; »

mais il est certain que cette mâle diction fait plutôt naître l'idée d'un acier fortement trempé et parfaitement poli que celle de l'or aux splendides reflets. L'épuration du style, par les écrivains de la première moitié du dix-septième siècle, avait eu pour premier objet l'élimination de ces métaphores vives et brusquées qui poussaient par jets touffus dans les écrits du seizième siècle. Mais tout le monde n'avait pas su, comme Pascal, remplacer l'éclat par la force.

(1) Fléchier.

Chez lui, la force, toujours mesurée et naturelle, est si grande qu'elle permet à peine de regretter l'éclat; mais jamais certes on ne fit moins d'abus, ni même moins d'usage du style figuré. Pascal ne se baisserait pas pour ramasser la plus heureuse des métaphores; et s'il faisait un effort, ce serait pour éviter la métaphore qui s'offre à lui et pour trouver l'expression propre qui lui manque. Son style, si vous voulez, est parsemé de figures, mais de ces figures qu'on appelle oratoires, et qu'on pourrait appeler dramatiques, dans lesquelles ce n'est pas le mot, mais l'écrivain lui-même qui fait image ou tableau.

Mon admiration pour ce style incomparable peut-être me laisse pourtant comprendre et partager les regrets d'un critique moderne, qui en veut à l'auteur des *Provinciales* de n'avoir point assez conservé « la franchise, l'abandon, le tour vif et rapide, et « la naïveté du langage de nos pères. » Peut-être qu'en effet, dans la réforme du langage, on ne distingua pas assez, peut-être qu'on jeta trop précipitamment toute cette *gauloiserie* au rebut. On rejeta l'ancien pour l'antique; on y gagna sans doute, on y perdit aussi; mais ces changements dans le style étaient la conséquence de changements bien plus importants. On n'écrivait pas seulement, on vivait dans un autre style. Une certaine brusquerie dans les tours, une certaine familiarité dans les images, un style haut en couleur, paraissaient à tout le monde comme la défroque du vieux temps. Sous plusieurs de ces rapports, Pascal et son siècle se convenaient admirablement. Port-Royal d'ailleurs n'est pas pour rien dans cette allure si bien réglée et dans cette sobriété. Il y a de l'ascétisme dans tout ceci, et l'autorité de saint Augustin, si puissante chez ces solitaires, n'a pas été jusqu'à leur faire adopter son style. Ils ne lui ont pris que ses doctrines. Pascal, leur secrétaire, s'interdit, parlant pour eux, des libertés dont ses fragments posthumes ont bien prouvé qu'il avait l'instinct; mais convenons-en, il en a pris bien d'autres. Lui paraissaient-elles plus innocentes ?

On a fait honneur aux *Provinciales* d'avoir fixé la langue. Si cet honneur ne revient pas tout entier à Pascal, si Corneille et Balzac en revendiquent leur part, celle de Pascal est sûrement la plus grande. Pascal, le premier, fut à la fois pur et populaire dans la prose. Balzac avait été moins populaire, et Corneille, on doit le dire, moins pur. Le moment décisif dans l'histoire de la langue est bien le moment des *Provinciales*. Du reste, on se méprend quelquefois sur le sens de ces mots : la fixation d'une langue. Fixer une langue, ce n'est pas en arrêter le développement, en borner les acquisitions : c'est rejeter tout à fait ce qu'elle hésitait à rejeter, et sanctionner avec autorité tout le reste. Bien des expressions dont on se servait encore se sont trouvées condamnées sans retour par le mépris que Pascal en a fait; d'autres, dont la destinée était incertaine, il les a, comme eût dit Madame de Sévigné, « consacrées à l'immor-

« talité. » Bien peu des mots dont il s'est servi sont dès lors sortis de l'usage. On en citerait à peine trois ou quatre : *pleige, marri, envieilli*. Mais, par l'effet de cette insensible dérive, qui entraîne les mots loin de leur signification première ou étymologique, l'acception de plusieurs des termes dont Pascal fait usage dans les *Provinciales* a beaucoup changé depuis lors. Contre cet effet du temps, le génie peut quelque chose, mais ne peut pas tout. Pascal a retenu sur cette pente bien plus de mots qu'on ne peut le savoir; il en est qu'il a employés de manière à ne plus leur permettre de signifier autre chose que ce qu'ils ont signifié sous sa plume; mais il n'a pu les arrêter tous à ce point. Les passages suivants vous feront connaître quelques-uns de ces mots sur la destinée desquels le temps a été plus fort que Pascal:

« Quand on oppose les *discours* aux *discours*, ceux
« qui sont véritables et convaincants confondent et
« dissipent ceux qui n'ont que la vanité et le men-
« songe. » Au lieu de *discours*, nous dirions aujourd'hui *raisonnements*.

« J'aurais renoncé à Jésus-Christ et à son église,
« si je ne *détestais* leur conduite, et même publique-
« ment. » C'est-à-dire si je ne *désavouais*.

« Il m'en offrit plusieurs qui ne me *convenaient*
« point. » Qui n'avaient pas de rapport avec ma situation.

« Vos supérieurs sont rendus responsables des
« erreurs de tous les *particuliers*. » De tous les *individus*, membres de la Société.

« Il ne me reste, pour être catholique, que d'ap-
« prouver les *excès* de votre morale. » Les *écarts*, les *égarements*.

« Qui ne croirait qu'on aurait en effet *imposé* au
« père Bauny ? — Quelle fausseté d'*imposer* ces ter-
« mes à des conciles généraux ! » Attribuer à tort, gratuitement.

« Quelque moyen que j'admire sans le connaître,
« et que je vous prie de me *déclarer*. » Indiquer, faire connaître, exposer.

« Ne m'interrompez donc pas, car la *suite* même
« en est *considérable*. » *Suite* pour *ordre* ou *liaison*; *considérable* pour *importante* ou *digne d'attention*.

Sans beaucoup chercher, vous en trouveriez d'autres. Moi-même, c'est tout en passant que j'ai ramassé ceux-ci.

Les *Provinciales* sont redevenues un ouvrage de circonstance. Cela même est une circonstance heureuse. On les relira, et ce modèle reprendra, non ses anciens honneurs, qui ne sont point abolis, mais son influence littéraire, la part qui lui appartient de droit dans l'éducation du talent. Chef-d'œuvre de discussion et de style, il redemandera sa part dans notre attention et dans notre étude à des ouvrages qui semblent avoir emporté toute notre admiration, et qui, non moins brillants peut-être, sont bien moins parfaits. La gloire particulière des écrits du grand siècle, c'est la justesse dans la beauté et la mesure dans la force. C'est par cet admirable tempérament qu'ils sont devenus classiques. On peut jouir autant et davantage à lire d'autres écrits; nuls ne profiteront à l'esprit et au goût comme ceux-ci ; et je ne sais, après tout, si l'on jouira moins; on jouira plutôt d'une autre manière. A prendre l'ensemble de leurs qualités, rien n'a effacé les *Provinciales*. Entre l'antiquité et le présent, ce livre reste unique, et semblable seulement à lui-même. Si haut qu'il vous plaise d'élever au-dessus de Pascal le socratisme de Platon, la moquerie de Lucien, l'ironie de Voltaire, le sarcasme de Junius, la causticité de Paul-Louis Courier, tout cela, meilleur ou moindre que Pascal, n'est point Pascal, et la polémique tout entière n'est que chez lui : Pascal est la polémique même. Rousseau et Lamennais, plusieurs autres encore que la polémique quotidienne a véritablement illustrés, me demandent si je les oublie. Je n'ai garde; mais sans leur rien contester, ce n'est pas à eux, c'est à Pascal, et pour des raisons toutes littéraires, que j'enverrai d'abord les jeunes esprits qui veulent apprendre d'un même temps l'art difficile de discuter et l'art non moins difficile d'écrire. Si j'avais engagé dans cette voie quelques-uns d'entre eux, je n'aurais regret, ni pour eux, ni pour moi, à la longueur de cette étude.

VIII.

JACQUELINE PASCAL.

L'obéissance est en blanc dans le moderne programme de la vie humaine et du progrès social, et nous ne pouvons guère nous expliquer la conservation du mot, à moins de supposer qu'il a trouvé dans le monde quelque application impropre et détournée. On ne fait pas toujours sa volonté, ni toute sa volonté; on fait souvent la volonté d'autrui : à cet égard, rien n'est changé, et il y a donc encore de l'obéissance dans le monde, si c'est obéir que de céder; mais où est le principe même de l'obéissance? qui est-ce qui se fait encore de l'obéissance un devoir? On dirait d'un sens que la génération présente a perdu. On l'a dit aussi : cette perte a d'autant moins profité à la liberté, que la liberté, la vraie et digne liberté, est toujours proportionnée à l'obéissance, leur principe, dans le fond de l'âme, étant un seul et même principe, et les deux courants jaillissant, pour ainsi dire, d'une seule et même source. Cette considération nous donne la mesure du déclin moral de notre époque : l'obéissance se retire à grands pas, entraînant avec elle la liberté, sa sœur; elles ne sont pas encore, Dieu merci, hors de vue; mais qui veut les atteindre doit se hâter : leurs majestueuses figures ont déjà disparu à moitié derrière la ligne de l'horizon.

Il n'y a point d'obéissance là où il n'y a point de religion; c'est une vérité d'expérience et de sens commun : la religion est une obéissance et l'unique principe de l'obéissance; et ce qui peut rester de cette dernière dans un monde ou dans un cœur d'où la religion s'est retirée, n'est que l'empreinte encore subsistante de l'ancien empire de Dieu sur la conscience, un reste, sensible encore, d'une première impulsion qui s'épuise.

Dans l'oubli trop général de cette règle et dans le déclin de cette force, on se plaît à retrouver dans le passé, on est plus heureux encore de rencontrer dans le présent, d'illustres ou d'obscurs exemples de cette vertu de l'obéissance. On aime surtout ceux de ces exemples qui la montrent à sa source, ou dans la première, la plus haute et la plus juste de ses applications. Cette satisfaction n'est que bien peu troublée par quelques aberrations plus ou moins graves, qui laissent d'ailleurs le principe intact. On se retrempe dans la vue de ces êtres qu'absorbe une seule pensée, celle de se garder à Dieu, et qui sont plus jaloux de tout ce qui lui appartient que ne l'est de son bien l'avare le plus consommé, ou de son pouvoir le despote le plus ombrageux. Cette contemplation reporte l'âme, pour un moment du moins, à toute sa hauteur, et lui rend une passagère peut-être, mais une vive conscience de son immuable destination et de son rapport le plus essentiel. Telle est l'impression que nous recevons de tout exemplaire d'une piété sérieuse, nous voulons dire de toute piété pénétrée d'obéissance. Tel est, en particulier, le grand bien que nous devons à ces maîtres accomplis de la vie spirituelle, les hommes et les femmes de Port-Royal. Mais peut-être que chez nul d'entre eux ce caractère n'est plus fortement empreint que dans l'humble religieuse dont M. Cousin et M. Faugère ont, presque en même temps et comme de concert, ressuscité la mémoire(1). Chez les autres, le commandement se mêlait à l'obéissance, et quoique l'exercice du commandement fût, de leur part, de l'obéissance encore, la pure soumission frappe moins en eux quiconque n'y regarde pas de bien près; au lieu que, dans Jacqueline Pascal, manifestement tout est soumission, tout se convertit en obéissance : ses grandes facultés, le peu de liberté qui lui reste encore, l'énergie enfin de sa volonté, tout n'étant absolument consacré qu'à vouloir ce que Dieu a voulu, jusque-là que c'est dans la portion d'autorité qui lui est dévolue que

---

(1) *Jacqueline Pascal*, par V. Cousin. 1845.
Lettres, opuscules et mémoires de Madame Périer et de Jacqueline, sœurs de Pascal, et de Marguerite Périer, sa nièce; publiés sur les mémoires originaux; par P. Faugère. 1845.

ce trait de son caractère et de sa vie, l'obéissance, ressort et domine le mieux.

Ce volume (car, à quelques différences près que nous indiquerons, c'est un même ouvrage publié par deux éditeurs), ce volume était nécessaire pour achever de nous faire connaître la grande école chrétienne à laquelle appartenait l'auteur des *Provinciales*, et dont Port-Royal n'est que la plus haute expression et le moment suprême. Les livres de doctrine qu'elle a produits et les grands traits de son histoire ne disent pas tout ; les détails, les accidents révèlent mieux encore la pensée intime, l'esprit, la vie. Que cette école se prît elle-même au sérieux, nul ne s'est jamais avisé d'en douter ; mais jusqu'à quel point elle se prenait au sérieux, jusqu'à quelles extrémités on était conséquent dans cette haute région du catholicisme, nous ne le pouvons bien apprendre qu'en écoutant aux portes, et c'est ce que nous faisons en lisant, soit dans le volume de M. Faugère, soit dans celui de M. Cousin, la vie et la correspondance de Jacqueline Pascal.

A vrai dire, ce n'est pas Jacqueline seulement, ce sont tous les membres de cette grande famille, qui posent tour à tour devant nous. Peut-être y a-t-il, dans certaines lignées, un illustre moment, un moment unique, où le type de la race, lentement élaboré, atteint le degré d'énergie et de perfection auquel il était destiné, dépose sur deux ou trois médailles sa nette et profonde empreinte, et puis se brise pour jamais. Tel il parut dans Blaise et dans

Jacqueline Pascal, deux vases précieux que rompirent, à force d'y bouillonner, la vérité, le génie et le sentiment. Leur enveloppe se trouva trop frêle, et peut-être toute autre l'eût-elle été, pour résister à l'effort intérieur. Blaise mourut à trente-neuf ans, Jacqueline de trois ans plus jeune. Pour donner au monde de grands exemples, qui ne périront point, ce peu de temps leur a suffi.

Nous éprouvons une admiration plus entière et plus respectueuse pour elle que pour lui. Nous doutons même d'avoir rencontré nulle part un caractère d'homme, ou même de femme, plus accompli que celui de Jacqueline. S'il s'agissait ici d'une de ces âmes paisibles et naturellement soumises, pour qui la règle est un repos, nous parlerions autrement; mais, telle qu'était la sœur de Pascal, il s'agit d'un combat, d'une victoire, et de l'une des plus difficiles, comme aussi de l'une des plus complètes qui furent jamais. On se demande si, pour obéir si exactement, quand on est ainsi fait, il ne faut pas avoir détourné vers l'obéissance la passion qui se portait ailleurs; mais toute passion est indocile; si elle fait tant que d'obéir, elle obéira pour le moins à l'excès : or ce n'est point ainsi qu'obéit la sœur de Pascal; elle ne connaît pas cette manière subtile de « trouver « sa volonté, » comme dit le prophète, en désobéissant à force d'obéir : elle obéit paisiblement, saintement, exactement (fortement néanmoins), c'est-à-dire qu'elle obéit; et nous ne saurions dire avec quelle grâce (il faut bien nous permettre ce mot) elle déploie, dans certaines occasions, une autorité de langage qui prouve sans réplique que, selon la nature, elle était née plus que personne pour le commandement, et l'eût exercé avec une incomparable vigueur, si, selon la grâce, elle n'était née pour l'obéissance.

Et c'est bien une femme; et rien ne permet de l'oublier; et elle ne l'oublie elle-même jamais. Aucune autre de son sexe n'eut le caractère plus viril; Madame Roland ne lui eût rien appris; sa pensée n'est pas moins virile que son caractère; et néanmoins on n'est jamais tenté de dire : Elle sort de son sexe; non, elle n'en sort point; toute cette force est pénétrée d'une grâce et d'une tendresse féminines. Nous nous rappelions, en lisant sa Vie et ses Lettres, ce beau vers d'un moderne au prince des poëtes : « Cependant tu fus homme, on le sent à tes « pleurs! » On sent aussi, à ses pleurs peut-être, à quelque chose encore de plus touchant que les pleurs eux-mêmes, que la sœur de Pascal, sa mère aussi voudrions-nous dire, fut profondément femme. Elle l'est plus qu'aucune des *femmes fortes* que l'histoire de l'Eglise ou du monde recommande à nos justes respects. Sa vie est d'une femme forte, sa mort est d'une femme. Elle meurt de douleur d'avoir, sur la foi de son frère, du grand Arnaud, de tout ce qu'il y avait d'illustres à Port-Royal, donné les mains à une transaction qu'ils jugent tous honnête, mais dans laquelle l'exquise délicatesse de son sens moral avait démêlé une légère équivoque. Quelle force et quelle faiblesse de mourir ainsi! Mais ce n'est pas la chrétienne, c'est la femme qui succombe, accablée sous le poids de son propre courage. Cette douleur, cette mort, toute cette âme si tendre et si puissante, quel sujet pour le poëte qui sut si bien, aux *larmes de Racine,* nous obliger à mêler les nôtres, et pour qui, dès longtemps, Port-Royal et sa vie intime n'ont plus de secrets !

Pour mesurer l'étendue et la valeur des sacrifices qu'avait faits Jacqueline en renonçant au monde et à elle-même, il faut, après le *Règlement pour les enfants* (1), lire la lettre à la mère Angélique de Saint-Jean sur la signature du formulaire (2). « Nous de-
« mandons, avec M. Cousin, à tous ceux qui aujour-
« d'hui conservent encore quelque sentiment de l'é-
« nergie du caractère et de la beauté des convictions
« désintéressées, nous leur demandons s'ils con-
« naissent beaucoup de pages plus grandes et plus
« fortes. » Mais ce que nous désirons relever surtout, c'est cette autorité, osons tout dire, cette fierté de langage que Jacqueline, pour son compte personnel, ne s'était jamais permises, et dont on l'eût toujours crue incapable, si les périls de la vérité ne l'avaient fait sortir de son inviolable retenue. A la faveur de cette ouverture inopinée, la nature s'échappe, le caractère se ressaisit un moment de ses droits, et la hauteur de cœur des Pascal reparaît

---

(1) *Jacqueline Pascal*, par M. Cousin, page 252. — *Lettres, Opuscules* etc., par M. Faugère, page 228.
(2) Cousin, page 401. — Faugère, page 402.

tout entière dans ces mots : « Je sais bien que ce
« n'est pas à des filles à défendre la vérité, quoique
« l'on puisse dire, par une triste rencontre, que,
« puisque les évêques ont des courages de filles, les
« filles doivent avoir des courages d'évêques. » Telle
vie, longtemps ensevelie dans l'ombre sous l'influence de la paresse, de la maladie ou de la piété,
se réveille, comme celle du grand Condé, par une
bataille de Senef; mais il a fallu l'occasion; sans elle
point de réveil, point de révélation; et toutes les
grandes âmes n'ont pas eu, à l'entrée de leur carrière, un Rocroy pour mettre à tout jamais leur
grandeur à l'abri du doute. Qu'est-ce que le Rocroy de
Jacqueline Pascal ? Une victoire intérieure dont Dieu
fut le seul témoin, et qui doit la meilleure partie de sa
grandeur à l'obscurité dont elle s'enveloppe. S'effacer soi-même, et puis effacer jusqu'aux moindres
traces de cet *effacement* même, avait été, durant des
années, la tâche de cette fille héroïque; elle avait
cru devoir, en particulier, mortifier sa belle intelligence; mais elle n'avait pu s'en séparer; et elle n'a
rien fait, ni rien écrit qui ne porte, intellectuellement, une empreinte supérieure; mais rien aussi
n'est comparable, sous ce rapport, à la lettre sur le
formulaire. Précision, sagacité, vigueur de dialectique, énergie de langage, tout ce qui fait l'éloquence
est là, et ressort très-vivement sur un fond admirable d'humilité.

De cette scène agitée où elle se montre à peine et
ne se montre qu'un moment, on suit volontiers la

sœur de Pascal dans la sphère habituelle de ses pensées et de ses travaux. Ce monde est plus extraordinaire encore que celui où tout à l'heure nous l'avons admirée. Ce monde hors du monde, ce n'est pas seulement le monastère, c'est un groupe d'individus et de familles, c'est une partie distincte de la société française de cette époque, c'est cette portion de l'Eglise catholique à laquelle, plus tard, le nom d'un homme ou d'un livre s'est imposé, mais qui ne procède certainement ni de ce livre ni de cet homme; c'est, si l'on veut, une école spirituelle et ascétique que le catholicisme a désavouée, et qui s'est obstinée à ne pas lui rendre la pareille. La vie de Jacqueline Pascal, les mémoires de sa sœur et de sa nièce nous y ménagent une entrée, et nous y familiarisent pour le moins aussi bien que les pieux écrits des Nicole, des Saint-Cyran, des Quesnel, des Duguet. Nous apprenons, non-seulement comme on pensait, mais comme on vivait dans cette petite église, née de l'Esprit. Serait-il vrai que l'homme ne puisse se rendre compte et prendre conscience de soi-même qu'en s'exagérant, et que cette exagération soit la faiblesse des forts? Bien des faits, individuels et collectifs, semblent conjurés pour nous le faire croire. De ce nombre est l'ascétisme de l'école religieuse à laquelle ont appartenu les sœurs de Pascal et Pascal lui-même. Nulle autre n'a plus hautement professé et n'a mieux mis en pratique l'abandon volontaire et réfléchi de la créature au Créateur. Nulle autre n'a eu du péché plus de douleur ni plus d'horreur. Il semble y avoir défi, dans ces âmes fortes et pieuses, entre l'amour de Dieu et la haine de soi, et bien qu'on ne pût dire sans injustice que le second l'emporte en elles sur le premier, il est permis de croire que le second, la haine de soi, est l'accent particulier de la piété des jansénistes. On dirait qu'à leur sens Dieu n'est point assez vengé; et le chrétien, sans espoir de compléter cette vengeance (notez ce point), la continue et la poursuit. Quand la vie serait naturellement un supplice, il faudrait tout faire pour l'aggraver; si elle ne l'est pas, il faut qu'elle le devienne. La maxime apostolique: « Usez du monde comme n'en usant « point, » ne suffit pas à cette école; elle a pris pour devise : « N'usez point. » Trop spirituelle pour ignorer qu'on se sépare vainement du monde si d'abord on ne s'est séparé de soi-même, elle n'admet point l'un sans l'autre, et la vie du fidèle devient, dans tous les sens, un long adieu à la vie. Saint Paul, en rendant au célibat chrétien de justes hommages, avait déclaré le mariage honorable entre tous : Pascal le proclame « la plus périlleuse et la plus basse « des conditions du christianisme, » et, par ce seul motif, il en détourne une de ses nièces. Son beau-frère, M. Périer, porte habituellement une ceinture armée intérieurement de pointes de fer, dont, par humilité, il fait un secret, et, secrètement aussi, met une planche dans son lit, que, pour cette raison, il fait toujours lui-même. Les jouissances de l'esprit sont, aux yeux de quelques-uns de ces chrétiens, une autre espèce de sensualité ou de luxe, et ils se retranchent soigneusement cette superfluité, qui ne reste permise qu'à ceux qui ne la goûtent pas. Pour dire tout en un seul mot, ils n'ont, avec ce monde et ses habitants, plus d'autre lien que celui de la charité : ce seul câble les retient au rivage, tous les autres ont été coupés. A leurs yeux, on est encore de ce monde, lorsque, avec une piété substantielle, humble et pratique, on vit pourtant encore de la vie commune: y renoncer, voilà la véritable, la seule conversion. Un seul objet, une seule pensée, une seule œuvre, telle est la règle, tel est l'esprit de la piété de Port-Royal. Et si vous voulez vous procurer de cette vie une intuition à la fois vive et glaçante, vous n'avez qu'à lire, dans *Jacqueline Pascal*, le tableau de l'éducation des petites filles confiées à ses soins, le récit d'une de leurs journées: vous vous sentirez saisi à la fois de vénération et de frisson.

M. Cousin a dit là-dessus des choses fort justes, dont nous ne voulons rien retrancher. Nous tenons plutôt à ajouter que ce qui n'est pas parfait comme modèle peut être admirable comme symbole. Il nous semble que nous devons nous féliciter que, avec toutes leurs imperfections et tous leurs excès, de tels exemples nous aient été donnés. Pour notre part, nous sommes moins frappé, en tout ceci, du mal que du bien, du faux que du vrai. Quoi qu'on en puisse dire, le bien, le vrai l'emporte. S'il faut que l'homme se trompe, il vaut mieux qu'il se trompe ainsi, et s'il y a du scandale, il est moins donné qu'il n'est pris. Cette vie-là représente énergiquement, encore que la métaphore y soit trop mêlée au sens propre, le vrai rapport de l'homme, les vrais sentiments qu'engendre la repentance, la vraie grandeur et la vraie beauté de la vie humaine. Je ne parlerais point de la sorte, si j'apercevais dans l'ascétisme de Port-Royal deux erreurs dont l'ascétisme, je l'avoue, est tour à tour la cause et l'effet, je veux dire l'esprit mercenaire et la funeste prévention qui place le principe du péché dans la matière ou dans la chair. Rien de pareil ici ; le jansénisme est peut-être au bord, mais non sur la pente de cet abîme. Tout, dans cette piété, me paraît spirituel, substantiel et sérieux. Le sublime fantastique n'est point à son usage ; les vertus qu'elle pratique sont des vertus utiles et de bon sens ; elle aboutit, dans les relations humaines, à la justice et à la charité ; et sa morale n'est point un mécanisme exact et ingénieux, mais un organisme flexible et vivant. En un mot, ces personnages extraordinaires ne sont autre chose, dans la pratique journalière, que des amis dévoués de Dieu et du prochain.

Puisque j'ai parlé des pénitences de M. Périer, je voudrais le faire connaître par quelque autre côté. Le trait suivant payera, j'y compte, pour la ceinture et pour le lit de bois. Je laisse parler sa fille, Marguerite Périer :

« Deux jours avant sa mort, il fit une action qui
« mérite d'être écrite. Il y avait à Clermont un tré-

« sorier de France, dont la famille devait considé-
« rablement à M. Périer, qui, voyant que cette dette
« était sur le point de prescrire, voulait faire quel-
« que procédure pour en empêcher la péremption.
« Mon père alla voir ce trésorier pour le prier de ne
« point trouver mauvais qu'il fît quelque significa-
« tion. Cet homme s'emporta d'une manière indi-
« gne et fit dans le monde des plaintes aigres et très
« injurieuses contre lui. On le rapporta à mon père,
« qui dit : Il faut excuser un homme qui est mal
« dans ses affaires. Environ huit jours après, il vint
« des nouvelles de Paris qui portaient que les tréso-
« riers seraient obligés de payer une taxe de dix
« mille livres, faute de quoi leurs charges seraient
« perdues. Mon père le dit à ma mère, et ajouta :
« Voilà un homme ruiné, j'ai envie de lui offrir de
« l'argent. Ma mère lui dit : Faites ce que vous vou-
« drez, mais vous voyez combien il vous est dû dans
« cette maison. Il ne dit plus rien ; mais dès le len-
« demain, il fut trouver ce trésorier, et lui demanda
« s'il avait su cette nouvelle, et à quoi il était dé-
« terminé. Il faut bien, répondit le trésorier, que
« j'abandonne ma charge, car vous voyez bien que
« je ne trouverai pas dix mille francs. Mon père
« lui dit : Non, Monsieur, vous ne l'abandonnerez
« point ; j'ai dix mille francs, je vous les prêterai.
« Cet homme fut si surpris qu'il lui dit en pleu-
« rant : Il faut, Monsieur, que vous soyez bien chré-
« tien, car j'ai bien mal parlé de vous, et je sais que
« vous ne l'ignorez pas. Mon père ne nous dit rien

« de tout ce qui se passa le lundi 21 février, et il
« mourut subitement le mercredi matin 23 à sept
« heures. Le trésorier, ayant appris sa mort, courut
« au logis, criant, pleurant et disant : J'ai perdu
« mon père ; et nous conta ce qui s'était passé le
« lundi (1). »

Tout le monde sera frappé de la simplicité, en quelque sorte biblique, de cette narration. Ce que j'en veux relever, c'est la réserve et la modération extrême de l'expression. C'est le style de cette piété-là. Elle n'a d'effusion que du côté de Dieu. Sur tout autre sujet, elle se contient ; et, l'habitude étant formée, elle n'a plus même à se contenir : la barrière n'est plus menacée par les intérêts même les plus intimes ou par les émotions les plus vives. Cette sobriété, toute pieuse et sainte, dans l'expression des sentiments naturels, n'est pas seulement une discipline respectable dans son principe ; c'est une judicieuse et salutaire épargne. Nous nous dépensons en nous exprimant. Jamais sans un « miracle « évident » et qui ne se fera pas, on ne pourra dire de l'âme ce que le poëte a dit d'une coupe merveilleuse : « Plus le vase versait, moins il s'allait vidant (2). » Tout vase se vide en s'épanchant, et jusqu'à un certain point ce qui est vrai d'un vase est vrai du cœur. L'âme a ses excès, qui l'affaiblissent comme d'autres excès affaiblissent le corps, et les hommes réservés, quand cette réserve n'est pas le masque de

---

(1) Faugère, page 432.
(2) *Philémon et Baucis*.

la stérilité, conservent leur âme comme les hommes tempérants conservent leur corps : cette réserve même est, à l'ordinaire, un gage et un principe de force. Ce que nous disons des individus se peut dire également des époques et des littératures : là aussi, quand la séve déborde, on connaît qu'elle s'affaiblit. Nous voulût-on nier tout ceci, toujours resterait-il certain que rien ne touche tant qu'un mot du cœur de la part de l'homme qui en est avare par devoir. On se sent touché en même temps de ce qu'il dit et de ce qu'il ne dit pas. Lorsque Marguerite Périer conclut par ces simples mots ses Mémoires sur sa famille : « Voilà quelle a été la vie de toutes les per-« sonnes de ma famille. Je suis restée seule. Ils sont « tous morts dans un amour inébranlable pour « la vérité.... A Dieu ne plaise que je pense jamais « à y manquer ! » on est remué jusqu'au fond, et on lui sait bon gré d'avoir si peu penché le vase.

En rendant compte, l'année dernière, de la théologie de Pascal, la plus humaine, à notre avis, de toutes les théologies, nous avons réclamé contre l'*inhumanité* d'une partie de sa morale, qui est essentiellement celle de Jacqueline et de Port-Royal. Il peut nous être permis, après cela, de dire que les affections naturelles restaient bien profondes dans ces nobles cœurs que l'amour de Dieu avait exercés à tous les amours. Eh bien, oui! il y a quelque chose qui serre le cœur dans cet article de règlement où Jacqueline interdit à de pauvres petites filles, élevées ensemble, les moindres caresses mutuelles et jusqu'au simple contact (1); et nous permettons à ceux qui avouent qu'une telle rigueur est sublime dans son principe, de la condamner comme excessive. Mais ce règlement lui-même, avec quels yeux faudrait-il l'avoir lu, pour ne voir pas qu'il est plein de la plus intime tendresse et des attentions de la plus délicate charité? Qui pourrait lire, je ne dis pas sans respect, je dis sans attendrissement, la *relation* de Jacqueline sur les difficultés que rencontra, de la part de sa famille, et de son frère surtout, son entrée en religion? La lettre sur le formulaire n'est pas, dans son genre, plus admirable que celle-ci, et l'une fait valoir l'autre. Nous ne pouvons ni ne voulons tout dire; mais qu'on nous permette de citer un mot. Il s'agit des « raisons de chicane » que les parents de Jacqueline opposaient au dessein qu'elle avait d'offrir à la communauté de Port-Royal l'indemnité de droit ou d'usage en retour de son entretien : « Je sais bien, dit-elle, qu'à la rigueur ces « raisons étaient véritables; mais nous n'avions pas « accoutumé d'en user ensemble (2). » Jamais la plainte ne fut plus réservée, plus tendre, ni par là même plus douloureuse. Mais il faut lire cette longue lettre, dont les longueurs mêmes, commandées par de saints respects et par la reconnaissance, achèvent de peindre Port-Royal, et sont d'ailleurs, en quelques endroits, pleines d'une grâce sérieuse. Le christianisme que nous étudions est là dans toute

(1) Cousin, page 274.—Faugère, page 249.
(2) Cousin, page 164.—Faugère, page 180.

sa fleur et avec toute la douceur de ses salubres parfums.

Nous essayons, avec un pénible sentiment de notre insuffisance, de suppléer ce que M. Cousin, selon nous, eût dû ajouter à des observations morales dont nous ne contestons point la justesse. Quand il cherche, pour le XIXe siècle, une route entre « la dévo-
« tion sublime mais outrée du XVIIe et la philosophie
« libre mais impie du XVIIIe », il ne veut pas, peut-être, nous retenir à égale distance des deux; mais il en a l'air. Cette dévotion du XVIIe siècle n'est pas seulement sublime, elle est vraie au fond; et sans cela elle ne serait pas sublime. Encore que l'erreur y tienne trop de place, et même sur des points que M. Cousin ne pouvait pas indiquer, le vrai, nous le répétons, l'emporte ici de beaucoup sur le faux. Parmi les *réveils* dont l'histoire du christianisme a conservé le souvenir, assurément c'est un des plus beaux. Nous avons cédé au besoin d'exprimer, comme nous la sentions, une vérité à laquelle M. Cousin n'a pas accordé l'hommage ou le secours de son admirable langage. Mais nous eussions pu nous en dispenser; M. Faugère nous avait prévenu. Nous trouvons, à la fin de son avant-propos, ce passage, excellent de style comme de pensée :

« Ce zèle, il est vrai, ne fut pas toujours aussi
« éclairé qu'il était fidèle et fervent. Plus d'une fois
« ils exagérèrent les maximes et les pratiques de la
« religion au delà des bornes raisonnables, et oublié-
« rent que la destinée de l'homme ici-bas est d'unir

« la vie d'action à la vie de contemplation, que la
« conduite d'une âme vraiment chrétienne ne con-
« siste pas à sacrifier l'une à l'autre, mais à les régler
« l'une par l'autre, et à les unir dans cette juste pro-
« portion dont la recherche est celle de la perfection
« même. Mais toutes les passions, celles même dont
« la source est la plus pure, ont leurs inévitables ex-
« cès; et il vaut mieux respecter les exagérations de
« la vertu que prendre le soin facile de les relever et
« se donner le vain plaisir d'en triompher. D'ordi-
« nairement ce n'est pas du côté du ciel que les cœurs des
« hommes inclinent le plus, et ce n'est point là que
« la morale est le plus en péril. Et puis n'est-il pas
« dans l'ordre de la Providence qu'il y ait toujours
« de ces âmes extraordinaires vouées au culte du
« vrai, du beau, du saint, de l'idéal absolu? Oui, il
« est bon qu'il en soit ainsi, afin que l'humanité
« n'oublie jamais les titres de sa dignité et de sa
« grandeur morale, et, suivant l'expression d'un
« philosophe sceptique (Bayle), afin d'empêcher la
« prescription de l'esprit du monde contre l'esprit
« de l'Evangile. »

Les deux ouvrages dont les titres se lisent à la tête de cet article sont fort semblables et fort différents. Ils se rapportent au même sujet et se composent, en grande partie, des mêmes matériaux. Les mémoires de Madame Périer sur sa sœur Jacqueline, les poésies de celle-ci, son règlement pour les jeunes filles élevées à Port-Royal, ses réflexions sur le mystère de la mort de Jésus-Christ, son interrogatoire, ses lettres, se trouvent textuellement et au complet dans les deux ouvrages. Voici maintenant les différences. M. Cousin n'apparaît pas comme simple éditeur. Son ouvrage, formé en très-grande partie des écrits de Jacqueline Pascal, n'en est pas moins un livre sur cette femme remarquable, livre où les citations viennent comme des faits ou comme des pièces à l'appui, encadrées dans quelques-unes des plus belles pages, et des plus émues, que nous ayons pu devoir à la plume éloquente de M. Cousin. La publication de M. Faugère est, comme l'indique le titre, le recueil complet de ce qu'ont écrit trois femmes de la famille de Pascal, ses deux sœurs, Gilberte et Jacqueline, et sa nièce Marguerite Périer. Ce qui appartient à M. Faugère, dans ce beau volume, naturel et indispensable complément de son édition des *Pensées*, c'est un avant-propos très-digne d'être lu, un grand nombre de notes, et surtout la restitution des textes. Cette restitution, dont l'importance, on en pourra juger, n'est pas uniquement bibliographique, n'est point le seul avantage qui distingue cette édition. Elle est plus ample et plus riche que celle de M. Cousin, qui, à vrai dire, n'a voulu faire qu'un livre sur Jacqueline Pascal, et l'a fait avec une supériorité qui n'étonnera personne. Le volume de M. Faugère contient, de plus que celui de M. Cousin, plusieurs morceaux considérables, nous pourrions dire des ouvrages entiers, dont M. Cousin a détaché quelques pages, mais dont la reproduction intégrale ne pouvait entrer dans le plan de son livre. Dire que la *Vie de Pascal*, par Madame Périer (52 pages) et les *Mémoires de Marguerite Périer* sur sa famille et sur son frère en particulier (environ 50 pages), sont les principaux, non les seuls morceaux que M. Faugère a fait entrer, de plus que M. Cousin, dans son cadre élargi, c'est signaler assez l'un des mérites distinctifs de cette publication. Il faut, pour être exact, dire que celle de l'illustre académicien renferme, exclusivement, quelques autres morceaux, dont un ou deux inédits, mais peu étendus et d'une valeur moindre.

La *Vie de Pascal*, par Madame Périer, a été plus d'une fois imprimée en tête des *Pensées*. Cet excellent morceau est néanmoins inconnu d'un grand nombre des admirateurs de Pascal, et sa réimpression, qui entrait naturellement dans le plan de M. Faugère, est un vrai service rendu au public. Nous ne pensons pas qu'il accueille avec moins de plaisir les mémoires de Marguerite. Outre qu'elle est de la famille (et certes il y paraît), ces mémoires sont instructifs et curieux. C'est un jour de plus ouvert sur une société et sur des mœurs dont nous ne pourrions pas, à l'aide de quelques données générales, nous faire une idée suffisamment juste. Il y a partout, en mal comme en bien, des choses qui ne se présument pas. Qui s'attendrait, par exemple, à voir le pieux et savant M. Pascal, le père de Blaise, prêter l'oreille à une sorcière et suivre quelques-uns de ses conseils? C'est l'amour paternel qui l'entraîne à écouter des avis que, d'ailleurs, il n'a point cherchés. Mais le même intérêt, aussi vivement senti, n'y pousserait aujourd'hui que peu de gens, et beaucoup moins un chrétien que tout autre. C'est un détail de mœurs à recueillir en rougissant, moins pour Etienne Pascal que pour l'humanité. Nous avons aussi nos superstitions et nos manies. Nous croyons aussi à des puissances occultes. Ajouterai-je que nous ne craignons pas de devoir quelque chose au prince des ténèbres? Les erreurs grossières se font subtiles, les préjugés cèdent la place aux systèmes, autres préjugés; on exploite le mal sans le personnifier. Il y aurait, là-dessus, bien des réflexions à faire. Nous aimons mieux ajouter que la lumière vive qui dévora tant de ténèbres ne s'est pas éteinte, n'a point pâli, et que, de l'éternel orient, se lève encore pour nous, à l'heure d'un nouveau matin, l'éternel soleil de l'humanité.

IX.

ABRÉGÉ DE LA VIE DE JÉSUS-CHRIST.

—

Avec quel intérêt, avec quelle joie n'avons-nous pas assisté à la restitution du texte des *Pensées?* Une satisfaction du même genre, et tout à fait imprévue, était préparée de surcroît aux admirateurs de Pascal. M. Faugère, à qui désormais aboutit comme de soi-même tout ce qui concerne ce grand homme, et tout ce qui reste de lui, a eu le très-juste bonheur de découvrir un morceau inédit de cette plume immortelle. C'est une Vie de Jésus-Christ (1), rédigée sans aucune espèce de prétention, avec une simplicité d'enfant, et le plus souvent dans les termes de l'Évangile. Il suffit sans doute que ce travail, quel qu'il soit, nous vienne de l'auteur des *Pensées,* pour mériter d'être publié. Mais Pascal réussit mal à s'effacer entièrement; l'individualité jaillit à l'improviste, et l'éloquence personnelle se

(1) *Abrégé de la Vie de Jésus-Christ*, par BLAISE PASCAL. *Publié par* M. PROSPER FAUGÈRE, *d'après un manuscrit récemment découvert, avec le testament de Blaise Pascal.* 1846.

mêle involontairement à celle des faits et des souvenirs. En voici un exemple :

« Le même jour, étant averti de se garder d'Hé-
« rode, il répond : Dites à ce renard que ma con-
« sommation approche. Et ce lion de la tribu de
« Juda manda à ce renard qu'il montait hardiment
« en Jérusalem. Il se plaint ensuite sur Jérusalem,
« disant : Jérusalem, Jérusalem, combien de fois
« ai-je voulu rassembler tes enfants, et tu n'as pas
« voulu ! Mais malgré ses résistances, il le fit quand
« il le voulut. »

Il ne faut pas voir dans M. Faugère un imitateur de cet affranchi de Pompée, ramassant au hasard sur la grève les tributs desséchés de vingt naufrages pour en faire un simulacre de bûcher à son général mort. Il regarde à la valeur intrinsèque et met du prix à l'utilité morale de tous ces fragments dont il ne serait pas libre d'ailleurs de soustraire le plus chétif à notre pieuse curiosité. Dans cette occasion, il s'est réjoui d'avoir à nous donner de Pascal quelque chose qui fût digne de ce grand homme, et du monument qu'il avait voulu élever.

« On a beaucoup, dit-il, célébré dans Pascal le
« génie mathématique et calculateur. Cependant il
« est avant tout l'homme du sentiment : c'est par le
« cœur, plus encore que par la raison, qu'il est
« grand, et demeure à jamais en possession de la
« sympathie et de l'admiration des hommes.

« Il est aisé de comprendre combien son âme
« si passionnée pour le beau moral dut s'éprendre

« de l'âme divine du Sauveur des hommes, et com-
« ment il fut saisi de la tentation de retracer, après
« tant d'autres, la touchante et merveilleuse bio-
« graphie de l'Homme-Dieu. L'*Abrégé de la Vie de*
« *Jésus-Christ* a très-probablement été écrit, comme
« ce qui nous reste de l'*Apologie de la religion*, dans
« les dernières années de Pascal. Ce n'est qu'une
« autre ébauche imparfaite; mais cette ébauche
« est celle du génie, et la main du maître se mani-
« feste encore dans ces esquisses quelquefois à peine
« formées, dans ces notes à demi-mot que l'auteur
« jetait en courant, afin de retrouver plus tard la
« trace des pensées qu'il se proposait de déve-
« lopper. Quelques mots de la *préface*, dans lesquels
« Pascal s'adresse *au lecteur*, semblent indiquer qu'il
« avait le projet de publier la *Vie de Jésus-Christ;* il
« regardait sans doute un pareil ouvrage comme le
« complément ou plutôt comme l'introduction essen-
« tielle de son *Apologie de la religion*. Mais la durée
« terrestre de l'homme est toujours plus courte que
« ses desseins et ses espérances; pour cette œuvre
« aussi le temps a manqué à Pascal, et l'on y re-
« trouve à chaque page le souvenir de son existence
« si prématurément brisée sous le poids de la souf-
« france et du génie : souvenir qui ajoute un indi-
« cible degré de mélancolie à l'image qu'il a tracée
« de lui-même, quand il a défini l'homme un *roseau*
« *pensant*. »

M. Faugère a également retrouvé le testament de
Pascal, et il a bien fait de le publier, encore que

cette pièce n'ait rien peut-être de plus remarquable que de l'être si peu. Tout homme juste et reconnaissant a pu faire, comme Pascal, des legs pies à des serviteurs fidèles, et nul catholique mourant n'en dirait moins sur la foi que n'en dit ici sur la sienne l'auteur des *Pensées*. Plusieurs lecteurs, en entendant Pascal « implorer les intercessions de la glo-
« rieuse Vierge Marie et de tous les saints et saintes
« du paradis, » vont se scandaliser et crier à l'inconséquence. Mais, entre eux et nous, qui est-ce qui, en matière de religion, est tout à fait conséquent? Probablement personne. Pour ce qui est de Pascal, nous avons la ferme confiance que, tout en exprimant ici une persuasion sincère au sujet de la Vierge et des saints, il faisait reposer d'aplomb sa foi et son espérance sur l'unique et vrai fondement. Si l'on veut absolument qu'il y ait ici contradiction dans les termes, contradiction dans les notions mêmes, à la bonne heure; nous ne contesterons pas. Nous nous contentons d'être certain pour notre compte qu'il n'y avait pas contradiction dans le cœur.

APPENDICE.

CRITIQUE LITTÉRAIRE.

DES PENSÉES DE PASCAL, PAR M. V. COUSIN.[1]

I.

Il faut commencer par remercier M. Cousin. Le travail difficile et fatigant auquel il s'est livré prépare et consomme en grande partie la restitution d'un texte dont la pureté importe à tous les admirateurs du génie de Pascal, à tous les amis de la littérature nationale. Il faut le remercier aussi de sa jalousie pour cette belle langue française qu'il connaît et qu'il écrit si bien, et des excellentes maximes littéraires que l'examen du style de Pascal lui a donné l'occasion de professer. Voilà la carrière ouverte à tous ceux qui, pleins du même respect pour les chefs-d'œuvre de notre littérature, voudraient

---

(1) La leçon de M. Vinet sur le *Pyrrhonisme de Pascal*, comprise dans ce volume (pages 212-236) est tirée en partie de trois articles sur le livre de M. Cousin : *Des Pensées de Pascal*, qu'il a insérés en 1843 dans le *Semeur*. On n'aurait pu éviter quelques répétitions qu'en supprimant ou en morcelant ces articles ; les éditeurs n'ont pu s'y résoudre : ils les reproduisent ici intégralement.

consacrer, dans des éditions normales, un texte parfaitement sincère de nos classiques, et constater, ainsi que M. Cousin l'a fait pour Pascal, la part d'invention, en fait de langage, de chacun de nos grands écrivains; car, également éloigné de la témérité et de la superstition, tout écrivain classique enrichit, perfectionne l'idiome, ou, si on l'aime mieux, en tire un nouveau parti, en fait ressortir quelque avantage ignoré. L'impulsion donnée par M. Cousin ne s'arrêtera pas; les autres classiques auront leur tour. En attendant, nous avons un bon livre de plus, et la littérature moderne vient de s'enrichir de quelques-unes de ses plus belles pages à l'occasion d'un travail de pure critique auquel, fût-il resté extrêmement aride, on n'eût pas été en droit de reprocher son aridité. Entre les mains de l'adepte consommé, le cuivre est devenu de l'or; parlons plus exactement : où tant d'autres n'eussent aperçu que du cuivre, il a su, lui, trouver de l'or. Le talent ne consiste pas à couvrir un sujet de dépouilles étrangères, mais à tirer d'un sujet tout ce qu'il renfermait réellement à l'insu de tout le monde.

Il n'est déjà plus temps de vouloir apprendre à nos lecteurs de quoi ce volume est composé. L'auteur n'a fait qu'ajouter une éloquente préface au rapport qu'il fit, l'année dernière, à l'Académie française sur le manuscrit autographe des *Pensées*. Il ne faut pas que personne cherche dans ce rapport un acte d'accusation contre les premiers éditeurs de ces pages immortelles. La sévérité à leur égard eût été irréfléchie, et chacun trouvera judicieuse, sous tous les rapports, la modération de M. Cousin. Outre que leur intention fut évidemment honnête et désintéressée, ce qui déjà ne permet pas d'appliquer aux altérations même les plus graves, le mot flétrissant *d'infidélité*, il faut bien se dire que les devoirs d'un éditeur n'étaient pas compris alors comme ils le sont aujourd'hui. La forme extérieure d'un auteur passait si peu pour sacrée qu'on modifiait sans scrupule, pour les rapprocher du public, des écrivains chez qui la forme était presque tout, était le fond même. D'éditeur en éditeur, Joinville laissait tomber quelques lambeaux de ce qu'on appelait alors dédaigneusement *le vieux gaulois*; Marot, en éditant Villon, le faisait, ou peu s'en faut, contemporain du roi-chevalier. On a été pendant longtemps à mépriser le vieux français, et, généralement, à faire d'autant moins de cas de la forme d'un livre que le fond en était plus substantiel ou plus grave. Il y a pour nous bien des raisons, heureuses et malheureuses, d'y regarder de plus près; mais on peut être assuré que les contemporains de Louis XIV n'auraient éprouvé que peu de scandale et peu de surprise à la vue de la plupart de ces altérations, sacriléges à notre sens, qu'a subies l'ouvrage de Pascal. Il en est quelques-unes, pourtant, qu'ils n'eussent pu approuver. Pour nous, public du dix-neuvième siècle, toutes, ou peu s'en faut, sont des énormités; et je reconnais tout le premier qu'à part le petit nombre de celles que M. Cousin lui-même a cru pouvoir absoudre, il ne fallait s'en permettre aucune.

Quoi qu'il en soit, après avoir lu le livre nouveau, je considère avec tristesse mes deux exemplaires des *Pensées*, en me disant : je n'ai donc plus Pascal. Je ne puis plus, vraiment, le lire ni l'ouvrir ; j'attends que M. Cousin, ou quelque autre ami des lettres françaises, nous ait donné le nouveau texte : jusque-là ce livre fameux est dans nos bibliothèques sans y être, et il en disparaîtra quand l'édition nouvelle aura paru. N'exagérons pourtant pas : nous n'avions pas les *Pensées* de Pascal, mais nous avions certainement *sa pensée*. Elle se dessinera mieux dans l'édition qu'on nous fait espérer ; les contours en seront plus tranchés et plus vifs ; mais voilà tout. M. Cousin a bien pu, à l'occasion de sa découverte, écrire de fort belles pages sur le pyrrhonisme des *Pensées*, et contre le pyrrhonisme en général, et il a pu dire à ce vieil ennemi de la philosophie :

> La place m'est heureuse à vous y rencontrer;

mais, à parler vrai, tout ce qu'il en dit, il eût pu le dire longtemps auparavant. A l'en croire, on ne voyait que *quelque ombre* du pyrrhonisme de Pascal dans les anciennes éditions, et ce pyrrhonisme paraît pour la première fois à découvert dans les fragments qui viennent d'être publiés (Préface, p. XVIII). Ce n'est pas notre avis : le Pascal du duc de Roannez, le Pascal de l'abbé Bossut n'est ni plus ni moins pyrrhonien que le Pascal du manuscrit. On dirait pourtant, à la chaleur qu'y met M. Cousin, que le pyrrhonisme de l'auteur des *Pensées* était profondément enseveli dans le manuscrit autographe, jusqu'à ce que de nouvelles fouilles l'en aient exhumé. Mais, quoi qu'il en soit, on n'est pas fâché de voir un si vaillant champion rompre une lance en l'honneur de la philosophie, attaquée aujourd'hui par d'autres que Pascal. Le dessein est honnête et la passe d'armes brillante; toutefois on n'eût point osé dans les anciens tournois proclamer le nom du vainqueur et le promener, la visière haute, le long des échafauds, s'il n'avait combattu dans toutes les règles. Le moderne chevalier de la philosophie ou de la libre pensée les a-t-il toutes observées? Je ne sais.

Qu'il soit allé toucher du fer de sa lance le bouclier du pyrrhonisme, le défiant comme un chevalier félon (félon néanmoins en un seul cas, je veux dire lorsque, au nom du doute absolu, il conclut au dogmatisme absolu), je ne puis qu'applaudir. « Je fuis « un effronté qui prêche la pudeur, » et je hais « à « l'égal des portes de l'enfer » le pyrrhonisme qui dogmatise. La conclusion qu'il se permet, quelle qu'elle soit, est exorbitante, monstrueuse, car c'est une conclusion; sa foi n'est, à le bien prendre, qu'un coup de désespoir, un accident, une catastrophe : entre le pyrrhonisme et la foi, il y a tout un infini. C'est une étrange témérité, que de commencer par briser tous les échelons de l'échelle par où l'on prétend se hisser au faîte; c'est une étrange insolence que de vouloir prouver quoi que ce soit après avoir anéanti tous les éléments de la preuve. Les modernes pyrrhoniens, dogmatistes au fond du cœur, ont inventé et mis en réserve un élément de certitude, un seul : le consentement universel ; mais cet élément même ils n'ont pu l'obtenir qu'en faisant usage de tous les autres, et par conséquent en les supposant tous. Je n'ai pas besoin, après cela, de chercher avec quel succès ils ont constaté, sur un point quelconque, le consentement universel. Je ne cherche pas si leur système, inventé, disent-ils, dans l'intérêt du christianisme (1), n'est pas un démenti donné à cette religion, qui a fait de la vérité le secret du petit nombre, et pour tout le reste une *folie*. Je ne cherche pas enfin si la doctrine du consentement universel n'est pas l'attaque la plus meurtrière, quoique la plus indirecte, à la dignité de l'homme, à la sainteté de Dieu, à la morale même. Encélade écrasé sous sa montagne fumante en dit plus que je n'en pourrais dire. Le pyrrhonisme s'est jugé lui-même.

Pascal était-il pyrrhonien à la manière de la nouvelle école ? Pascal était-il pyrrhonien ? Celui qui a dit que « la nature confond les pyrrhoniens » n'avait-il pas trouvé contre l'excès du doute un asile que lui eût certainement refusé le pyrrhonisme illimité ?

Qu'est-ce que le consentement universel, sinon *l'espace et la durée ?* Si ce n'est pas l'espace et la durée, si ce n'est pas la fatalité, l'esclavage, l'imbé-

---

(1) On ne peut s'empêcher de remarquer que les apologètes protestants n'ont fait aucun usage de cette arme qu'il faut saisir par le tranchant parce qu'elle n'a ni poignée ni garde.

cillité, cette théorie n'a de poids qu'en vertu d'un raisonnement, tel à peu près que celui-ci : Dieu n'a pas pu tromper ou laisser tomber dans l'erreur l'universalité des hommes. Bon ou mauvais, ce raisonnement se réfère à un principe qui est autre chose que le consentement universel, et voilà dès ce moment la grande thèse abandonnée. Le consentement universel, dans sa pureté, c'est le préjugé érigé en dogme, c'est la force brutale mise à la place de la loi, c'est *l'espace et la durée*. Or, l'auteur des *Pensées*, même dans le manuscrit autographe, ne veut pas que l'homme « se relève de l'espace et de la « durée, » mais de la pensée, dans laquelle, ajoute-t-il, « toute sa dignité consiste. » Je rappelle ici ce paragraphe célèbre dont il y a (c'est M. Cousin qui nous l'apprend) trois versions successives dans le manuscrit. Quand je vois Pascal, en cet endroit comme en bien d'autres, se fatiguer à chercher à sa pensée la forme la plus accomplie et la plus solennelle, cet illustre labeur me remet en mémoire deux beaux vers du dix-huitième siècle :

> Dans les flancs des rochers la nature immortelle
> Épure avec lenteur les feux du diamant,

et je sens, en même temps, que Pascal a pris ses sûretés contre l'accusation dont il est aujourd'hui l'objet. Une *pensée* qui serait inutile à l'acquisition de la vérité (et c'est l'hypothèse du pyrrhonisme) ne constituerait pas la dignité de l'homme, et il pourrait tout aussi bien se relever de l'espace et de la durée.

Après cela, on pourra être surpris d'entendre M. Cousin déclarer que « le fond même de l'âme de « Pascal est un scepticisme universel, contre lequel « il ne trouve d'asile que dans une foi volontaire- « ment aveugle; » (p. 156.) « que les difficultés « qu'il a rencontrées, sa raison ne les a pas surmon- « tées, mais sa volonté les a écartées, et que sa der- « nière, sa vraie réponse est qu'il ne veut pas du « néant, » etc. (p. 162.) Ces assertions sont-elles exactes?

La foi de Pascal serait, en effet, volontairement aveugle, un caprice de sa volonté plutôt qu'une détermination de sa raison, s'il était, comme le prétend M. Cousin, le sectateur ou la victime d'un scepticisme universel. « Donnez-moi, criait Archi- « mède, un point, un seul point d'appui, et je re- « muerai le monde; » mais ce point unique aurait manqué à Pascal, et sa foi n'aurait été qu'un accident, un événement imprévu, une espèce de fait brutal; car, ainsi que le lui disait fort bien M. de Saci, « ce qui renverse les fondements de toute « connaissance, renverse par conséquent ceux de la « religion même. » Il eût été chrétien sans en avoir le droit, et à parler exactement, il n'aurait point cru; car la croyance implique l'examen, et c'est au comique Andrieux qu'il faut laisser dire avec son filet de voix voltairienne :

Il n'examinait rien : il était fait pour croire.

Est-ce ainsi que Pascal a cru?

Ne nous préoccupons que de la vérité; acceptons, les yeux bandés, les résultats d'un examen sévère.

Voici l'extrait, la quintessence (mais textuelle) d'un chapitre de Pascal intitulé : *Faiblesse de l'homme; incertitude de ses connaissances naturelles.*

« Rien, suivant la seule raison, n'est juste de soi.
« Qu'est-ce que nos principes naturels, sinon nos
« principes accoutumés? La vie est un songe un peu
« moins inconstant que les autres songes. Au lieu
« de recevoir les idées des choses en nous, nous tei-
« gnons des qualités de notre être composé toutes
« les choses simples que nous contemplons. L'homme
« n'est qu'un sujet plein d'erreurs..... Rien ne lui
« montre la vérité : tout l'abuse (1). »

Voici maintenant l'extrait, la quintessence du chapitre intitulé : *Contrariétés étonnantes qui se trouvent dans la nature de l'homme.*

« L'homme est fait pour connaître la vérité; en
« parlant de bonne foi et sincèrement, on ne peut
« douter des principes naturels. Nous savons que
« nous ne rêvons point. Les principes se sentent et
« les propositions se concluent, le tout avec certi-
« tude, quoique par différentes voies. On ne saurait
« en venir à douter de tout, et il n'y a jamais eu de
« pyrrhonisme effectif et parfait. Nous avons une idée
« de la vérité invincible à tout le pyrrhonisme, etc. »

Si, dans le premier paragraphe, le terrain est abandonné au pyrrhonisme, ce terrain n'est-il pas

---

(1) Vous lirez même quelque part : *le pyrrhonisme est le vrai;* mais Pascal l'entend d'un pyrrhonisme partiel et relatif.

reconquis dans le second morceau, qui est la contre-partie et le correctif du premier? On me répond : Non pas le correctif, mais bien le démenti; Pascal s'est contredit, voilà tout. Voilà tout! Ne dirait-on pas que c'est peu de chose, et que je puis gaiement supposer ce grand esprit capable d'un oubli qui ne serait ni plus ni moins qu'une étourderie! S'il y a contradiction, elle est dans les termes, elle a été volontaire. Là, *nos principes naturels ne sont autre chose que nos principes accoutumés*; ici, *nous ne pouvons sans mauvaise foi douter des principes naturels.* Là, *notre vie est un songe*; ici, *nous savons que nous ne rêvons point.* Là, *rien ne nous montre la vérité*; ici, *nous sommes faits pour connaître la vérité.*

Le nœud de cette énigme est dans ce mot du même Pascal, mot qui résume toute sa pensée : « La na-« ture confond les pyrrhoniens, et la raison (c'est-« à-dire le raisonnement) confond les dogmatistes. » C'est une des contrariétés ou des dualités de notre nature actuelle; il y en a d'autres : l'homme se sent fait pour le bonheur parfait et ne l'obtient jamais; l'homme se voit de toutes parts dominé par la nécessité, et il se sent libre. Pascal aurait pu dire pareillement que la nature confond les fatalistes, que la nature confond ou plutôt relève les désespérés; la nature, qui est la première et la plus souveraine des nécessités; la nature, qui est l'intuition, l'évidence, la vérité en nous; la nature, fondation immortelle, que le péché a couverte de décombres, mais n'a pas pu écraser; la nature, c'est-à-dire ce dernier fond de l'homme, sans lequel, à vrai dire, il ne serait plus l'homme : c'est l'opposition entre la raison *discursive* et la raison *intuitive*, que quelques-uns, je crois, ont appelée *impersonnelle*.

Car la pensée de Pascal n'est pas simplement que l'homme soit forcément dogmatiste, et qu'une nécessité aveugle ait raison contre la raison. Il pense que la nature est le principe de la raison, de la vérité et de la certitude. Il pense que la logique, qui est une abstraction, peut tout ébranler; il pense de plus que, dans notre état présent, une pente malheureuse nous porte vers le scepticisme, qui fait abstraction de l'intuition, comme vers le fatalisme, qui fait abstraction de la liberté, avec cette seule différence que la pente du fatalisme entraîne tous les hommes, tandis que celle du scepticisme n'entraîne que les penseurs. Il reconnaît que, sur certains sujets d'une extrême importance, l'affaiblissement de l'intuition, et surtout de l'intuition morale, donne beau jeu aux irruptions de la logique, ennemi farouche et implacable qui pille nos meilleures convictions, et vient s'asseoir effrontément à notre foyer même pour y compter son butin. Il estime que nous ne possédons qu'à titre précaire les croyances les plus nécessaires et les mieux fondées, que leur évidence même ne les garantit pas des insultes du doute, et qu'un grand nombre des choses qu'on ne croit qu'avec l'âme, réellement nous ne les croyons pas. La conviction et le doute ne sont pas seulement deux attitudes de l'esprit, mais deux états de l'âme; et tant que l'âme ne sera pas restaurée, il est bien des vérités que nous ne croirons pas solidement, ou que nous croirons d'une foi inerte, incapable de réagir contre les assauts de la logique. Dieu n'a pas fait la logique pour dominer la vie humaine; ce que cette vie a de noble, ce n'est pas de croire sur preuve, mais de croire sans preuve, ou, si ce langage vous scandalise, de croire sur d'autres preuves encore que celles du raisonnement. Supposez un être qui ne soit qu'intelligence, vous pouvez compter qu'à cause de cela même il sera profondément et incurablement sceptique; et vous pouvez en inférer que des hommes dont la logique est l'instrument habituel, dont la logique est le métier (un géomètre, par exemple, comme l'était Pascal,) défendront mal contre la raison abstraite ces vérités dont la force n'est pas d'être démontrées, mais d'être senties. Si je ne sens pas que le bien est bien, et que le mal est mal, qui est-ce qui me le prouvera jamais?

Mais le livre de Pascal ne renferme-t-il pas une profession personnelle de pyrrhonisme? Jamais Pascal, même en dehors du christianisme, ne se serait confessé ni cru pyrrhonien. Lorsqu'il nie qu'il y ait jamais eu de pyrrhonisme effectif et parfait (c'est-à-dire pratique et absolu), et qu'il ajoute que la nature soutient la raison impuissante et l'empêche d'extravaguer jusqu'à ce point, il témoigne assez, ce me semble, que le pyrrhonisme à ses yeux est extravagant. Mais on ne peut nier deux choses : l'une, que Pascal n'ait été en butte plus qu'un autre aux tentations de ce démon ; l'autre, qu'indigné des insolences du dogmatisme, c'est-à-dire de la raison qui veut tout savoir ou tout expliquer, il ne se soit plu à la mettre aux prises avec elle-même, et n'ait été avec une sorte de plaisir passionné « le ministre d'une « si grande vengeance, » qui, à vrai dire, le vengeait lui-même.

Le vrai et bon dogmatisme (si l'on nous permet pour un moment de prendre ce mot dans un sens favorable) lui paraissait rare sans doute, et il devait regarder comme acquis de plein droit au pyrrhonisme, pour lui échoir tôt ou tard en toute propriété, tout le terrain occupé par le préjugé et l'habitude, et même tout celui où règne, en véritable usurpateur, l'orgueil philosophique. Il n'y a de *foi* ni sur l'un ni sur l'autre de ces terrains, et où la *foi* n'est pas, là est le pyrrhonisme, du moins le pyrrhonisme en puissance et en espérance. On comprend que je ne parle point ici de la foi chrétienne, ni d'aucune croyance positive, mais de la *foi* en général, antérieure à toute révélation. Le préjugé, dans le monde, et l'esprit de parti en philosophie ont beau ressembler à la foi ; la foi possède son objet, le touche, le palpe, le savoure, s'unit à lui ; mais ni l'autorité ni le syllogisme ne nous donneront, au sujet des vérités dont l'âme est le juge, une certitude inébranlable aux assauts du raisonnement. Le raisonnement même le meilleur ne produit l'évidence qu'avec le concours de l'âme, et mille fois on a vu le doute se dresser, hideux et sarcastique, au terme d'une déduction dont les anneaux de diamant formaient la chaîne la plus parfaite. Cette tour massive que vous aviez vue à l'horizon, ce n'était qu'un nuage.

Un spirituel et savant biographe de Pascal (1) a dit que ce grand esprit, s'élevant sur les épaules de Montaigne pour atteindre plus sûrement les ennemis de la religion, a donné une preuve frappante de l'appui que la foi peut trouver chez ses ennemis naturels, l'incrédulité et le scepticisme, et il les compare à ces démons qui, dans l'architecture du moyen âge, soutiennent, pour ainsi dire, l'élan hardi de la voûte du temple vers cette autre voûte qui est le ciel. Passe pour les démons de pierre; mais Pascal n'eût sciemment appelé aucun des suppôts du mensonge au secours de la vérité. Tout en convenant que le pyrrhonisme avait servi à la religion, il le désavouait; un pyrrhonien, à son avis, était un *extravagant;* mais comment se serait-il dispensé de nous montrer vers quels dangers nous précipite la logique, cette moitié de la raison, que nous prenons pour la raison tout entière, la logique, « cette chose aveugle, » ainsi que l'appelait récemment un célèbre écrivain, ou dont les deux yeux sont crevés quand l'âme et l'intuition immédiate ne concourent pas avec elle? Comment Pascal se serait-il refusé à mettre en lumière la double impuissance de l'homme à l'égard de la *vérité* dont il a besoin et de la *félicité* dont il est avide? Comment eût-il brisé, après l'avoir soigneusement poli, le seul miroir où

(1) M. Reuchlin.

l'humanité peut voir ce double sillon d'une même foudre entrelacé sur son front? L'incrédule est surtout incrédule à lui-même; l'homme, pour croire en soi, doit d'abord croire à Dieu; que Dieu se révèle, c'est-à-dire se communique à nous, le scepticisme et le désespoir s'absorberont dans son sein; il s'agit de trouver Dieu, qui est la paix et la sécurité de l'intelligence non moins que la paix et la sécurité du cœur : c'est lui qui m'apprendra tout ensemble à me confier en ma raison et à m'en défier. Pascal a osé dire : « L'homme n'est qu'un sujet plein d'er-« reurs, ineffaçables sans la grâce. » Le pyrrhonisme est une de ces erreurs.

Pascal a-t-il passé le but? Je lui reprocherais plutôt d'avoir manqué de précaution; mais je ne sais trop si j'en ai le droit. Qu'est-ce que le livre de Pascal? et d'abord est-ce un livre? Il est impossible de croire que nous ayons partout la forme définitive de sa pensée; il est même difficile de désigner à coup sûr les endroits où nous l'avons. A supposer que nous l'ayons en effet, on pourrait dire que Pascal a payé un peu cher cette liberté d'allure et cette *subjectivité* dont tout son livre est si vivement empreint et qui font une partie de sa valeur littéraire. Je suis bien persuadé que, dans beaucoup d'endroits, Pascal est moins un homme qui écrit qu'un homme qui pense tout haut; ce n'est pas dédain certes, c'est confiance; et dans cette disposition il dit bien des choses qui veulent être entendues *cum grano salis* : pouvait-il craindre qu'on ne fît pas pour lui la dépense de ce grain de sel (1)? Il a donc, en se plaçant au point de vue sceptique, et plus facilement peut-être qu'un autre, donné libre carrière à cette raison abstraite, destructeur sans pitié, corrosif éprouvé dont l'action ne laisse après soi qu'un vide parfait; il a fait l'essai « d'interroger avec l'expérience et le raisonnement tous les principes; » mais au lieu de dire avec M. Cousin que Pascal oublie qu'il a tout affermi, *en répondant par avance à toutes les attaques du scepticisme*, ne pourrait-on pas dire avec autant d'apparence que Pascal oublie qu'il a tout détruit? Mais la vérité est qu'il n'a rien détruit, rien du moins irréparablement, puisqu'il en appelle de la logique à la nature, et qu'il affermit (n'oublions pas cela) la nature par la grâce; car, nous le verrons plus tard, un des triomphes de la grâce est de rétablir la nature.

Je ne vois pas ce qui m'empêcherait, ou plutôt ce qui me dispenserait de regarder comme défini-

(1) Ce grain de sel, qui n'est qu'un grain de bonne volonté, manque un peu, ce me semble, à l'interprétation d'un passage que M. Cousin a restitué d'après le manuscrit : « Je laisse les discours que font les pyrrhoniens con-
« tre les impressions de la coutume, de l'éducation, des mœurs, des pays,
« et autres choses semblables, qui, quoiqu'elles entraînent la plus grande
« partie des hommes communs, qui ne dogmatisent que sur ces vains fon-
« dements, sont renversées par le moindre souffle des pyrrhoniens. » Selon M. Cousin, Pascal en cet endroit « se déclare ouvertement pour les pyrrho-
« niens. » J'avoue que je ne vois pas cela. Deux erreurs opposées doivent avoir tour à tour raison l'une contre l'autre. Ce sont d'étranges dogmatistes que ceux qui concluent du fait au droit et de la coutume au principe. Leur dogmatisme, debout sur *de si vains fondements*, est tout plein, tout ivre de pyrrhonisme ; donner le fait pour raison du fait, c'est abdiquer la raison, c'est être fataliste et sceptique tout à la fois; le pyrrhonisme, plus conséquent, plus sincère, a sans doute assez de son *souffle* pour renverser ce dogmatisme-là.

tives, chez Pascal, des pensées comme celles-ci :

« Les principes se sentent, les propositions se
« concluent ; le tout avec certitude, quoique par dif-
« férentes voies. Et il est aussi ridicule que *la raison*
« demande au sentiment et *à l'intelligence* des preuves
« de ces premiers principes pour y consentir, qu'il
« serait ridicule que l'intelligence demandât à la
« raison un sentiment de toutes les propositions
« qu'elle démontre. Cette impuissance ne peut donc
« servir qu'à humilier la raison qui voudrait juger
« de tout, mais non pas à combattre notre certi-
« tude, comme s'il n'y avait que la raison capable
« de nous instruire. Plût à Dieu que nous n'en eus-
« sions, au contraire, jamais besoin, et que nous
« connussions toutes choses par instinct et par
« sentiment ! Mais la nature nous a refusé ce bien,
« et elle ne nous a donné que très-peu de connais-
« sances de cette sorte : toutes les autres ne peuvent
« être acquises que par le raisonnement. »

Et ailleurs : « Il faut savoir douter où il faut,
« assurer où il faut, se soumettre où il faut. Si l'on
« choque les principes de la raison, notre religion
« sera absurde et ridicule. Pour ceux qui n'ont pas
« la religion par sentiment, nous ne pouvons la
« leur procurer que par raisonnement. La conduite
« de Dieu est de mettre la religion dans l'esprit par
« les raisons et dans le cœur par sa grâce. »

On peut, si on le veut, commencer par ces passages, et finir par les autres ; mais il me paraît convenable de commencer par les autres et de finir par

ceux-ci, sur lesquels tout le livre se fonde, et sans lesquels l'existence du livre ne s'expliquerait pas. Le livre n'est là, dans son ensemble, que parce que Pascal croyait à la raison; j'ose dire que cela est évident; et quand même on prétendrait que Pascal s'engage à la poursuite de la raison humaine dans le fourré du scepticisme si avant que nous ne voyons guère quels moyens de retraite il s'est ménagés, je dirais toujours, le livre à la main, qu'il a cru à la raison, qu'il y a cru davantage sans doute à mesure qu'il a cru à la religion, mais enfin que, pour croire à la religion, il s'est appuyé sur la raison, et que par conséquent sa foi n'a pas été *volontairement aveugle*, et que par conséquent on ne peut pas dire qu'il a *écarté par sa volonté* au lieu de *surmonter par sa raison les difficultés qu'il a rencontrées*, et qu'en particulier il n'a pas fait un pas dans l'apologétique sans avoir assuré un asile inexpugnable à ces *vérités premières et indémontrables* qui se prouvent en s'affirmant. La foi de Pascal est, dans tous les sens, une foi de bon aloi.

Mais Pascal n'est-il pas décidément et définitivement pyrrhonien à l'endroit de ces grandes vérités dont la réunion compose la religion naturelle? Il faut s'arrêter sur ce point, parce que c'est celui dont M. Cousin paraît le plus préoccupé.

II.

Ce qui fait le plus de peine à M. Cousin dans le scepticisme de Pascal, c'est la manière dont ce grand homme s'exprime au sujet des dogmes principaux de la religion naturelle; et attendu que ces dogmes constituent, au jugement du savant critique, les prémisses nécessaires de la religion révélée, il lui semble que Pascal s'est mis dans l'impossibilité d'atteindre jamais à cette dernière, logiquement du moins.

Pascal était-il personnellement sceptique à l'endroit de ces deux grandes vérités? Ce serait une première question. Pour M. Cousin elle est résolue. Il ne paraît pas qu'il ait cru que rien pût ajouter ni ôter à l'évidence des aveux de Pascal sur ce sujet dans le fameux morceau de l'*Infini rien* ou du *pari*, que M. Cousin a complétement restitué. Dans ce morceau, Pascal avoue que, « selon les lumières na-
« turelles, nous sommes incapables de connaître ni
« ce que Dieu est, ni s'il est; » et dans ce même morceau il déclare « qu'il ne se sentirait pas assez
« fort pour trouver dans la nature de quoi convaincre
« (de l'existence de Dieu et de l'immortalité de l'âme)
« des athées endurcis. »

Je commencerai par une observation particulière, dont je pourrais peut-être me contenter. Dans la même page où nous lisons qu'il est impossible, selon les lumières naturelles, de connaître ni ce que Dieu est ni s'il est, nous lisons, quelques lignes plus haut : « On peut bien connaître qu'il y a un Dieu
« sans savoir ce qu'il est, » et encore : « J'ai déjà
« montré qu'on peut bien connaître l'existence d'une
« chose sans connaître sa nature. » J'accorde qu'en

rigueur de droit, ces deux phrases peuvent se concilier avec celle qui a scandalisé tant de monde, et ne la détruisent pas absolument ; mais la place respective que toutes les trois occupent et l'absence de toute indication sur le rapport qui peut exister entre elles, établissent au moins ceci : c'est que nous n'avons point ici la forme définitive de la pensée de Pascal, ni même sa pensée définitive. Qu'on jette un coup d'œil sur tout le morceau, et qu'on nous dise si l'on y peut voir autre chose qu'une minute ; et quand je dis une minute, je dis trop peut-être. La conservation de ce premier jet d'une plume immortelle nous permet, après deux siècles, de surprendre Pascal au milieu de la fermentation de son génie, d'en épier, si l'on peut ainsi parler, les premiers bouillons, de voir Pascal penser ! Pascal, en effet, ne fait ici autre chose que penser la plume à la main. S'il est impossible de tenir ce morceau pour nul et non avenu, si ces premiers tâtonnements ne laissent pas d'être un fait, et même un fait significatif, il n'en est pas moins vrai que tout ceci est un *à parte*, que Pascal ne *nous* a rien dit, et qu'il ne faut point confondre le sentier où il passe avec l'endroit où il demeure. On ne voit ici qu'un esprit qui cherche et qui s'oriente, qui tâte les difficultés du terrain ; et encore est-ce lui seul qui parle, ou sont-ils deux ? n'y a-t-il pas peut-être deux hommes en un seul ? On peut varier dans les conjectures ; mais si, entre ces trois phrases, ou entre toutes celles du morceau, on prenait la plus sceptique, la plus négative, pour en faire la doctrine avouée, la doctrine authentique de Pascal, il me semble qu'on ferait quelque chose comme de violer le secret des lettres ; la pensée définitive de l'auteur doit rester pour nous lettre close; nous ne connaissons de plein droit et réellement que les préliminaires ou le prélude de sa pensée. On a dit que la vie privée doit être murée : eh bien! ceci est de la vie privée. Entre une phrase qui dit « qu'on peut bien connaître qu'il « y a un Dieu sans savoir ce qu'il est, » et une autre qui dit, le moment d'après, « qu'on ne peut pas plus « prouver que Dieu est, qu'on ne peut connaître ce « qu'il est, » le plus sage, ce me semble, le seul juste, est de rester suspendu.

On croit sentir quelque chose de plus arrêté, de plus définitif, dans le passage où Pascal avoue « qu'il « ne se sentirait pas assez fort pour trouver dans la « nature de quoi convaincre des athées endurcis, » et je me persuade aisément qu'il n'en eût pas décliné la responsabilité. Et, dans le fond, pourquoi la décliner ? Qui peut, raisonnablement, se scandaliser de cet aveu ? Mais je m'en tiens, pour le moment, à demander : Quelle raison y a-t-il de penser que Pascal doutait, pour son propre compte, des deux vérités dont il désespérait de convaincre les athées endurcis ?

Faut-il donc absolument, si l'on ne veut passer pour sceptique, non-seulement croire à ces vérités, mais se croire capable de les démontrer à tout le monde, juger irrésistibles dans tous les cas et pour chacun les arguments qui les établissent, et croire que des *athées endurcis* seront, en cette affaire, d'aussi bonne composition que tout le reste des hommes? Mais que ne va-t-on plus loin tout d'un temps? Pourquoi ne dit-on pas que ces vérités sont d'une évidence immédiate, qui les soustrait à la nécessité d'une preuve? Pourquoi ne les range-t-on pas au nombre de ces *vérités premières et indémontrables* qui se prouvent en s'affirmant? Si c'est la gloire d'un Descartes, d'un Clarke, d'un Fénelon, de les avoir *démontrées*, c'est qu'elles avaient à l'être; si plusieurs grands esprits ont consacré à prouver ces vérités le meilleur de leurs forces, c'est que beaucoup d'autres esprits, et non pas tous des moindres, en avaient douté ou les avaient niées. Comment ont-ils pu les nier ou les révoquer en doute *avant* et même *après* ces démonstrations? Pourquoi les mêmes arguments n'ont-ils pas fait la même impression sur tous les esprits? Pascal le sait et nous le dira; pourquoi M. Cousin ne le sait-il pas? Ou s'il le sait, pourquoi ne le dit-il point?

Il est une chose qu'il pouvait, qu'il devait dire : c'est qu'il est bien étrange que ces vérités ne soient pas instantanément évidentes pour tous les esprits; c'est que nous ne les possédions pas par intuition; c'est qu'il faille les démontrer. Ce fait, pour être constant et universel, n'en est pas moins étonnant; considéré de près, il nous confond; certainement il n'est pas normal, ou l'être chez lequel on est forcé de le constater n'est pas dans un état normal. Il est inouï que ce qui est universellement, absolument nécessaire, ne soit pas évident; que des vérités sans lesquelles la vie humaine n'a point de base, point de sens, aient besoin d'être démontrées; il est peut-être encore plus inouï que ce qui devait être cru sans preuve puisse finir par être cru en vertu d'une preuve. L'importance, l'existence de ce problème, ne peuvent échapper qu'à ces fortunés esprits dont toute la marche dans le pays de la pensée n'a été qu'un facile triomphe, et qui ont vaincu sans coup férir. Beaucoup de gens, et parmi eux quelques esprits d'élite, n'ont pas connu cette béatitude. Si Pascal a subi les angoisses du doute, je ne l'en crois pas moins grand pour cela. Au moins est-il certains sujets où l'on n'est bien convaincu qu'après avoir douté. Il en est comme de ces constructions dont un tremblement de terre a pu seul affermir l'assiette.

Même en se prévalant à la rigueur des passages fameux que nous avons rappelés, on ne peut pas dire, avec M. Cousin (p. 158), que Pascal a jugé la raison incapable de s'élever à l'*idée* de l'existence de Dieu et de l'immortalité de l'âme. Il n'a pas même dit que l'homme, dans sa condition actuelle, ne peut obtenir de ces vérités-là une pleine certitude et une connaissance suffisante. Mais j'admets qu'il l'ait dit et qu'il l'ait pensé. Est-ce là du pyrrhonisme, ou du moins du pyrrhonisme relatif? Je ne sais, mais ce que je vois bien d'abord, c'est que le genre humain, pris dans son ensemble, est pyrrhonien à ce compte-là; ce que je crois bien voir encore, c'est que, *dialectiquement*, le théisme pur et simple n'est pas plus facile à défendre que le panthéisme, et que l'idée (pour ne parler que de l'*idée*), l'idée d'un Dieu vivant, personnel, distinct de l'univers qu'il pénètre et qu'il embrasse, n'est pas plus ancienne que le christianisme. On conviendra, pour peu qu'on y réfléchisse, combien il est illusoire et vain de savoir que Dieu est sans savoir ce qu'il est; ici les idées de mode et de substance se confondent, et Pascal lui-même, qui a dit qu'on peut bien savoir que Dieu existe et ne pas connaître sa nature, ne l'a pu dire en sens absolu. Il n'en est pas moins vrai que l'une des questions est absolument creuse et sans intérêt si on la sépare de l'autre. Selon ce qu'est Dieu, il est ou n'est pas Dieu, il est ou n'est pas. La question de sa nature est identique à celle de son existence; et le nom même de *Dieu* désigne moins un être abstrait qu'un ensemble de propriétés, une manière d'être qu'il s'agit de constater. C'est cette manière d'être qu'ont surtout prouvée ceux qui passent pour avoir prouvé l'existence de Dieu : la science et l'humanité ne sont réellement obligées qu'à ceux qui, en élevant au-dessus des doutes la personnalité et la liberté de Dieu, ont par là même prouvé Dieu. Or, qui l'a fait avant le christianisme, et qui l'a fait depuis autrement que sous son inspiration? Il est vrai qu'elle est devenue, cette magnifique idée, le patrimoine de tout le monde, et que maintenant on en fait hardiment une partie ou la base de la religion naturelle; mais c'est ici le cas d'emprunter à un ennemi du christianisme une de ses plus heureuses saillies. On parlait un jour devant Voltaire de *l'Histoire naturelle* de Buffon : pas si *naturelle*, s'écria-t-il. J'en dis bien autant de la religion naturelle, et même, si vous voulez, de la morale naturelle. Le christianisme a fait surgir, dit-on, quelques sentiments de plus dans notre cœur et quelques idées de plus dans notre raison : parlez mieux, le christianisme nous a donné un nouveau cœur et une nouvelle raison; il a du moins ouvert l'un et l'autre, et ménagé une issue vers le jour à des plantes dont le germe glacé n'attendait qu'un rayon de ce soleil de justice. Ce dont l'humanité ne soupçonnait pas même l'existence lui a paru naturel dès qu'elle l'a connu; et il était naturel, en effet, car il correspondait à tous les faits et complétait toutes les vérités; le commandement, pour parler avec l'apôtre de Patmos, s'est trouvé tout ensemble antique et nouveau : le christianisme, en toutes choses, nous a ramenés à la nature. C'est lui qui nous a rendu l'idée du Dieu personnel et vivant, et la philosophie, dont le christianisme éclairait désormais la route, a eu beau jeu dès lors à raisonner ce dogme nécessaire, et à prendre pour spontané ce qui était suggéré : méprise plus facile certainement et plus commune qu'on ne pense. Si elle ne veut pas, en fidèle vassale, faire en ceci acte d'allégeance, il faut alors qu'elle nous explique pourquoi cette notion d'un Dieu unique, personnel, vivant et libre, est du même âge que la foi chrétienne. En attendant, les hommes que

M. Cousin oppose à Pascal, les Bossuet, les Arnauld, les Malebranche, le sulpicien Emery, sont tous, sur ce point-là, de l'avis de Pascal ; et si c'est du pyrrhonisme, ils ont été pyrrhoniens comme lui. Il faut donc étendre l'accusation, et l'on n'y manquera pas si l'on ne veut point se laisser tromper au silence des uns et aux réticences des autres.

On ne voit pas trop comment des idées que le christianisme seul a mises en évidence, qu'il a apportées à l'humanité, pourraient être présentées comme les prémisses nécessaires du christianisme, et comment on ne peut arriver à lui qu'à travers ces idées-là. *En fait,* beaucoup de gens n'ont rien connu de ces préliminaires, et n'ont rencontré la religion naturelle qu'au sein de la religion révélée. *En droit* ou *en principe,* on comprend très-bien que la chose ait pu se passer ainsi, et que la révélation du Dieu de la nature et du Dieu de la grâce n'ait été bien souvent qu'une seule et même révélation. Ces vérités n'ont pas été le point de départ de Pascal dans son apologétique ; c'est plus en arrière qu'il a porté les esprits et qu'il s'est porté lui-même ; c'est dans les *vérités premières et indémontrables,* dans les intuitions du cœur et de l'intelligence qu'il a trouvé, Archimède nouveau, le point d'appui de la démonstration évangélique. Admettons, si l'on veut, que, s'il fût venu plus tard, ou s'il eût daigné connaître Descartes (pour ne pas parler de Malebranche, de Leibnitz, de Schelling et de M. Cousin), il ne se fût pas cru obligé de partir de si loin ; mais la seule question est de savoir s'il avait des prémisses, et nous disons qu'il en avait. Il n'y comprenait pas tout ce que M. Cousin, je le suppose, appellerait les prémisses du christianisme; mais ce qu'il avait, lui suffisait. Il avait, on en conviendra, tout ce qu'il fallait pour l'examen des preuves du christianisme; il ne se jetait pas, tête baissée, dans la foi comme dans un trou noir; sa conversion n'était pas le suicide de sa raison; son apologétique était aussi rationnelle, aussi bonne que celle de M. Cousin peut l'être. Or, si non-seulement il est arrivé (ce qui n'est pas toute la question), mais s'il est arrivé par un bon chemin, pourquoi lui reprocher de n'avoir pas suivi le vôtre? pourquoi lui reprocher d'avoir accrédité une religion de hasard, quand la sienne est bien évidemment une religion de choix et de raison? Pourquoi lui demander compte de ce qu'il n'est pas parti du Dieu de la nature, si, par le chemin de la logique et des preuves, il est arrivé au Dieu de la grâce, qui implique et renferme celui de la nature? Insisterez-vous encore sur l'usage qu'il paraît faire du pyrrhonisme dans l'intérêt de la foi? Ne comprendrez-vous donc point qu'il ne professe pas le pyrrhonisme, mais qu'il le constate; qu'il signale la tempête des opinions, le trouble des intelligences, la détresse de l'esprit humain, pour faire sentir combien il était urgent que Dieu fît tomber dans ces vastes et déplorables ténèbres ce rayon de sa gloire qui est en même temps un rayon de sa clarté, et que nos cœurs émus appellent Jésus-Christ?

M. Cousin ne permet pas qu'on soit sceptique, et je me suis rappelé que tout le monde l'était avant l'Evangile ; mais quand je ne le saurais pas, je l'affirmerais néanmoins. Je dirais : cela était, parce que cela devait être ; le monde était sceptique puisque l'Évangile est vrai. On peut choisir ce terrain dans une discussion avec M. Cousin, puisque, au jugement de M. Cousin, le christianisme est vrai. Or, si le christianisme est vrai, c'est une chose vraie aussi que Dieu a été manifesté en chair, et que les pécheurs, c'est-à-dire tous les hommes, ont été sauvés par ce prodigieux abaissement. Voilà ce que l'humanité ne savait pas avant l'événement, et ne le sachant pas, elle ne savait rien. Et comme tout, dans notre nature, dans notre destinée, réclamait cette solution, comme cette solution, d'une autre part, était impossible à prévoir, il s'ensuit que, jusqu'au moment de cette solution, tout devait être enigme, contradiction, chaos dans notre nature et dans notre destinée, et que notre raison, un bandeau sur les yeux, devait, comme un prisonnier dans son cachot, aller se heurter à tout moment contre quelque nouveau problème. S'il n'en était pas ainsi, c'est qu'apparemment nous ne pensions pas ; mais si nous pensions, il devait en être ainsi, à moins que l'œuvre de la Rédemption ne soit, dans la grande épopée humaine, qu'un épisode mal cousu et facile à détacher, le péché ou l'apostasie une incommodité à peine sensible et le salut un objet de luxe. Quand je ne saurais, par l'histoire, absolument rien des agitations de la pensée humaine avant l'Evangile, je les conclurais de la présence même et de la vérité de l'Évangile; je dirais que, si l'Évangile est vrai, le monde, avant sa venue, a dû être sceptique ou pyrrhonien, par la raison à la fois triple et une de l'absence de la Rédemption, de sa nécessité sentie, et de l'impossibilité de la prévoir.

M. Cousin s'afflige de l'injure qu'on fait à la philosophie, qui est, à ce qu'il nous assure, de si bonne intelligence avec le christianisme. La philosophie n'est pas une; il y a plusieurs philosophies; et pour n'en pas faire une énumération inutile, nous nous bornerons à distinguer la philosophie qui procède du christianisme et celle qui n'en procède pas. Pour la première, ce n'est pas merveille qu'elle concorde avec le christianisme, et ce serait merveille que le christianisme en dît du mal. Quant à la seconde, si elle veut bien se faire un titre de cette coïncidence, elle fait en cela plus qu'on ne lui demande; mais en revanche elle ferait moins qu'elle ne doit si elle ne justifiait pas explicitement de cette coïncidence. Or, comme toute philosophie n'est pas en mesure ou n'est pas en humeur de faire cette preuve, et que plus d'une au contraire désavoue énergiquement cet accord, il est clair que par ce mot : *la philosophie*, il faut entendre telle ou telle philosophie, et à coup sûr celle de M. Cousin : aussi ne lui demandons-nous compte que de celle-là. Il faut qu'il constate que *celle-là* concorde avec le christianisme. On nous a autorisés à supposer que l'éclectisme dispose les âmes à embrasser la folie de la croix : il faudra qu'on nous dise positivement s'il en est ainsi ou si cette folie continue d'être folie aux yeux de l'éclectisme. Dans le premier cas, qui a pour lui la présomption légale, les choses ont dû se passer de la manière suivante. La philosophie (éclectique) aura prouvé à l'homme qu'il ne sait rien de ce qui peut donner un mot à l'enigme de sa vie, établir l'harmonie dans son être, enraciner la paix dans son âme. Qui n'aurait droit de s'étonner si quelque disciple de l'éclectisme, et surtout si les chefs de l'école, appelaient pyrrhonisme cette conclusion même? Car, sans ce pyrrhonisme-là, on ne devient pas chrétien, et l'on doit se moquer des chrétiens. Et en revanche, si l'on est devenu chrétien, on doit avoir une philosophie faite à peu près comme cela, à moins pourtant qu'elle ne procède directement et ne se réclame du christianisme. — Quoi qu'il en soit, il n'y a pas lieu à s'affliger de ce que Pascal a pu dire ou faire entendre de la philosophie ; il ne l'a point condamnée en général ; il se peut même qu'en considérant l'ensemble des résultats, il lui voulût quelque bien ; car elle a dompté, en les désespérant, les plus présomptueux ; elle a, dans ses tourmentes, jeté de riches épaves sur les rives de Canaan, et bon nombre des chrétiens les plus éminents furent des naufragés de la philosophie.

Nous n'avons considéré jusqu'à présent les vérités de la religion naturelle que comme des vérités intellectuelles ou métaphysiques. Mais déjà Pascal nous a laissés loin derrière lui, il nous faut doubler le pas pour l'atteindre et pour lui arracher toute sa pensée. Vous lui demandez compte d'un dogme ou plutôt d'un philosophème : il n'en est déjà plus là. Il a quelque chose de mieux à demander au christianisme ou plutôt à Dieu. On se figure qu'on a tout quand on a la conviction intellectuelle de cette vérité : que Dieu, et même un Dieu personnel, existe. Mais c'est peu de connaître Dieu si on ne le possède, et même on ne le connaît pas à moins de le posséder ; car si tout le sens du mot *connaître* est intellectuel dans certains cas, il ne l'est point dans tous ; et l'on pourrait dire généralement que la connaissance intellectuelle ou le *savoir* n'est que le préliminaire, l'enveloppe ou l'empreinte logique de la véritable connaissance. Voilà le nœud du livre des *Pensées*; voilà où tendait Pascal : à la connaissance de Dieu par le cœur. Avant tout, il avait remarqué que, quelle que soit la valeur intrinsèque de l'évidence intellectuelle, elle a peu de prise, même sur l'esprit. « Les preuves de Dieu métaphysiques, » nous dit-il, « sont si éloignées du raisonnement des hommes, et « si impliquées, qu'elles frappent peu ; et quand « cela servirait à quelques-uns, ce ne serait que « pendant l'instant qu'ils voient cette démonstra- « tion ; mais une heure après, ils craignent de s'être « trompés. » Cela n'est-il pas, pour la plupart des hommes, d'une vérité frappante? Mais n'en fût-il pas ainsi, Pascal ne serait point encore débouté. Toute la clarté spéculative ; non-seulement la plus vive, mais la plus permanente, ne lui était rien au prix de la connaissance par le cœur, et si on l'eût pressé, il n'eût pas refusé de dire que la connaissance est dans le salut même ou qu'elle en procède ; mais ce qui est plus sûr, c'est qu'il n'eût regardé comme désirable que celle qui sauve, c'est-à-dire celle qui unit à Dieu. C'est dans cet esprit qu'il a dit : « Quand un homme serait persuadé que les « proportions des nombres sont des vérités imma- « térielles, éternelles et dépendantes d'une première « vérité en qui elles subsistent, et qu'on appelle « *Dieu*, je ne le trouverais pas beaucoup avancé pour « son salut. » Il ne méprisait point la connaissance de Dieu par l'esprit ; mais il n'en faisait que l'avant-propos ou le préliminaire d'une œuvre meilleure : « La conduite de Dieu qui dispose toutes choses avec « douceur est de mettre la religion dans l'esprit par « les raisons, et dans le cœur par sa grâce. » — « Ceux « qui n'ont pas la foi par sentiment de cœur, nous « ne pouvons la leur procurer que par raisonne- « ment, *en attendant* que Dieu la leur imprime lui- « même dans le cœur. »

La connaissance même de l'esprit, *comme telle*, a besoin du cœur. Sans le désir de voir, on ne voit point ; dans une grande matérialisation de la vie et de la pensée, on ne croit pas aux choses de l'esprit ; bien des gens ont des yeux pour ne point voir ; bien des gens, qui ont des yeux pour voir, ont besoin d'être tournés du côté de la lumière : il faut leur apprendre la langue dans laquelle on veut les instruire; tous les raisonnements qui se tirent de notions spirituelles sont perdus ou ridicules pour des hommes à qui ces prémisses manquent. Et c'est pourquoi Pascal a pu dire : « Je n'entreprendrai pas ici « de prouver par des raisons naturelles aucune des « choses de cette nature, *parce que je ne me sen-* « *tirais pas assez fort pour trouver dans la nature de* « *quoi convaincre des athées endurcis.* » Pascal savait apparemment ce que c'est qu'un athée endurci.

Connaître par le cœur, voilà la grande affaire. Et il ne faut donc pas s'étonner que Pascal, non-seulement se passe d'une grande lumière, mais ne la désire pas. Voilà pourquoi, dans l'intérieur même du christianisme, il souffre des obscurités. S'il n'y en avait pas, le cœur laisserait tout faire à l'esprit, qui suffirait à tout; et le cœur, dès-lors, n'entrant pour rien dans cette recherche de la vérité qui, déjà comme recherche, est une partie de notre bien, laisserait l'homme se pavaner tristement au milieu de ces formes vides et de ces notions abstraites qu'il appelle des connaissances.

On a coutume de croire que Pascal n'a mis en opposition que le pyrrhonisme et la révélation; mais il fait encore une autre antithèse; il oppose au pyrrhonisme le sentiment; à la raison, Pénélope désespérée, il oppose le cœur, et la toile ne se défait plus. Il revendique, il réhabilite les preuves du cœur. C'est là peut-être l'originalité du livre des *Pensées*. Énoncer sommairement cette idée, c'est encourir, je ne l'ignore pas, plus d'un reproche et plus d'un soupçon, et il est certain qu'on peut la déplacer et l'exagérer; n'importe, elle a sa place dans une saine philosophie; le cœur est un organe de connaissance aussi bien que chacun de nos sens; et dans bien des matières, la raison ne peut travailler que sur les données qu'il lui fournit. Pascal s'en est admirablement expliqué; il a fait sentir surtout combien il était juste et digne de Dieu que la lumière ne fût prodiguée qu'à ceux qui auraient le cœur droit, et qu'à tous les autres Dieu restât caché; et si la langue dont il disposait eût été plus précise dans ces matières, il eût appartenu au sublime auteur des *Pensées* de régler une fois pour toutes les comptes de cette grande faculté.

Il avait compris que l'âme pure ou l'âme épurée peut seule recevoir certaines vérités, parce que le péché n'est pas seulement souillure, mais ténèbres. Ce point de vue explique bien des choses dans le livre de Pascal. Il explique en particulier le morceau qui a le plus choqué les simples penseurs, le passage le plus *scandaleux* ou du moins le plus *scandalisant*. J'en dirai quelque chose dans un dernier article, nécessaire en tout cas, puisque je n'ai parlé que de l'*ouvrage* de Pascal, et que mon sujet m'oblige évidemment à parler de *Pascal* lui-même. Après le livre, l'auteur.

III.

La recherche de la vérité religieuse est une affaire du cœur autant que de l'esprit. Cette conviction de

Pascal donne, avons-nous dit, la clef de plus d'un passage de son livre, et peut lever plus d'un scandale. Aucun n'est plus grave que celui que beaucoup de personnes ont reçu d'un morceau que le manuscrit autographe nous a donné dans toute sa nudité : « Ce sont gens guéris d'un mal dont vous « voulez guérir (l'incrédulité). Suivez la manière « par où ils ont commencé; c'est en faisant tout « comme s'ils croyaient, en prenant de l'eau bénite, « en faisant dire des messes, etc. Naturellement « même cela vous fera croire et vous abêtira. — « Mais c'est ce que je crains. — Et pourquoi? « Qu'avez-vous à perdre? » Quand nous avons rencontré ces lignes extraordinaires, nous avons fait comme tout le monde, nous nous sommes récriés d'effroi. Mais une réflexion assez simple est bientôt venue à notre secours. Il est impossible de croire que Pascal conseille sérieusement à son interlocuteur de devenir bête, et que, sans arrière-pensée, il lui représente la foi comme une bêtise. Il y a certainement là ce qu'on appelle en rhétorique de l'*accommodation*. La bêtise dont il s'agit est d'une espèce particulière. On le comprendra mieux quand on connaîtra mieux l'interlocuteur de Pascal. Ce n'est point un incrédule quelconque; c'est bien plutôt un chrétien. C'est un homme, non-seulement frappé de l'excellence morale du christianisme, mais entraîné vers cette religion par un sentiment qui vaut l'évidence, mais encore embarrassé par des doutes d'une nature tout intellectuelle, qui troublent sa conviction sans pouvoir la détruire, et surtout sans pouvoir affaiblir dans son âme la nécessité d'être chrétien. C'est un néophyte auquel son intelligence, irritée de se voir l'objet d'une récusation aussi péremptoire qu'imprévue, livre de rudes combats sur le seuil même du sanctuaire, et, pour ainsi dire, aux marches de l'autel. On lui dit : Un élément de conviction vous échappe, et il n'est pas au pouvoir de votre raison, qui évidemment est à bout et n'y entend plus rien. Entrez, et vous verrez de dedans ce qu'on ne peut voir de dehors; pratiquez le christianisme et vous le connaîtrez. — Mais comment, demande le candidat du christianisme, comment cela me mènera-t-il au christianisme? — « Pour « vous montrer que cela y mène, lui répond Pascal, « *c'est que cela diminue les passions qui sont vos grands* « *obstacles, etc.* » Voilà le fort de l'idée de Pascal, idée qu'il aurait développée, comme on le voit par cet *etc.*, et qui aurait paru dès lors la principale, et sa véritable thèse. Le reste n'est que la forme. On en peut, je l'avoue, concevoir une meilleure. Pascal pouvait dire d'emblée : Faites comme si vous croyiez; c'est-à-dire mortifiez votre chair et ses convoitises; essayez, quoi qu'il vous en coûte, de vivre dans la pureté et dans l'innocence; humiliez-vous devant vos inférieurs; soumettez-vous à tout le monde; pratiquez loyalement la morale chrétienne; éteignez le feu de vos passions, faites taire la tempête de vos pensées mondaines, et soyez sûrs que dans ce silence la voix de Dieu se fera entendre. Eh bien ! c'était dire en d'autres termes ce qu'avait dit Jésus-Christ lui-même : « Celui qui voudra faire la volonté de « mon père qui est au ciel connaîtra si ma doctrine « vient de Dieu ou si je parle de mon chef. » Il est vrai que Jésus-Christ n'aurait pas dit : Prenez de l'eau bénite, écoutez la messe, quand bien même il y aurait eu alors des messes et de l'eau bénite ; il n'aurait même pas dit : Faites-vous baptiser, allez au temple, accomplissez la loi des rites. Jésus-Christ est ici plus sage que Pascal, le Dieu plus sage que l'homme ; il ne conseille comme épreuve que ce qui, en soi-même, est bon, obligatoire, ce qu'il faudrait faire alors même que le christianisme ne serait pas vrai. Pascal n'a pas si bien dit ; mais, au fond, que voulait-il ? Régler la vie pour régler l'esprit. On ne peut en douter quand on lit le paragraphe final : « Or, quel mal vous arrivera-t-il en « prenant ce parti ? Vous serez fidèle, honnête, « humble, reconnaissant, bienfaisant, ami sincère, « véritable, etc. » Ceci fait voir que ce qui tient au cœur de Pascal, comme moyen de devenir chrétien, c'est moins la pratique rituelle que la pratique morale du christianisme. Son idée est toujours celle-ci : Essayez de la vie du christianisme, vous serez bientôt convaincu de sa vérité ; veuillez être chrétien d'action, et vous serez dans peu chrétien de conviction : la piété conduit à la vérité, comme la vérité conduit à la piété.

Dans la disposition où est le catéchumène de Pascal, il ne lui en coûtera guère peut-être d'embrasser

toutes les parties, tous les détails de cette pratique;
il est déjà néophyte par le désir; il portera dans
l'accomplissement des rites un respect involontaire,
une prévention si favorable, qu'il prendra l'eau bénite et entendra la messe sans hypocrisie et sans
imbécillité. Fallait-il pourtant le lui conseiller?
Non; et nous n'hésitons pas à juger que Pascal ici
va trop loin. Nous tenons seulement à constater que
son erreur n'est que l'abus d'une idée vraie, d'une
idée philosophique. Au fait, il ne faut pas condamner trop sévèrement les cercles vicieux; la vie des
sages en est pleine; et personne, je crois, ne haus-
sera les épaules à la vue d'un pyrrhonien à genoux,
suppliant l'Être des êtres de lui prouver son existence.

(Quant à ce terrible mot d'*abêtira*, n'y voit-on pas
une allusion au mot fameux de l'apôtre, à ce mot
de *folie* (*stultitia*) que Pascal traduit hardiment par
sottise? Et il en a le droit; car, aux yeux de bien des
contempteurs du christianisme, *folie* est trop noble
encore, et *sottise* vaut mieux. L'adjectif *sublime* peut
s'attacher au mot de *folie*, au mot de *sottise* jamais.
Plusieurs donc n'accorderont pas au christianisme
l'honneur de la folie, et s'en tiendront à la sottise.
Pascal parle selon leur cœur, en se servant du mot
d'*abêtir* pour désigner cette démission demandée à
la raison abstraite, ou, si l'on veut, son abdication
momentanée dans les questions qui ne sont pas de
son ressort, et où elle ne serait, selon toute apparence, qu'une discoureuse importune et un guide
sans autorité.)

Pascal, dans son livre, ou dans les rudiments de son livre, démontre le christianisme, cela est vrai; mais on dirait quelquefois qu'il enseigne l'*art de devenir chrétien*, et qu'il ne veut, avec les moyens réunis de la science et du raisonnement, que prêter un dernier secours, donner un dernier coup de main à des hommes dans le cœur desquels il a vu s'éveiller, avec le besoin d'être justes, le besoin d'être chrétiens. La correspondance étroite, l'identité, pourrait-on dire, de ces deux besoins, si elle n'est pas une preuve du christianisme, est du moins un indice bien fort en faveur de sa vérité. Pascal n'a pourtant pas reconnu *en fait* la suffisance de cette preuve. Elle suffit, il est vrai, au plus grand nombre des vrais chrétiens; elle est pleine et déterminante pour eux; et même quiconque ne finit pas par être chrétien de cette manière, a beau croire, il n'a pas la foi; mais personne n'est obligé de se contenter de cette preuve, et c'est pourquoi, en général, il faut procéder comme si elle ne suffisait point; il faut la compléter pour les uns, la suppléer pour les autres par des preuves d'un autre genre. C'est à quoi Pascal, dans ce qui nous est resté de son livre, s'emploie avec une rare vigueur. Mais il ne laisse pas de reconnaître et de mettre en lumière la valeur intrinsèque de la preuve morale ou spirituelle. Le christianisme est l'aliment naturel, la subsistance de ceux qui sont affamés et altérés de justice : Pascal le leur présente et leur dit : Voyez si c'est là ce que vous cherchez; ou, comme s'il ôtait un voile de devant la face adorable de Jésus, il dit à tous les hommes : Voyez si ce n'est point là celui que vous cherchez. A ceux qui disent : « Si je ne mets mon doigt dans « la marque des clous et si je ne mets ma main dans « son côté, je ne le croirai point, » il leur donne à toucher ces divines cicatrices; à ceux qui se sont écriés dès l'abord : « Mon Seigneur et mon Dieu! » il ne dit point de mettre leurs doigts dans ces stigmates sacrés ou de se convaincre lorsqu'ils sont déjà convaincus; il n'est pas en peine d'eux, ils en savent autant que lui; il les laisse aller : il a tout fait pour eux en leur ouvrant l'Évangile. Nous avons lu dans un livre assez moderne qu'un jeune incrédule, saisi de l'horreur du mal, touché ou plutôt tourmenté du désir de la sainteté, après avoir promené dans le monde et dans la solitude ce malaise spirituel, un jour enfin tomba sur ses genoux, et dans un élan d'impérieuse ferveur, cria à Dieu : Seigneur, fais-moi juste! Il voulait qu'un Dieu le fît juste : un prêtre vint, et le fit catholique. On lui prouva l'impuissance de sa raison, la nécessité d'une autorité visible, et au lieu de la religion qu'il cherchait, il eut celle-là. Il peut en avoir trouvé plus tard une meilleure. Pascal, qui n'est pas prêtre, mais homme, introduit son prosélyte affamé de justice auprès de Jésus-Christ lui-même, les présente l'un à l'autre, si j'ose parler ainsi, et laisse le catéchumène entre les mains et sous la garde de son sublime catéchiste. Jésus-Christ parle seul au disciple, et le disciple écoute seul; nul homme, nulle doctrine ne s'interpose; c'est l'âme qui croit à l'âme, c'est l'esprit qui se plonge aux sources de la vérité; le Dieu et l'homme se comprennent sans interprète et s'unissent sans entremise; Jésus-Christ se fait son propre apologiste, et quel apologiste, quel avocat du christianisme, que le fondateur même et l'auteur du christianisme!

L'histoire que je suppose avoir été celle de plusieurs des prosélytes de Pascal fut, en partie, celle de Pascal lui-même. On se trompe si l'on croit que ce grand homme ne chercha dans le christianisme qu'un oreiller pour reposer sa tête fatiguée. Sa vie, ses écrits nous suggèrent un autre jugement. Pascal, écrivant une apologie ou, si l'on veut, une démonstration du christianisme, a donné tant de place à la peinture des troubles de l'intelligence, qu'on a pu croire qu'il ne faisait que raconter son histoire, et que c'était là son histoire tout entière. Mais autre chose pourtant est son livre, si plein qu'il puisse être de lui, et autre chose sa vie. Je n'ai garde de nier qu'il n'ait haleté plus péniblement qu'un autre sous l'oppression du doute; que l'incertitude, comme telle, ne lui ait été plus insupportable qu'à bien des esprits, et que le désir de connaître n'ait eu chez lui à peu près autant d'intensité que peut en avoir chez la plupart des hommes l'amour du bonheur. Mais Pascal connaissait de plus nobles besoins; d'autres peuvent savoir ce que signifient les mots de *faute*, de *tort* et même de *crime* : il savait, lui, ce que signifie le mot de *péché*; cela ouvre les yeux, ou plutôt cela donne des yeux. Il eut, dès lors, pour s'assurer de la vérité de l'Evangile, un *sens* qui peut manquer aux plus habiles, aux mieux doués; il sentit que, sous deux noms différents, la vérité et la vie, voir et vivre ne sont qu'une même chose; que la vérité n'est pas une forme, mais une substance, et qu'il n'y a qu'une manière de *connaître* la vérité, c'est d'*être dans* la vérité (1). Et c'est ainsi que lui furent enseignées ces choses « qui ne sont jamais montées au « cœur de l'homme, et que Dieu révèle à ceux qui « l'aiment. »

Si donc Pascal s'est jeté dans un abîme, c'est dans celui de la sainteté; le *néant* qu'il a fui, c'est le péché; les ténèbres qui l'ont épouvanté, ce sont ces « ténèbres de dehors » qui ne sont noires que de l'absence de Dieu. Il a vu la lumière là où il a vu la charité, et c'est dans la charité proprement qu'il a donné tête baissée. Et qu'on ne dise point que si ce n'est pas la clarté qu'il cherche avant tout, c'est la félicité ou le salut, et que cette recherche vaut moins que l'autre. Il n'y a rien dans le livre de Pascal à l'appui de cette assertion, si on ne lui donne qu'un sens vulgaire, et dans l'autre sens nous l'acceptons volontiers. Le désir du bonheur n'avilit personne, autrement il avilirait tout le monde. Il est parfaitement égal d'un individu à l'autre, parce qu'il est infini chez tous. Si quelque circonstance paraît en diminuer l'intensité chez l'un et l'augmenter chez

---

[1] 1 Jean III, 19.

l'autre, le niveau se rétablit à l'instant, ou plutôt il n'a point cessé, mais il reparaît à l'œil attentif. L'homme le plus généreux n'a pas un *sentiment* du bonheur moins vif, moins sûr que l'homme le plus égoïste : seulement son bonheur, à lui, est de se sacrifier, d'être conforme à Dieu, de vivre de la vie de l'esprit. Le désir du salut et la peur de l'enfer sont deux choses différentes. Il n'y a rien de noble dans le dernier de ces sentiments : toute la noblesse de l'âme humaine peut se déployer dans le premier; car le désir du salut peut souvent se traduire par ces paroles : « Mon âme a soif du Dieu fort et vivant; « quand entrerai-je, et me présenterai-je devant la « face de mon Dieu? » Ce n'est pas là un bonheur seulement, ni le plus grand des bonheurs, c'est le bonheur même. Tâchez de vous représenter un homme à qui la crainte de l'enfer est devenue étrangère, et qu'on est parvenu à convaincre qu'il jouira, dans une autre vie, de tous les biens qu'il a le plus convoités; mettez-le en possession de ces biens; et supposez en même temps qu'une délivrance si inespérée et de si vastes bienfaits n'ont point ouvert son cœur à l'amour; supposez-le sans Dieu dans ce monde et dans l'autre, et gravissant les siècles, entassant l'infini sur l'infini sans arriver à Dieu; — je crois que la félicité de cet homme serait une épouvantable ironie, son salut une damnation, et son ciel un enfer.

C'est vers Dieu, et par conséquent vers les félicités de l'esprit, que tout homme gravite à son insu. Bien peu de personnes se font une image distincte des peines de l'enfer, bien moins encore des plaisirs du ciel : l'idée toute nue du courroux de Dieu, de la paix de Dieu, suffit. « Qui est-ce qui s'est opposé à « lui et s'en est bien trouvé? Quel autre avons-nous « dans le ciel et sur la terre que lui? » Voilà ce que la voix de la vérité murmure sourdement dans toutes les âmes. Otez les flammes, ôtez les tortures : l'effroi subsistera. Otez les trônes, ôtez les couronnes : l'espérance persistera. L'idée d'être uni à Dieu est délicieuse : « pour moi, m'approcher de Dieu, c'est « tout mon bien; » l'idée d'être brouillé avec Dieu est horrible: « notre Dieu est aussi un feu consumant. » Je ne dis pas que les craintes de plusieurs, les espérances de plusieurs ne soient sordides et grossières : je dis seulement qu'au fond de la terreur et du désir de plusieurs autres, il y a plus de spiritualité qu'on ne pense.

On le croira plus aisément de Pascal que de tout autre, et nous compterions ici sur l'adhésion de M. Cousin, si le pyrrhonisme de Pascal n'offusquait peut-être son regard, n'altérait peut-être son jugement. A quel point la chose a lieu, c'est ce dont on se ferait difficilement une idée. Il ne lui suffit pas que Pascal soit devenu chrétien pour en finir, et en quelque sorte par pis aller : il ne veut pas même que Pascal ait trouvé le repos dans sa foi. Cela peut être logique, à partir de la première supposition de l'auteur; mais ce n'est pas ce dont il s'agit; il s'agit de savoir si cela est vrai : en aucun cas on n'exigera que, sur ce point, nous nous contentions d'une preuve *à priori*. Or, le livre et la vie de Pascal justifient-ils des expressions comme celles-ci : « La foi « inquiète et malheureuse qu'il entreprend de com- « muniquer à ses semblables? » On ne sait que répondre à ceci; on attend les preuves; on attend de connaître les passages, les faits, où la foi de Pascal se montre inquiète et malheureuse : on n'a pas encore su les découvrir; on se tait jusqu'à ce que M. Cousin ait parlé. Mais M. Cousin n'est pas homme à nous laisser en suspens; il ne marche que bien armé. Il nous apprend donc qu'il échappe à l'auteur des *Pensées*, au milieu des accès de *sa dévotion convulsive*, des cris de misère et de désespoir. Cette *dévotion convulsive*, ce sont apparemment ces retours sur le passé, ces regrets, ces élans, ces tressaillements, ces prières peut-être, que nous avions pris pour les caractères accoutumés de cette sublime réaction de l'homme nouveau contre l'homme ancien : convulsions que tout cela. Quant à ces *cris*, lecteurs, vous êtes plus embarrassés, et vous demandez de quel endroit des *Pensées* on a pu les entendre sortir? Oh! quelle incroyable surdité, ou quelle oreille peu exercée! Quoi! n'avez-vous pas lu dans Pascal cette phrase étonnante : « Le silence « éternel de ces espaces infinis m'effraie; » et cette autre : « Combien de royaumes nous ignorent! » et cette autre encore : « Que le cœur de l'homme est « creux et plein d'ordure? » Cela est-il assez clair? — Il n'y a vraiment ici qu'une chose claire, c'est l'empire de la préoccupation sur les meilleurs esprits. Et pourquoi donc Pascal, parlant comme homme et non comme chrétien, exprimant les impressions qui sont naturelles à tous les esprits méditatifs que le christianisme n'a pas orientés, n'aurait-il pas dit qu'il ne pouvait supporter le silence éternel de ces espaces infinis? Le Dieu des chrétiens, le Dieu de Pascal anime de sa voix, peuple de sa présence, cet infini muet dont Pascal nous parle ici avec une terreur si éloquente; voilà ce qui est admirable, voilà ce qu'il fallait dire. Pourquoi, dans le même point de vue, l'auteur des *Pensées* ne se serait-il pas écrié : « Combien de royaumes nous ignorent ! » Laissez-le donc rabaisser à son aise cette créature que, tout à l'heure, il va grandir si prodigieusement à vos yeux ; car cet être chétif que les mondes ignorent, Dieu le connaît et Dieu prend garde à lui. Pourquoi, enfin, Pascal n'aurait-il pas appelé *creux* et *plein d'ordure*, ce cœur humain duquel un prophète, qui apparemment avait la foi, a dit avec plus d'énergie que Pascal lui-même : « Le cœur de l'homme est « trompeur et désespérément malin par-dessus toutes « choses? » De quel droit, lorsqu'il s'agit d'un livre dont l'auteur (tout le monde en convient) se place tour à tour dans les points de vue les plus divers, de quel droit s'emparer d'une phrase isolée, dont la destination est inconnue aussi bien que la date, pour prononcer que voilà l'état définitif de l'âme de son auteur et le résultat dernier de toute sa pensée? Il nous semble que c'était quatre lignes que demandait ce fameux politique pour faire pendre qui bon lui semblerait : il n'en faut qu'une à M. Cousin pour condamner la foi de Pascal.

« Sa foi, nous dit-on encore, est bien loin d'être « sans nuage ; » car Pascal « ne dissimule point les « difficultés que le christianisme présente à la cri- « tique, si on s'engage dans l'étude des textes, et à « l'équité, si on le compare aux autres religions. »

Ordinairement, c'est la foi faible et mal assurée qui *dissimule les difficultés*; nous avons donc ici une présomption en faveur de celle de Pascal ; mais, au reste, il faut le confesser à M. Cousin, qui fera de cet aveu ce qu'il voudra : ce qu'il dit de la foi de Pascal peut se dire de la foi de beaucoup de fermes chrétiens ; et peut-être n'en est-il pas un seul en qui elle ait été sans nuage. S'il veut la condamner par là, à la bonne heure. Sur la raison de ce fait, ou la sagesse de cette dispensation, nous prenons la liberté de le renvoyer à Pascal. Quant au fait lui-même, il est si peu particulier à l'auteur des *Pensées*, qu'il ne lui reste guère de distinctif qu'une courageuse candeur, dont l'exemple n'est point devenu assez contagieux. Il n'est d'ailleurs pas nécessaire d'aller à Port-Royal pour entendre des choses comme celle-ci : « La seule religion contre la nature, « contre le sens commun, contre nos plaisirs, est la « seule qui ait toujours été. » Sauf rédaction, tous les docteurs catholiques la signeraient. Ils n'adopteraient, je le crois, ni cette phrase que Port-Royal a supprimée : « Les miracles ne servent pas à con-

« vertir, mais à condamner, » ni cette autre, que M. Cousin *hésite presque à publier :* « Les prophéties « citées dans l'Evangile, vous croyez qu'elles sont « rapportées pour vous faire croire? Non, c'est pour « vous éloigner de croire. » Nous aussi, nous ne les adoptons pas ; mais nous ne saurions les faire prévaloir contre tant d'autres passages élaborés et développés, où les miracles et les prophéties sont rapportés à un tout autre usage. S'il faut choisir, qui pourra hésiter? Et qui ne verra dans ces deux courtes phrases, dans ces deux altières boutades, un de ces premiers aperçus dont la forme hyperbolique, paradoxale, ne signifie autre chose que la vivacité d'une impression soudaine et l'étonnement d'une rencontre inopinée? C'est qu'au fond il y a de la vérité dans la pensée de Pascal; les miracles ont été rarement employés pour convertir et ont rarement converti; ils ont été, pour ceux qui ont cru, la récompense et l'encouragement plutôt que le fondement de leur foi; et ils ont eu si souvent pour seul effet visible de confondre l'incrédulité ou de lui enlever toute excuse, qu'on a pu être tenté de croire que c'était aussi leur seul but. La même observation s'applique aux prophéties; et le tort de Pascal (si tant est qu'on puisse équitablement lui demander compte du sens immédiat de ces deux phrases) serait d'avoir été absolu, d'avoir présenté comme l'unique but de la prophétie et du miracle ce qui n'en est probablement que le but secondaire, le contrecoup prévu et voulu. Nous n'apprendrons pas à

M. Cousin que l'Evangile, dans son style assez souvent paradoxal, renferme plus d'une phrase analogue aux passages qu'il a relevés.

Pascal aurait dit bien des choses semblables avant qu'il fût permis d'affirmer qu'il ne trouva point la paix dans sa foi. Il y trouva, nous le croyons, la paix et la joie. Il ne faut pas que le tempérament de cet homme extraordinaire, les effets d'une santé cruellement altérée, et ce je ne sais quoi de géométriquement passionné qu'on retrouve partout dans sa vie, nous fassent prendre le change. Nous ne devons pas non plus prendre ce grand homme sur le pied d'un chrétien expérimenté, mûri, tempéré, également revenu des vieilles erreurs de sa mondanité et des illusions d'une foi novice, mais sur le pied d'un néophyte plus jeune de cœur que d'années, plus nouveau dans la foi que dans la vie, et à qui l'âpreté propre à cette période de la vie chrétienne, se combinant avec la vivacité naturelle de ses impressions et la hardiesse de son génie, suggère de ces mots profonds, mais effrayants, que, sans sa mort prématurée, nous n'eussions jamais connus. Je ne crois pas que ce soit parler de Pascal avec irrévérence que de supposer que, tout Pascal qu'il était, il ait été soumis à mûrir. Quel nous l'aurions vu cinq ans, dix ans plus tard, c'est ce que nul ne peut dire; mais ce qu'on peut dire, à ceux du moins qui savent que le bonheur a plusieurs formes et que la joie chrétienne n'est pas une joie de tempérament, c'est que Pascal fut heureux et joyeux de sa foi. Nous ne savons pas précisément dans quel sens M. Cousin a pu dire « que la foi de Pascal est « un autre excès presque aussi funeste que le mal « qu'il prétend guérir » (le pyrrhonisme sans doute et non le péché?); mais au moins Pascal n'en a rien su, et il n'a rien senti de *funeste* dans sa foi. Il est permis aujourd'hui de parler de la prétendue *amulette*; cette pièce, qu'on a voulu rendre ridicule et qui est sublime, jette le jour le plus vif sur l'état de l'âme de Pascal pendant ses dernières années (1). Je ne puis la transcrire, et je ne veux pas l'abréger : elle est entre les mains de tout le monde. Si on la lit avec attention, si l'on remarque qu'elle s'applique et s'étend à plusieurs époques successives, et que Pascal la porta sur lui très-longtemps, on se persuadera que si sa foi fut un mal funeste, il ne s'en douta pas, et qu'on ne sait où placer, au milieu de ce chant de triomphe et de louanges, les *cris de misère et de désespoir* qu'a entendus M. Cousin.

(1) M. Vinet a renvoyé plus tard, pour l'appréciation de cette pièce, aux *Études sur Pascal*, par l'abbé FLOTTES, professeur à la faculté des lettres de Montpellier, qu'il annonçait ainsi, en 1844, dans le *Semeur :*
« Ces études sont destinées à prouver que la vie de Pascal donne un dé- « menti formel aux accusations de scepticisme, de fanatisme et de super- « stition intentées contre lui. » On sait d'où sont parties, dans ces derniers temps, les accusations dont parle M. l'abbé Flottes : nous en avons nous-même, dans cette feuille, discuté la valeur. Dans cette brochure de quelques pages, d'autant mieux écrite qu'elle l'a été sans aucune prétention, des faits nombreux sont rassemblés, déterminés, épurés par une critique judicieuse, et la vérité trouve dans le langage ferme et modéré de l'auteur l'expression qui lui sied le mieux. Les admirateurs, les amis de Pascal feront bien de se procurer ce petit écrit, où tout est donné à la preuve, où tout se hâte vers la conclusion. Ils liront tous avec le même plaisir que nous la paraphrase, religieusement-intelligente, de la prétendue *amulette* de l'auteur des *Pensées*. »

Il y a quelque chose de si outrément paradoxal à dire qu'un homme tel que M. Cousin n'a pas compris Pascal, que très volontiers nous nous dispenserions de le dire si nous pouvions nous en dispenser. Mais enfin, il faut le dire, il y a là quelque chose de plus qu'un livre, il y a un homme, quelque chose de plus que de la philosophie, il y a du christianisme. Il y a, comme on l'a dit, une tragédie, à laquelle il ne faut pas assister en simple métaphysicien. Il y a des choses que le plus habile ne comprendra pas s'il ne les sent pas. L'auteur du livre que nous examinons paraît avoir navigué à l'ordinaire sur une mer profonde mais ouverte, et n'avoir jamais été bercé par la tempête sur l'eau blanchissante des récifs. Il y a, tout savant qu'il est, des faits qu'il ne connaît pas, et, tout pénétrant qu'il est, des situations qu'il ne comprend pas. Pour les comprendre, il faut les essayer. Il en est de certaines questions comme de ces forteresses qu'on ne peut pas réduire en les canonnant à distance, par exemple du bord d'une frégate, mais en descendant à terre, en pratiquant des brèches, en donnant l'assaut, en combattant de près, en croisant le fer. Il est des problèmes au fond desquels le philosophe doit descendre, non comme philosophe, mais comme homme, avec toute sa raison sans doute, mais aussi avec toute sa conscience, toute sa sensibilité et même toute son imagination. Les philosophes et les économistes sont tombés souvent dans une même faute, qui fait bien voir que, dans l'atelier de la pensée, une division extrême de travail a ses inconvénients. L'économiste a dit : Je cherche comment la richesse se produit et comment elle se distribue; rangez-vous et laissez-moi passer; qu'un autre s'occupe du reste : or, ce reste, c'est la morale, la civilisation et le bonheur. Le philosophe vient et dit : Je ne suis pas un homme, moi, mais un esprit; je m'attache aux idées; qu'un autre s'occupe du reste; or, ce reste, c'est la vérité; car la vérité, en certaines matières, est un fait, est une vie, ou n'est rien. Or, je récuse cet économiste sur le sujet du bonheur, car il n'en a cure, et ce philosophe sur le sujet de la vérité vivante, car il n'a souci que de la vérité abstraite. Pascal sans doute n'est pas irréfragable. Pascal n'est pas parfait; mais Pascal tout au moins est un homme, et il faut l'aborder en homme. Son livre est grand précisément parce que c'est une œuvre d'homme; l'homme, chez Pascal, entraîne à sa suite le savant et le philosophe, mais l'homme reste à la tête de l'expédition, c'est pour lui qu'elle se fait, c'est son nom qu'elle portera. Pascal a fait un livre d'apologétique, je le veux bien; mais Pascal a surtout tracé, avec une puissance qu'on n'égalera jamais, l'image de l'homme en présence des plus grands intérêts et des plus graves problèmes. Ce livre n'est pas seulement un pays extraordinaire où la pensée, quelquefois taillée à pic, surplombe au-dessus du lecteur et semble prête à l'écraser; ce livre est un fait moral, une expérience, un document : Pascal a-t-il rien éprouvé, qu'une âme humaine ou n'ait éprouvé ou ne puisse comprendre. Mais pour comprendre un auteur, il faut accepter son point de vue, il faut s'unir à lui, il faut dépouiller la robe doctorale comme Pierre le Grand déposait à Saardam la dignité de l'empire, et comme lui prendre à deux mains la hache, au moins pour savoir ce qu'elle pèse. Nous avons, il y a quelques années, entendu un philosophe célèbre dire, à propos d'une discussion métaphysique, que, pour s'y livrer avec plus de succès, il eût fallu avoir davantage l'esprit ou l'expérience des *affaires*. Ce mot, qui nous fit sourire alors, nous nous en emparons aujourd'hui, pour l'appliquer ici, et à meilleur droit ce nous semble. Oui, l'on doit apporter à des discussions comme celles que soulève le livre de Pascal, l'esprit des *affaires*, de ces affaires dont Pascal était préoccupé, et qui lui semblaient devoir absorber toute l'attention d'un homme. Il ne faut faire abstraction de rien de ce dont l'homme se compose. Il faut apporter, il faut jeter dans la discussion ses craintes et ses espérances, ses joies et ses douleurs, sa vie extérieure et sa vie intérieure, l'esprit et l'âme, l'homme du temps et l'homme de l'éternité. C'est ainsi, c'est-à-dire complets, vivants et personnels, que de telles questions veulent nous trouver : autrement elles se joueront de nos efforts et se riront de nos certitudes.

Ceci nous ramène au point d'où nous sommes partis. Les premiers éditeurs des *Pensées* n'avaient pas le seul avantage de connaître personnellement l'auteur de ce livre. Bien que peut-être ils n'aient compris ni tout le péril de certains passages ni toute la portée de quelques autres, ils avaient la clef de la pensée et du livre de Pascal, parce qu'ils avaient la même foi et la même expérience que lui. Les suppressions, les additions, les changements qu'ils se permirent sont une espèce de commentaire, auquel en général on peut se fier, et disons-nous bien qu'il n'est pas sûr que, privé de ce commentaire, le livre de Pascal eût jamais vu le jour. Si la liberté qu'ils ont prise pouvait être justifiée, elle le serait par l'espèce de rigueur juridique avec laquelle on commente aujourd'hui le texte épuré des *Pensées*. Commentaire pour commentaire, je préfère le leur. Littérairement parlant, leur Pascal n'est pas le vrai Pascal, et le travail de M. Cousin est important sous ce rapport; il l'est encore pour avoir rendu à ce livre fameux tout son caractère de personnalité : il est sûr qu'on pénétrera désormais plus avant dans l'âme de ce grand homme; mais comme *pensée*, le Pascal des premiers éditeurs est un Pascal vrai et complet.

www.ingramcontent.com/pod-product-compliance
Lightning Source LLC
Chambersburg PA
CBHW070848170426
43202CB00012B/1988